Rotraut Walden (Hrsg.), Simone Kosica

Architekturpsychologie für Kindertagesstätten

Fotos Titelseite

rechts:
Fotografin: Cornelia Suhan
Gruppe als differenzierte Erlebniswelt in der Kita Entdeckerhaus/Bremen.
Architekten: Olaf Hübner, Christian Remes und Peter Hübner.

links unten:
Fotografin: Liane Syré.
Spiellandschaft über zwei Ebenen mit variierenden Fenstern und vielen Spielmöglichkeiten in der Kita Regenbogen/Marienrachdorf.
Architekt: Walter Herz/Selters.

Rotraut Walden (Hrsg.), Simone Kosica

Architekturpsychologie für Kindertagesstätten

Pabst Science Publishers
Lengerich, Berlin, Bremen, Miami,
Riga, Viernheim, Wien, Zagreb

Fotografen:
Gerd Eden (Entdeckerhaus/Bremen)
Natalie Kastius (Entdeckerhaus/Bremen)
Prof. Peter Hübner (Entdeckerhaus/Bremen)
Martin Riker (Waldorfkindergarten Mainz – teilweise KiTa Betzenberg)
Lorenz Schlösser (Regenbogen/Marienrachdorf)
Cornelia Suhan (Entdeckerhaus/Bremen)
Liane Syré (Entdeckerhaus/Bremen und Regenbogen/Marienrachdorf)
Team des "Blandine Merten Hauses" (Bad Neuenahr-Ahrweiler)
Team der Protestantischen Kindertagesstätte Betzenberg (Kaiserslautern)
Team der Protestantischen Kindertagesstätte "Kleine Strolche" (Wolfstein)
Rotraut Walden (Regenbogen/Marienrachdorf)

Bibliografische Information der Deutschen Nationalbibliothek
Die Deutsche Nationalbibliothek verzeichnet diese Publikation in der Deutschen Nationalbibliografie; detaillierte bibliografische Daten sind im Internet über http://dnb.ddb.de abrufbar.

Konvertierung: Claudia Döring
Druck: KM Druck, D-64823 Groß-Umstadt

ISBN 978-3-89967-643-3

Vorwort

Rotraut Walden (Universität Koblenz-Landau)

Von einem der wichtigsten „Reggio"-Pädagogen, Loris Malaguzzi, stammt der Grundsatz: Neben dem Lehrer selbst und den anderen Kindern gilt das Schulgebäude als der dritte „Lehrer". Für die Kindertagesstätte für Kinder unter drei Jahren dürften die Erzieher von größerer Bedeutung als die übrigen Kinder und die Gebäude sein, da sie Mutter oder Vater ersetzen sollen. Aus diesem Grund ist der Betreuungsschlüssel inzwischen auch viel höher. Dazu einige Auszüge aus dem "Bericht der Bundesregierung 2010 nach § 24a Abs. 5 SGB VII über den Stand des Ausbaus für ein bedarfsgerechtes Angebot an Kindertagesbetreuung für Kinder unter drei Jahren für das Berichtsjahr 2009" (BMFSFJ, Juli 2010). Bis zum Jahr 2013 soll es bundesweit im Durchschnitt für 35 Prozent der Kinder unter drei Jahren einen Betreuungsplatz geben. Rund ein Drittel der neuen Plätze soll in der Kindertagespflege geschaffen werden. Der Bund beteiligt sich an den Kosten des Ausbaus zu einem Drittel mit insgesamt vier Milliarden Euro. Ab dem Jahr 2014 unterstützt der Bund die Länder mit jährlich 770 Millionen Euro. In den Jahren 2009 und 2010 stellte der Bund als Finanzhilfen für zusätzliche Investitionen der Kommunen und der Länder 10 Milliarden Euro zur Verfügung.

Im März 2009 - kurz nach Inkrafttreten des Kinderförderungsgesetzes (KiföG) - wird mehr als ein Fünftel der Kinder unter drei Jahren in Deutschland in Kindertageseinrichtungen oder in der Kindertagespflege betreut. In Ostdeutschland liegt 2008 die Versorgungsquote viel höher (42,4 Prozent) im Vergleich zu Westdeutschland (12,2 Prozent).

Kinder mit einem Migrationshintergrund werden bis zu ihrem dritten Geburtstag bis auf rund 9 Prozent zu Hause betreut. Für diese 91 Prozent der Kinder wäre es aber wichtig, in Deutsch und in ihrer Muttersprache sprachlich gefördert zu werden. Der Ausbau der Ganztagsangebote würde weitere Wahlfreiheit für die Familien fördern und die Vereinbarkeit von Familie und Beruf erleichtern. Außerdem müssten die Tagesmütter bzw. -väter sowohl in der deutschen als auch in ihrer Muttersprache sprachlich gefördert werden und im Hinblick auf den pädagogischen Anspruch, den Umfang des Betreuungsangebotes und die Vergütung unterstützt werden. Das "Aktionsprogramm Kindertagespflege der Bundesregierung" und die Initiativen der Bundesländer leisten dazu einen wichtigen Beitrag.

Die Versorgungsquote ist bei den Ein- und Zweijährigen stark angestiegen. Fast alle unter Einjährigen werden zu Hause betreut. Bis zum Jahr 2013 sollen für bundesweit im Durchschnitt 35 Prozent der unter Dreijährigen Betreuungsplätze geschaffen werden. Dazu müsste die Dynamik des Ausbaus dieser Plätze in Westdeutschland verdoppelt werden.

Der Anteil der betreuten Kinder in der Tagespflege steigt. Schon mit einer Mindestqualifikation von 160 Stunden steigt die Qualifikation der Tagesmütter und -väter deutlich. Die Berufstätigkeit von Erziehern bzw. Erzieherinnen muss qualitativ und durch bessere Bezahlung unterstützt werden.
Neben der Finanzierung der Tagesbetreuung von unter Dreijährigen sind die pädagogischen Ansprüche an die Gebäude und Außenräume der Kitas von Bedeutung. Diese pädagogischen Ziele werden durch den Raum für Kinder von 0 bis 5 Jahren als "dritter Erzieher" gefördert (Tassilo Knauf, 2010). Johanna Forster (1997) und Christian Rittelmeyer (2005) haben in Deutschland versucht, pädagogische Räume mit Kategorien und Methoden der Schulgebäudeforschung zu untersuchen. Was davon für jüngere Kinder gilt, hat Knauf herausgefiltert: Forster beschreibt die Bedeutung von Licht und Farben, Ausblicken in eine natürliche Umgebung, Bewegungsmöglichkeiten, Balancen zwischen Reizvielfalt und Strukturiertheit der Umgebung, zwischen Dichte und Distanz, Bedürfnissen nach Stimulierung, Exploration und Abwechslung, Bedürfnissen nach Aneignung, Identifikation und Zugehörigkeit, privaten Räumen und "Exklusivität von Sozialkontakten in kleinen Gruppen" (S. 177ff.).
Rittelmeyer (2004, S. 23) geht von einer anthropologischen Gesamtsicht auf die Wechselbeziehung zwischen Mensch und Architektur aus. Er geht von den Ergebnissen einer Studie, an der 500 Schüler und Schülerinnen beteiligt waren, aus. Architekturbegegnung hat mit Sehen, Tasten, Riechen, Hören und dem Gleichgewichtssinn zu tun. Zur Gebäudewahrnehmung gehört immer auch die Wahrnehmung des eigenen Körpers (S. 24). Dabei wird Gebäuden eine anthropomorphe Struktur zugewiesen, sie werden "gestisch-gebärdenhaft" erlebt und nicht selten als "brutal" oder "feindlich" empfunden (S. 27, 29).
Dreisbach-Olsen benennt als Rechte des Kindes das auf Unordnung, Risiko, Ungewissheit, aber auch das Recht des Kindes auf alle seine Gefühle und das Recht zu lernen (Dreisbach-Olsen, 1995, S. 6). Dabei machen folgende Grundbedürfnisse eine Kita zum lebendigen Ort für Kinder: sich begegnen, sich bewegen, zur Ruhe kommen, verändern, experimentieren - mit Dingen hantieren und etwas sichtbar machen (S. 31ff.). Für Angelika von der Beek, Buck und Rufenach (2001) stehen Orte für Begegnungen und der Begriff der "Lernwerkstatt" im Vordergrund. Z.B. für Atelier- und Werkräume sowie für Aktivitäten wie Bewegung, Ruhe, Rollenspiel, Bauen und Wasserspiel. Von der Beek (2006) kommt zur Darstellung von Raumsituationen wie "Der Platz zum Ankommen und Wohlfühlen", "Der Gruppenraum als Basisstation", aber auch zu bedürfnis- und entwicklungsbezogenen Handlungskonstellationen wie "Entfaltung der Sinne", "Den Körper erleben", "Essen und Genießen" sowie "Schlafen und Träumen" (S. 85ff.).
Zwei Kitas bieten exemplarisch besondere Räumlichkeiten und materielle Ausstattungen, die Kita "Regenbogen" in Marienrachdorf fördert die Kinder durch folgende Angebote:
- ein Gebäude, das altersgerecht, bedürfnis- und interessenorientiert gestaltet ist,
- Freiräume für Kreativität,
- einen Platz zum Zurückziehen, Wohlfühlen, Entspannen, Treffen und Austoben, einen Traumpalast (Snoezelenraum) oder eine Bewegungsbaustelle,
- ein ansprechend gestaltetes Außengelände, das einlädt zum Verweilen und Aktivsein.

Ein Anbau für unter Dreijährige soll einen Wickelraum, ein größeres Bad mit vielen Waschbecken und Toiletten, Essensräume auch für Kleinere und einen Schlaf- und Ruheraum bereitstellen. Eine "Gummistiefel-Waschanlage" für Kinder, die vom "Matschen" wieder in die Kita kommen, ist ebenfalls vorgesehen.
Durch Exkursionen werden neue Erfahrungsorte außerhalb der Einrichtung erschlossen. (http://www.kindergarten-marienrachdorf.de/F_Bildergalerie.htm (Zugriff, 29.08.2010).
Das Kita-Entdeckerhaus in Bremen (gebaut von Olaf Hübner, Christian Remes und Peter Hübner) legt auf Forschung der kleinen Kinder Wert. Die Förderung des Selbstbildungsprozesses des Kindes zieht sich durch den gesamten Bau der Kindertagesstätte. In jedem Gruppenraum befinden sich unterschiedliche Bewegungsmöglichkeiten, Materialien, Raumformen und Inventar. Aus den Gruppenräumen sind über Türme höher gelegene Ebenen erreichbar, die Rückzugsmöglichkeiten, aber auch Beobachtungsorte für Kinder anbieten. Jeder Turm verfügt über einen Raum, der aus dem Hausdach wie ein Ausguck hinausragt. Diese Turmspitzen sind als offene Bereiche allen Kindergruppen zugänglich. Jeder dieser Räume erhält ein inhaltliches Thema. Die Gruppen arbeiten an kleinen Forscherräumen zum Thema "Klang und Sinne", "Licht und Farbe", "Himmel und Sterne" und eine "Wettermessstation". Darüber hinaus bieten eine Galerieebene und Brücken im Haus die Möglichkeit, weitere kleine Flächen nutzbar zu machen, die über den Räumen liegen. Eine Matheecke, kleine Exponate, ein Lesesofa und eine Kinderwerkbank können hier ihren Platz finden. Naturphänomene sollen sowohl beobachtet werden als auch zum Experimentieren und zum Nachfragen anregen.
Neben dem geschützten Gruppenbereich, in dem jedes Kind seinen festen Platz hat und ein gruppendynamischer Prozess begleitet durch die pädagogischen Fachkräfte stattfinden kann, bietet das Haus eine Vielzahl von Möglichkeiten, sowohl begleitet als auch selbstständig Lernprozesse in Gang zu setzen. http://www.entdeckerhaus-bremen.de (Entdeckerecken und Thementürme). (Januar 2006) (Zugriff, 30.08.10).

Literatur

Beek, A. von der (2006). Bildungsräume für Kinder von Null bis Drei. Weimar/Berlin.

Dreisbach-Olsen, J.; Haas-Krumm, S. & Philipps-Prenzel, M. (1995). Nischen, Höhlen, Hängematten. Kita-Räume verändern sich. Berlin: FIPP-Verlag.

Beek, A. von der, Buck, M. & Rufenach, A. (2001). Kinderräume bilden. Ein Ideenbuch für Raumgestaltung in Kitas. Neuwied: Luchterhand.

Forster, J. (1997). Kind und Schulraum – Ansprüche und Wirkungen. In G. Becker, J. Bilstein & E. Libau (Hrsg.), Räume bilden. Studien zur pädagogischen Topologie und Topografie (S. 175-194). Seelze-Velber: Kallmeyer.

Rittelmeyer, C. (2004). Schularchitektur. Wie Schulbauten auf Schüler wirken. In S. Appel, H. Ludwig, U. Rother & G. Rutz (Hrsg.), Jahrbuch Ganztagsschule 2005 (S. 23-33). Schwalbach/Ts: Wochenschau Verlag.

Knauf, T. (2010). Bildungsräume für Kinder von 0 bis 6: der Raum als „dritter Erzieher" - http://www.kindergartenpaedagogik.de/ia.html, Zugriff: 29.08.2010

Inhaltsverzeichnis

I. Einleitung

1. Pädagogische Verantwortung

In einer hierarchischen Darstellung nimmt der „pädagogisch institutionalisierte Raum" (Schäfer, 2005, S. 9) nach der heimischen Umgebung und dem Öffentlichkeitsbereich den tertiären Rang ein. Allerdings ist festzustellen, dass durch den seit 1996 bestehenden Rechtsanspruch auf einen öffentlichen Betreuungsplatz für Kinder zwischen drei und sechs Jahren (vgl. Bodenburg, 2000, S. 17) und den allgemeinen Tendenzen in der außerhäuslichen Tagesbetreuung der Kindertagesstätte (Kita) ein stetiger Bedeutungszuwachs widerfährt. Dies verankert die Kita nicht nur stärker in der Lebenswelt der Kinder, sondern steigert damit auch die Bedeutung ihrer Räume, in denen sich die Schützlinge aufhalten. In dem pädagogisch institutionalisierten Raum der Kita bewegen sich dic Schützlinge stets entweder in den Innen- oder Außenräumen der Einrichtung. Die kindlichen Nutzer vermögen bei der Raumgestaltung der Kita ohne Unterstützung allerdings wenig auszurichten. Deshalb gilt es für Eltern, Pädagogen, Träger und Architekten, Verantwortung für diese Kinderräume zu übernehmen. Die auf diese Weise entstehende pädagogische Verantwortung wird nach Osterloh (2002, S. 146ff.) als Pflicht formuliert, individuelle Hilfestellung bei der Entwicklung von Persönlichkeit und Lebensfähigkeit zu leisten. Simon (2001, S. 76) sieht in dieser Anwaltschaft für Kinder die dienlichste Möglichkeit für eine ganzheitliche Identitätsentwicklung.

Diese pädagogische Verantwortung, die im Sinne der Nutzerorientierung folglich nach einer adäquaten Raumgestaltung der Kita verlangt, kann als Motivation der Veröffentlichung des Buches verstanden werden, in dessen Verlauf demzufolge unter Einbezug neuerer theoretischer und empirischer Erkenntnisse vor dem Hintergrund architekturpsychologischer Auffassungen insbesondere im Bezug auf das Krippen- und das Vorschulkind und die entsprechende Betreuungsform folgende Fragen behandelt werden:

(1) Was ist Architekturpsychologie, und wie sieht ihr Wirkungsbereich aus?

(2) Welche Entwicklungsaufgaben und elementaren Bedürfnisse des Vorschulkindes (drei Jahre bis Schuleintritt) sind für die Kita und dessen Raumgestaltung relevant?

(3) Wie kann die Gestaltung der Kinderräume im Innenbereich durch ausgewählte raumbildende Elemente und im Außenbereich der Kita diesen kindlichen Bedürfnissen und dem Wohlbefinden der Nutzer gerecht werden?

2. Aufbau des Buches

Nach der Herleitung der Motivation und Zielsetzung unseres Buches in der Einleitung werden im Folgenden die Grundlagen einer architekturpsychologischen Betrachtung durch eine definitorische Abgrenzung des Begriffs der Architekturpsychologie sowie durch die Analyse der Beziehung zwischen Mensch und Raum gelegt (Kapitel 1-3). In den sich anschließenden Kapiteln wird die allgemeine Betrachtung Mensch und Raum des Grundlagenkapitels aufgegriffen und zur Untersuchung der Kita und dessen Nutzern konkretisiert (Kapitel 4-7). Dazu werden in Kapitel 4 der Begriff, die Ziele, die räumlichen Rahmenbedingungen, das Raumprogramm, die gesetzlichen Baurichtlinien einer Kita sowie die Bedeutung der Partizipation der Nutzer bei Baumaßnahmen erläutert. Zusätzlich erfolgt eine Betrachtung der aktuellen Versorgungsrate und Bautätigkeit von Kindertagesstätten. Kapitel 5 beschreibt demgegenüber unterschiedliche pädagogische Konzepte, die in den Kitas angewendet werden. Nach der Fokussierung auf die Institution Kindertagesstätte richtet sich das Augenmerk im Folgenden auf deren Nutzer, die Vorschulkinder. Unter Beibehaltung des räumlichen Bezugs werden in Kapitel 6 altersspezifische Entwicklungsaufgaben im sozio-emotionalen, kognitiven und motorischen Bereich aufgezeigt. Die elementaren Bedürfnisse der Vorschulkinder werden in Kapitel 7 dargestellt. Zur Erfüllung der Bedürfnisse der Vorschulkinder sind verschiedene Maßnamen im Innen- und Außenbereich zu beachten (Kapitel 8-9). In Kapitel 8 wird der Einfluss der raumbildenden Elemente: kindlicher Maßstab, Farbe, Raumbegrenzungen, Licht, Akustik und Lärm, Klima sowie Einrichtung des Innenbereichs und die Wirkung auf die Nutzer betrachtet, während in Kapitel 9 in einem kurzen Exkurs unter den gleichen raumbildenden Gesichtspunkten ein architekturpsychologischer Blick auf Kinderkrippen gerichtet wird (Kapitel 9). In Kapitel 10 werden die Möglichkeiten einer bedürfnisorientierten, naturnahen Gestaltung des Außenbereichs beschrieben, bevor in den abschließenden Bemerkungen die Ergebnisse der Untersuchungen zusammengefasst und ein Ausblick auf zukünftige Tendenzen aufgezeigt werden (Kapitel 11-12).

II. Grundlagen

3. Mensch und Raum

Eine architekturpsychologische Perspektive setzt eine Klärung des Begriffs der Architekturpsychologie und dessen Wirkungsbereich voraus. Deshalb wird in den folgenden beiden Kapiteln sowohl das Gebiet der Architekturpsychologie als auch die Beziehung zwischen Mensch und Raum näher betrachtet.

3.1 Architekturpsychologie

Die Architekturpsychologie ist dem Bereich der Umweltpsychologie zuzuordnen (vgl. Leising, 2002, S. 34). Als eines der jüngsten Teilgebiete der Psychologie untersucht die Umweltpsychologie Auswirkungen der physisch-materiellen Welt auf Erleben und Verhalten des Menschen, mit der Absicht, diese durch gezielte Maßnahmen zu beeinflussen. Begründet durch frühere interdisziplinäre Untersuchungen durch den Mitbegründer der Umweltpsychologie Willy Hellpach, richtet sich diese Perspektive nach Hellbrück und Fischer (1999) auf Zusammenhänge zwischen menschlichen Verhaltensweisen und Naturbedingungen wie der Wetterlage. Die Technisierung und Zivilisation erweiterten die Einflussfaktoren auf den Menschen. Hier sind beispielsweise Belastungen durch Schadstoffe, Schall oder Strahlung anzuführen. In diesem Zusammenhang richtet sich der Fokus der Umweltpsychologie vor allem auf das gesundheitliche Wohlergehen der Menschen. Neben diesem Forschungsfeld stellt die Beziehung zwischen Mensch und Raum einen zweiten Gegenstandsbereich der Umweltpsychologie dar. Hier werden Zusammenhänge zwischen Verhalten und Befindlichkeit des Menschen und dessen baulicher Umgebung (Städte) betrachtet. Als dritter Bereich der Umweltpsychologie ist die Beobachtung von menschlichen Verhaltensweisen unter Umweltrisiken zu nennen, wobei die Untersuchungen neben regionalen auch globale Gefahrenherde wie Klimaveränderungen und Gefährdung der Ozonschicht einschließen. Da diese steigenden Gefahren weitgehend vom Menschen selbst verschuldet sind, gilt die Aufmerksamkeit der Umweltpsychologie hier immer mehr der Verstärkung von umweltfreundlichem Verhalten. Insgesamt lässt sich als Merkmal der umweltpsychologischen Untersuchungen ein hohes Maß an Interdisziplinarität (Bezüge zum Beispiel zur Meteorologie, Physik) herausstellen (vgl. Hellbrück & Fischer, 1999, S. 31f., 33).

Das Gebiet der Architekturpsychologie lässt sich bei Zugrundelegung der Definition als „Lehre vom Erleben und Verhalten des Menschen in gebauten Umwelten“ (Richter, 2008,

S. 21) als Teilgebiet dieser Umweltpsychologie verstehen. Die Betrachtung der wechselseitigen Beeinflussung zwischen menschlichem Erleben und Verhalten und der gebauten Umwelt, wie sie bei der Architekturpsychologie im Sinne der Umweltpsychologie vorgenommen wird, bedarf einer spezifizierten Auseinandersetzung mit den einzelnen Komponenten dieser Definition.

Das menschliche Erleben ist durch vielfältige kognitive und emotionale Prozesse sowie durch den ästhetischen Sinn der Menschen geprägt. Es werden ferner bewusste, teilweise bewusste sowie völlig unbewusste Reaktionen biologischer und sozialer Natur unterschieden.

Das Verhalten des Menschen weist für die Theorie der Architekturpsychologie und die Praxis der Architektur zwei mögliche Sichtweisen auf. Der Mensch kann als aktiver Schöpfer oder passiver Benutzer seiner Umwelt gesehen werden. Diese beiden Blickwinkel werden in Tabelle 1 näher ausgeführt (vgl. ebd.).

Umwelt vereinigt vor diesem Hindergrund alle äußeren Einflussfaktoren des Menschen individuell oder in Gemeinschaft (vgl. Flade, 1994, S. 58, zitiert nach Walden & Schmitz, 1999, S. 14), „wobei zwischen der sozialen und der physischen (dinglichen, materiellen) Umwelt unterschieden wird. Die physische Umwelt kann natürlich, von der Natur vorgegeben, oder künstlich, das heißt vom Menschen geschaffen, sein“ (Walden & Schmitz, 1999, S. 14).

Gerade die letztere vom Menschen geschaffene gebaute Umwelt stellt gegenwärtig den Hauptaufenthaltsort des Menschens dar. Auf Grund der ausgeprägten Anpassungsfähigkeit nimmt er es allerdings kaum wahr, wenn dieses Wohnumfeld seinen individuellen, physischen und psychischen Anliegen nicht gerecht wird. Die Architekturpsychologie kann hier durch ihre Untersuchungen der Wechselbeziehung zwischen dem Verhalten, Erleben des Menschen und der gebauten Umwelt, mittels interdisziplinärer Bezüge zwischen Architektur und Psychologie, Erkenntnisse für eine stärker am Nutzer orientierte Umwelt

Tab. 1: Zwei Verhaltensperspektiven (Richter, 2008, S. 22).

Menschliches Verhalten in Bezug auf Architektur/gebaute Umwelt	
Auf Architektur gerichtetes proaktives Verhalten	Von Architekten abhängiges Verhalten
Mensch ist Gestalter von erbauter Umwelt in seiner Rolle als Architekt, Bauherr, Raumgestalter, etc.	Mensch ist Nutzer von gebauter Umwelt in seiner Rolle als Mieter, Besucher von öffentlichen Gebäuden etc.
Dies entspricht der Perspektive des bewussten, auf die Umwelt von Gestaltungszielen ausgerichteten Handelns.	Dies entspricht der Perspektive des teilbewussten gewohnheitsmäßigen Alltagsverhaltens im Sinne des Behaviorismus.
Vgl. Hacker 1998	Vgl. Watson 1913

liefern. Durch diese Bedürfnisorientierung soll der Mensch und dessen Wohlbefinden gefördert und nicht begrenzt werden. Dies beinhaltet neben dem funktionalen Aspekt der Gebäudenutzung ebenso die Einflussnahme auf persönliches Empfinden und soziale Interaktion des Nutzers bzw. der Nutzergruppe (vgl. Leising, 2002, S. 34ff.).

3.2 Bedeutung des Raumes für den Menschen

> *„Architektur versteht sich als Dienstleistung für den ganzen Menschen. Als solche hat sie eine materielle und eine immaterielle Komponente; es sind rationale und irrationale Bedürfnisse zu befriedigen"* (Dahinden, 2005, S. 5).

Der räumlich-materielle und geistig-immaterielle Rahmen, den Räume den Menschen bieten, wird als Basis des Daseins verstanden. Menschen entwickeln sich in allen Lebensphasen unter wechselnden räumlichen Umweltbedingungen durch Anpassung und Austausch (vgl. Rodeck, Mahnke & Meerwein, 2002, S. 56). Da der Mensch und die ihn umgebende Umwelt somit eine untrennbare Einheit (Stewart & Mickunas, 1990, S. 9) bilden, sind die beiden Komponenten in ihrer ganzheitlichen Beziehung zu interpretieren (vgl. Pocock, 1989; Relph, 1989; Seamon, 1990, zitiert nach Seamon, 2000, S. 160). Die gegenseitige Beeinflussung von Mensch und Umwelt kann allerdings sowohl eine Behinderung als auch eine Unterstützung für den Menschen darstellen (vgl. Takahashi, 2000, S. 230). Dabei entscheiden Raumgestaltung, -symbolik und -anmutung wesentlich über Befindlichkeit und Identifikation sowie über das soziale und individuelle Verhalten des Menschen im Raum (vgl. Rodeck et al., 2002, S. 56).

Dahinden (2005, S. 21, 68f.) unterscheidet in der Beziehung zwischen Mensch und Raum drei Funktionen des Raumes: die Zweckfunktion, die Gestaltungsfunktion und die geistige Funktion. Die Zweckfunktion des Raumes beschreibt die praktischen Anforderungen des Nutzers und fokussiert auf umweltfreundliche Bauweise, den Schutz und die Gesundheit des Menschen. Die Gestaltungsfunktion dient hingegen der Motivation zur Nutzung des Raumes, wobei auf die Sinneswahrnehmung und die entstehenden Gefühle des Individuums abgezielt wird. Durch die geistige Funktion werden metaphysische Bezüge hergestellt, indem beim Menschen durch den Raum übersinnliche Verknüpfungen und Vorstellungen ausgelöst werden.

Folglich ist das menschliche Handeln durch die Raumgestaltung beeinflussbar. Hierbei werden die Emotionen des Einzelnen angesprochen, die durch die Sinneswahrnehmung stimuliert werden. Bei der entstehenden Raumanmutung spricht man vom Aufforderungscharakter einer Räumlichkeit, das heißt „der Raum spricht Denken, Fühlen und Wollen an. [...]. Der gestaltete Raum wird vom Denken in seiner Bedeutung gelesen, vom Fühlen in seiner Stimmung, seiner Anmutung erfasst und vom Wollen in seinen Handlungsmöglichkeiten erfahren" (Schneider, zitiert nach Rodeck et al., 2002, S. 56). Allerdings ist dieser Beeinflussungsprozess nicht als einfache Übertragung der Raumstimmung auf den Menschen zu sehen, sondern als subjektive Reaktion des einzelnen Menschen in Abhängigkeit von seinem individuellen Befinden. Bei der Raumgestaltung erfordern diese individuellen Reaktionen somit auch eine gesonderte Betrachtung der Kinder, ihrer Entwicklung und ihrer Gesundheit. Gerade in diesem Bereich ist durch eine angemessene Umweltgestaltung körperlichen und sinnlichen Störungen vorzubeugen.

Bei der Raumgestaltung spielen bezüglich der Beziehung zwischen Mensch und Raum die Anmutungsqualität, der Aufforderungscharakter, die Prägnanz und die Aneignung allgemein eine entscheidende Rolle. Während die Anmutung die Atmosphäre eines Raumes beschreibt, entscheidet der Aufforderungscharakter über Annahme oder Abstoßung des Raumes. Die Prägnanz trifft eine Aussage über die Transparenz der Gestaltungsabsichten (vgl. Rodeck et al., 2002, S. 57f.).

Der Prozess der Aneignung wird in der Umweltpsychologie beschrieben als „eigene Ausdrucksformen von Umweltkontrolle zu haben, sich die Welt zu eigen machen, sie zu nutzen, mit ihr Bedeutung zu verbinden und sie den eigenen Plänen entsprechend zu verändern" (Lynch, 1976, S. 35; Walden, 1993, zitiert nach Walden, 1998, S. 64).

Aneignung stellt folglich eine Möglichkeit der aktiven Bewältigung des Kontrollbedürfnisses des Menschen hinsichtlich seiner Umwelt dar, bei dem „die objektive Umwelt in eine subjektive und persönlich bedeutsame Umwelt umgewandelt wird" (Werner & Altman & Oxley, 1985, zitiert nach Walden, 1998, S. 63). Durch die Auseinandersetzung mit der räumlich-materiellen Umwelt des Raumes wird bei der Aneignung durch das Individuum ihr gesellschaftlicher Wert aufgenommen, was die Aneignung zu einem kommunikativen Vorgang macht. Bei einer handelnden Auseinandersetzung dieser Art widerfährt sowohl der Umwelt als auch dem Menschen selbst eine Veränderung. Diese Interaktion zeigt sich bei der angeeigneten Umwelt durch Zeichen der Benutzung durch den Menschen und dessen Beeinflussung, während die Aneignung beim Menschen emotionale Verbundenheit, erfolgsbedingtes Wohlbehagen und einen Kompetenzzuwachs auslöst (vgl. Walden, 1998, S. 63). „Ergebnis dieser Veränderung ist eine neue Identität des Raumes: Es ist nicht mehr irgendein Raum, sondern mein (unser…) Raum" (Rump, 2008, S. 304). Aneignungsprozesse des Menschen vollziehen sich allerdings nicht ausschließlich in Umgestaltung der räumlichen Umwelt nach individuellen Wünschen, sondern dienen ebenso der sozialen Abgrenzung, in dem das jeweilige Territorium durch nonverbale, persönliche Markierungen gekennzeichnet wird (vgl. Walden, 1998, S. 63).

Fazit II

Grundlegend für das weitere Vorgehen in diesem Buch lässt sich nach diesem Kapitel zusammenfassend sagen, dass eine wechselseitige Beeinflussung des menschlichen Verhaltens und seiner Umwelt vorliegt. Diese Interaktion macht sich die Architekturpsychologie zunutze, um bei der Gestaltung gebauter Umwelten eine stärkere Ausrichtung auf die Bedürfnisse und das Wohlbefinden des Menschen zu verwirklichen.

III. Die Kindertagesstätte und ihre Nutzer

Um die gegenseitige Einflussnahme der zentralen Komponenten unserer Untersuchungen besser einordnen zu können, werden im Folgenden die Kindertagesstätte und ihre Nutzer detaillierter betrachtet.

4. Bauen für Kinder im Überblick

In diesem Kapitel werden grundlegend für die weiteren Betrachtungen, nach der begrifflichen Abgrenzung und den rechtlichen Aufgaben der Kita, ein Überblick über räumliche Rahmenbedingungen, das Raumprogramm sowie allgemeine Richtlinien beim Neu- oder Umbau solcher Kindereinrichtungen geliefert. Die aktuelle Situation zeigt sich bei der Darstellung der Versorgungsrate und der gegenwärtigen Bautätigkeit.

4.1 Begrifflichkeit und Zielsetzung der Kindertagesstätte

Der Begriff der Kindertagesstätte schließt als Formen der Kinderbetreuung die Kinderkrippe (Säuglingsalter bis drittes Lebensjahr), den Kindergarten (mindestens drei Jahre bis Eintritt der Schulpflicht) und den Hort (schulpflichtige Kinder bis vierzehn Jahre) ein. Hierbei muss es sich nicht zwingend bei allen Kindern um eine Ganztagesbetreuung handeln. Eine Ganztageseinrichtung ist von sieben Uhr morgens bis siebzehn Uhr abends geöffnet (vgl. Bundesanstalt für Arbeit, 2000, S. 16ff.; § 6 Kindertagesstättengesetz, 2005).
Bei der Trägerschaft dieser Institutionen wird nach §§ 69 und 75 des Kinder- und Jugendhilfegesetzes zwischen öffentlichen Trägern (Gemeinden, Städte, Landkreise), freien Trägern (Kirchen, Religionsgemeinschaften, Verbände der freien Wohlfahrtspflege) und den privaten Trägern (Elterninitiativen, betriebseigene Träger, juristische Personen, Vereinigungen) unterschieden (vgl. Sozialgesetzbuch: Kinder- und Jugendhilfegesetz, 2005).
Die gesetzlichen Richtlinien hinsichtlich der Zielsetzung und Aufgabenstellung von Kindertageseinrichtungen lassen sich dreifach unterteilen, und zwar in Betreuung, Erziehung und Bildung (vgl. Huppertz, 1998, S. 39).
Die gesetzliche Grundlage bietet hierfür das achte Buch des Sozialgesetzbuches. Das Kinder- und Jugendhilfegesetz setzt in Abschnitt 3 „Förderung von Kindern in Tageseinrichtungen und in Tagespflege“ unter dem § 22 folgende „Grundsätze der Förderung von Kindern in Tageseinrichtungen“ fest:

1. „In Kindergärten, Horten und anderen Einrichtungen, in denen sich Kinder für einen Teil des Tages oder ganztags aufhalten (Tageseinrichtungen), soll die Entwicklung des Kindes zu einer eigenverantwortlichen und gemeinschaftsfähigen Persönlichkeit gefördert werden.
2. Die Aufgabe umfasst die Betreuung, Bildung und Erziehung des Kindes. Das Leistungsangebot soll sich pädagogisch und organisatorisch an den Bedürfnissen der Kinder und ihren Familien orientieren.
3. Bei der Wahrnehmung ihrer Aufgaben sollen die in den Einrichtungen tätigen Fachkräfte und anderen Mitarbeiter mit den Erziehungsberechtigten zum Wohl der Kinder zusammenarbeiten. Die Erziehungsberechtigten sind an den Entscheidungen in wesentlichen Angelegenheiten der Tageseinrichtung zu beteiligen“ (Sozialgesetzbuch: Kinder- und Jugendhilfegesetz, 2005).

Für das Land Rheinland-Pfalz wird dies durch § 2 des Kindertagesstättengesetzes geregelt. Hier werden als Grundsätze der erziehenden, bildenden und betreuenden Aufgabe der Kita neben der Orientierung an den Bedürfnissen der Kinder und ihren Familien sowie der Kooperation zwischen Erzieher/innen und Erziehungsberechtigten auch die Förderung der motorischen, kognitiven, emotionalen und sozialen Entwicklung der Kinder thematisiert. Dabei sollten sowohl soziale Defizite kompensiert als auch Entwicklungsverzögerungen oder Behinderungen rechtzeitig erkannt werden. In den Kitas sind nach dem Kindertagesstättengesetz ausreichend Plätze für integrative Betreuungsformen vorzusehen, die behindertengerecht gestaltet werden sollen (vgl. Kindertagesstättengesetz, 2005).

4.2 Räumliche Rahmenbedingungen für Kindertagesstätten

Da sowohl Einrichtungsgröße und Raumgröße als auch die Gruppengröße den räumlichen Rahmen der Kita mitbestimmen, werden nachfolgend einzelne Richt- und Sollwerte in diesen drei Bereichen aufgezeigt.

4.2.1 Größe der Einrichtung

Die Festlegung der Größe der gesamten Einrichtung stellt oftmals einen Interessenskonflikt zwischen der psychologischen, pädagogischen und der bau-, unterhaltungswirtschaftlichen Perspektive dar. Während die Kostenverantwortlichen eher große Einrichtungen von 80-120 Kindern bevorzugen, ist unter psychologischen und pädagogischen Gesichtspunkten die Nutzerzahl eher auf 50-70 Kinder zu begrenzen. Dies ist dadurch zu begründen, dass mit zunehmender Größe der Einrichtung sowohl das Explorationsverhalten der Kinder als auch die Erzieher/innenrolle leiden (vgl. Walden & Schmitz, 1999, S. 59ff.).

4.2.2 Raumgröße

Bei der Dimensionierung der Gruppenraumfläche reichen die bundeslandspezifischen Mindestanforderungen von 1,5 m^2 bis 2,5 m^2 pro Kind. Eine Ausnahme bildet hierbei das Bundesland Berlin mit der Forderung nach 4,5 m^2, die jedem einzelnen Kind zur Verfügung stehen sollen. In Rheinland-Pfalz gilt die Vorgabe, dass den Kindern Drehungen um sich selbst mit ausgestrecktem Arm möglich sein sollen, ohne den Bereich der anderen Kinder zu stören oder selbst Begrenzungen durch die Umgebung zu erfahren (vgl. Gralle & Port, 2002, S. 20). Insgesamt nimmt eine Kita nach gegenwärtigen Standards im Durchschnitt eine Grundfläche von 100 m^2 ein. Diese lässt eine Wandfläche von etwa 130 m^2 entstehen und ergibt ein Gesamtvolumen des zu gestaltenden Wirkungsbereichs von circa 250 m^3 (vgl. Mahlke, 2003, S. 45).

4.2.3 Gruppengröße

Bei der Festlegung der Gruppenstärke liegen die Angaben zwischen 15 und 28 Kindern. Der Personalschlüssel sollte je nach Bundeslandzugehörigkeit zwischen 1,5 und 2 Fachkräften umfassen (vgl. Gralle & Port, 2002, S. 20).
Walden und Schmitz (1999, S. 62) sprechen sich im Interesse der Erzieher/innen und Kinder für kleinere Gruppen unter sechzehn Kindern aus, weil in diesem Rahmen sowohl eine bestmögliche Unterstützung und Entwicklung der Schützlinge als auch eine adäquatere Erziehungsleistung verwirklicht werden kann.[1]

4.3 Raumprogramm einer Kindertagesstätte mit Kinderkrippe

Das Raumprogramm einer Kita wird beeinflusst durch die Größe der Einrichtung, die vertretenen Altersgruppen, die Aufenthaltsdauer der Kinder und das pädagogische Konzept der Einrichtung. Demnach orientiert sich die Anzahl der Räume an der zu betreuenden Kinder- und Gruppenzahl, an den variierenden Anforderungen der Nutzer von Krippe, Kindergarten oder Hort, dem Bedarf einer Tagesbetreuung und den Vorgaben pädagogischer Modelle (vgl. Walden & Schmitz, 1999, S. 64f.). Die Empfehlungen der jeweiligen Bundesländer bzw. Kommunen weichen diesbezüglich voneinander ab. In Anlehnung an Gralle und Port (2002, S. 34ff.) können sich in den drei Hauptsektoren Erschließungs-, Kinder- und Verwaltungs-/Wirtschaftsbereich einer Tageseinrichtung folgende Räume ergeben:

[1] Studien zufolge bewerten 77 % der befragten Erzieher/innen die Gruppen als zu groß, was sich bei 25,2 % in einer starken Belastung äußert. Für 69,4 % der Befragten stellt diese Voraussetzung ein Problem für das effektive, individuelle Arbeiten mit den Schützlingen dar (vgl. Rudow, 2004).

Eingangsbereich/Flure/Treppenhaus/Garderobe

Im Eingangsbereich findet der Übergang zwischen der Außen- und Innenwelt der Kita statt. Hier werden die Kinder gebracht und abgeholt, Eltern tauschen sich untereinander und mit den Erzieher/innen aus und werden über die Arbeit in der Einrichtung informiert. Der Bereich ist meistens von den übrigen „Kinderräumen" abgetrennt. Eine Verbindung zu diesen Räumlichkeiten stellen Flure oder eine Halle mit Treppenaufgang dar. Daran schließen sich vor den Gruppenräumen die Garderoben an.[2]

WC- und Waschräume

Die WC- und Waschräume fallen bei Krippen oder Kindergärten oft größer aus als bei Horteinrichtungen. Mit zunehmendem Alter der Kinder verliert dieser Ort an Spielanreizen und wird wie im Hort schließlich rein funktional genutzt, während Krippen- und Kindergartenkinder möglichst viel Freiraum zur (spielerischen) Auseinandersetzung mit der Körperhygiene brauchen.

Küche/Essbereiche

Während die Küche im Hort ganz gewöhnlich ausfällt, und die Milchküche im Krippenalltag der Erwärmung und Vorbereitung der Milch dient, sind in Kindergartenbereichen, abhängig von der pädagogischen Konzeption, je Gruppe eine Küchenzeile, eine zentrale Kinderküche oder eine Küche mit variierenden Bodenerhöhungen zu finden. Dadurch können die Kinder an den Kochtätigkeiten teilhaben, wobei die Möglichkeit gewahrt bleiben sollte, den Küchenbereich auch unzugänglich zu halten.[3]

Bei Kindertageseinrichtungen mit Ganztagesbetreuung ist eine Wirtschaftsküche vorhanden, die für die ganze Einrichtung das Essen zubereitet. Abhängig vom pädagogischen Konzept wird hier die Kindermitbenutzung ermöglicht.

Essbereiche sind in Horteinrichtungen selten zu finden, da die Kinder in der Schule zu Mittag essen. Auch in Kindergarteneinrichtungen ist meist kein eigentlicher Essensraum konzipiert, wodurch für die Einnahme der Mahlzeiten auch der Gruppenraum, die Küche sowie die Flure benutzt werden.

Gruppenraum

Je nach pädagogischer Konzeption ist dieser Raum Mittelpunkt der Einrichtung. Er kann durch Differenzierung und Gliederung in Mal- und Bastelbereich, Rückzugszonen, Rollenspiel-, Bau-, Bewegungs- und Experimentierecke den Anforderungen der Nutzer gerecht werden und damit gleichzeitig Geborgenheit und Variation bieten.

[2] Aus Sicherheitsgründen ist es wichtig, dass „Verkehrswege vor und im Gebäude [...] nicht durch Kinderwagen o.ä. eingeengt oder verstellt werden. Dies wird zum Beispiel erreicht durch geeignete Abstellflächen innerhalb des Gebäudes" (DGU, 2009, S. 27).

[3] Hier sind entsprechende Schutzvorkehrungen gegen Verbrennungs- und Verbrühungsgefahren wie gesonderte Schaltungen der Energiezufuhr oder Schutzgitter für die Kochstellen zu treffen (vgl. Deutsche Gesetzliche Unfallversicherung, 2009, S. 24).

Von ihm aus sollten kurze Wege zu den WC- und Waschräumen führen und ein direkter Zugang zum Außenbereich bestehen. Dem Gruppenraum kommt allerdings in der Krippe und dem Kindergarten mehr Bedeutung zu als in Horteinrichtungen, wo vor allem in der offenen Hortform diverse ebenbürtige Räume nach ihrer Funktionalität differenziert werden.

Gruppennebenraum

Der Gruppennebenraum ist meist von geringer Größe und schließt sich an den Gruppenraum an. Er kann für unterschiedliche Aktivitäten (zum Beispiel Toberaum), stille Beschäftigungen (zum Beispiel Leseraum, Rückzugsraum) oder als Erweiterung des Gruppenraums herangezogen werden.

Mehrzweckraum

Der Mehrzweckraum wird für viele unterschiedliche Anlässe benutzt. Diese reichen von Bewegungsraum, Ruhestätte, Lesestunde, Spielraum bis Theaterraum usw. Teilweise enthält er eine Bühne.

Schlaf- und Ruheräume

Schlaf- und Ruheräume sind nicht in jeder Einrichtung vorhanden. In Krippeneinrichtungen, in der Kinder unter drei Jahren betreut werden, sind sie allerdings von großer Notwendigkeit.

Werkraum

Werkräume gehören in Horteinrichtungen zum Standardprogramm und sind auch in Kindergärten immer stärker vertreten. Er sollte mit einem Ausgang ins Freigelände versehen sein, ausreichend Raum für Werkbänke und Stauraum für Werkzeuge und Materialien bieten.[4]

Atelierraum

Im Atelierraum ist die Möglichkeit gegeben, ungestört künstlerischen Tätigkeiten nachzugehen. Bei der Ausstattung ist neben den benötigten Utensilien ein Ausgussbecken zu berücksichtigen.

Personalräume

Der eigentliche Personalraum wird für Besprechungen, Vorbereitungen und Pausen sowie als Umkleide benutzt. Eine Waschgelegenheit, Spinde und eine Teeküche für das Personal

[4] „Gegenseitige Gefährdung lässt sich vermeiden, wenn zwischen Werkbänken ein Mindestabstand von 0,85 m eingehalten ist. Wenn Kinder Rücken an Rücken arbeiten, sollen Abstände zwischen Werkbänken mindestens 1,50 m betragen. [...] Maschinen, Geräte und Werkzeuge [...] müssen gegen unbefugte Benutzung gesichert werden" (DGU, 2009, S. 25).

sind vorgesehen. Die Einrichtung eines solchen Raumes ist für die Bedürfnisse der Erzieher/innen nach Entspannung und Rückzug von großer Bedeutung.[5] Je nach Einrichtung und Platzangebot gehören ebenso Personaltoiletten, Büro des/r Leiter/in, ein Elternsprechzimmer, Putzräume[6], Keller, Isolierräume für die Versorgung von Verletzten und Technikräume zu diesen personaleigenen Räumen.

Abstellraum
Der Abstellraum wird in der Regel zur Aufbewahrung von (Außen-) Spielmaterialien benutzt. Wenn er über einen Ausgang nach draußen verfügt, sind so genannte Gummistiefelwaschanlagen besonders zweckmäßig (vgl. Anhang 3: „Das Entdeckerhaus“ Bremen, S. 191).

Hausaufgabe-/Leseraum
Bei Hausaufgaben- und Leseräumen handelt es sich um hortspezifische Räume. Sie sind für konzentrierte Tätigkeiten vorgesehen.

4.4 Richtlinien für den Bau von Kindertagesstätten

Bei Neu- oder Umbaumaßnahmen einer Tagesstätte sind nicht nur die Vorgaben der entsprechenden Bauordnung zu berücksichtigen, sondern auch die Mitwirkung der Beteiligten von großer Bedeutung.

4.4.1 Bauliche Richtlinien

Da kein entsprechendes Regelwerk für die Errichtung von Kitas existiert, gelten die Richtlinien der landeseigenen Bauordnung (vgl. Gralle & Port, 2002, S. 20). In der Landesbauordnung des Bundeslandes Rheinland-Pfalz werden Kinder- und Jugendheime und Kitas speziell unter § 50 „Bauliche Anlagen und Räume besonderer Art oder Nutzung“ Absatz (2) Punkt 7 aufgeführt. Dort heißt es:

> (1) „[1]Soweit die Bestimmungen der §§ 6 bis 48 zur Abwehr von Gefahren oder unzumutbaren Belästigungen nicht ausreichen, können für bauliche Anlagen und Räume besonderer Art oder Nutzung im Einzelfall besondere Anforderungen ge-

[5] Untersuchungen zufolge bemängeln 72,3 % der befragten Erzieher/innen das unzureichende Angebot an Rückzugsräumen (vgl. Rudow, 2004).

[6] „Räume und Einrichtungsgegenstände für die Aufbewahrung von Reinigungsmitteln oder sonstigen gesundheitsgefährdenden Substanzen sowie Standorte für technische Bereiche müssen gegen unbefugtes Betreten der Kinder gesichert sein“ (DGU, 2009, S. 23).

stellt werden. [2]Erleichterungen können zugelassen werden, soweit es im Einzelfall der Einhaltung dieser Bestimmungen wegen besonderen Art oder Nutzung der baulichen Anlagen und Räume oder wegen besonderen Anforderungen nach Satz 1 nicht bedarf" (Oppermann & Wieseler & Wriedt, 2005, S. 57f.).

Erweiternde Regelungen hinsichtlich der Vorgaben des Bundesverbandes der Unfallkassen (BUK) über Bau und Ausrüstung von Kindergärten (GUV 16.4) sowie die DIN-Vorschriften bezüglich Stühlen und Tischen für Bildungseinrichtungen, Tageslicht in Innenräumen, Beleuchtung mit künstlichem Licht, Schall- und Wärmeschutz, Raumlufttechnik, Kinderspielgeräte sowie Spielplätze und Freiflächen werden an entsprechenden Stellen im Verlauf des Buches ausgeführt.

4.4.2 Partizipation der Beteiligten

Im Sinne einer bedürfnisorientierten Gestaltung der Kita bedarf es der Ergänzung des Wirkungsbereichs des Architekten durch pädagogische und psychologische Kenntnisse. Dies legt eine Zusammenarbeit der Planer und der Erzieher/innen der Tageseinrichtung (sowie Eltern, Träger, Psychologen, ...) nahe. Durch diese interdisziplinäre Kooperation kann nicht nur eine adäquatere Kinder- und Erzieher/innenumwelt erschaffen, sondern auch Kostenaufwendungen durch spätere Umbautätigkeiten vorgebeugt werden. Als besonders effektiv hinsichtlich dieser beiden Ziele zeigt sich auch der Einbezug der Kinder. Da niemand ihre Anliegen und Erfordernisse besser kennt als sie selbst, zeigt sich hierin eine wirkliche Bedürfnisorientierung. Die Partizipation der kindlichen Nutzer der Tagesstätte sollte sich hierbei auf tatsächliche Tätigkeitsfelder ihres Alltags beschränken, in denen sie auf Grund ihrer Fähigkeiten mitwirken können. Auf Seiten der Kinder kann diese Beteiligung bei Baumaßnahmen der Einrichtung sowohl den Bedürfnissen nach Selbstständigkeit (Kap. 7.4) und Aneignung (Kap. 7.6) gerecht werden als auch einen positiven Einfluss auf die sprachlichen, sozialen und interaktiven Kompetenzen sowie die Entfaltung des Selbstwertgefühls ausüben (vgl. Walden & Schmitz, 1999, S. 47ff.) (vgl. 16.1 - 16.6 Auszüge aus der Befragung der kindlichen Nutzer der Kindertagesstätte Marienrachdorf).

4.5 Versorgungsquote und Bautätigkeit

Nach jüngsten Angaben des Statistischen Bundesamtes ergab die letzte Sonderauszählung vom 31. Dezember 2002 eine Anzahl von 47.279 Einrichtungen zur Tagesbetreuung in Deutschland (vgl. Statistisches Bundesamt, 2004, S. 5). Da dies allerdings Institutionen unterschiedlicher Größe und verschiedenen Platzangebots sind, ist diese Angabe weniger aussagekräftig bezüglich der Bedarfsdeckung und Versorgungsquote. Die so genannte Platz-Kind-Relation hingegen, gibt Auskunft zur Zahl der vorhandenen das heißt zu ver-

gebenden Plätze im Verhältnis zu der Anzahl der Kinder in der entsprechenden Altersstufe, das heißt der zu benötigten Plätze. Diese Platz-Kind-Relation bei Kindergarteneinrichtungen lag in Westdeutschland Ende des Jahres 2002 bei 88 %, in den neuen Bundesländern sogar bei 105 %, was als fast dem Bedarf angemessen bezeichnet werden kann (vgl. Krämer, 2006, S. 63).
Die Platz-Kind-Relation für Krippeneinrichtungen in Westdeutschland zeigt sich hingegen als unzureichend. Es werden lediglich 3 % der betreffenden Kleinkinder durch Plätze abgedeckt (vgl. Statistisches Bundesamt, 2004, S. 25), während in Ostdeutschland 37 % erreicht werden (vgl. Krämer, 2006, S. 64). Laut dem Tagesbetreuungsausbaugesetz (TAG) wird bis einschließlich 2011 eine Versorgungsquote von 20 % angestrebt. Diese Ausbaumaßnahmen fokussieren in erster Linie Westdeutschland, da dieser Wert in den ostdeutschen Bundesländern bereits erfüllt wird (vgl. Spieß & Wrohlich, 2005, S. 224). „Das Kinderförderungsgesetz (KiföG), das am 1. Januar 2009 in Kraft getreten ist, ist der entscheidende Schritt hin zu einem bedarfsgerechten und qualitativ hochwertigen Angebot der Betreuung für Kinder unter drei Jahren. Folgende wichtige Regelungen enthält das Kinderförderungsgesetz:

1. Für die erste Phase bis 31. Juli 2013 werden, verglichen mit dem Tagesbetreuungsausbaugesetz (TAG), erweiterte, objektiv rechtliche Verpflichtungen für die Bereitstellung von Plätzen eingeführt. Ziel sind vor allem die Kinder, die eine Betreuung für ihre Entwicklung besonders brauchen. Zudem sollen nicht nur berufstätige, sondern bereits auch Arbeit suchende Eltern einen gesicherten Betreuungsplatz bekommen. Damit fällt eine der letzten Hürden für Alleinerziehende, die oft erst einen Arbeitsplatz finden, wenn sie die Betreuung ihres Kindes gesichert haben, weg.
2. Ab dem 1. August 2013, nach Abschluss der Ausbauphase, soll der Rechtsanspruch auf einen Betreuungsplatz für alle Kinder vom vollendeten ersten bis zum vollendeten dritten Lebensjahr eingeführt werden“ (Bundesministerium für Familie, Senioren, Frauen und Jugend, 2010).

Die Platz-Kind-Relation bezüglich der Horteinrichtungen zeigt ähnliche Verhältnisse. Während Ostdeutschland, Berlin mit 24 % ausgenommen, einen Versorgungsanteil von durchschnittlich 41 % aufweist, werden in Westdeutschland im Durchschnitt 5 % der entsprechenden Altersklasse abgedeckt. Baden-Württemberg, Niedersachsen und Rheinland-Pfalz zeigen mit 3 %, gemeinsam mit der ostdeutschen Ausnahme Thüringen, den geringsten Prozentsatz. Ein Nachteil dieses Indikators der Platz-Kind-Relation verbirgt sich hinter der Tatsache, dass es sich hierbei um Makrodaten handelt, die nicht auf spezielle lokale oder familiäre Bedürfnisse eingehen. Dabei heben sich bei der Berechnung gewisse Differenzen bezüglich Überschüssen in anderen Regionen auf, die allerdings in der Praxis nicht überbrückt werden können (vgl. Krämer, 2006, S. 63ff.).
Der Verlauf der Bautätigkeit der Einrichtungen für Kindertagesbetreuung weist gegenwärtig eine deutliche Rückläufigkeit auf. Die Einführung des Rechtsanspruchs auf einen Kindergartenplatz in Westdeutschland in den 1990er Jahren verursachte einen starken

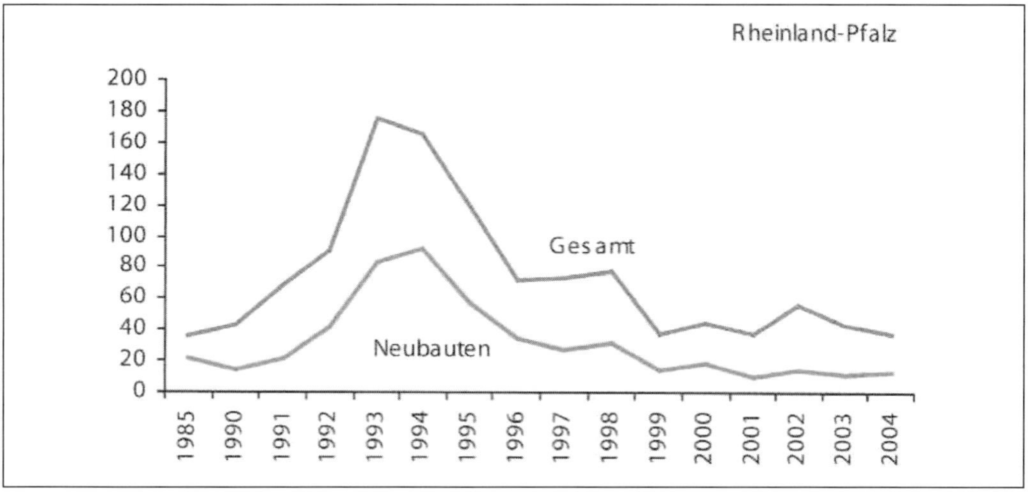

Abb. 1: Bautätigkeit von Kindertagesstätten am Beispiel von Rheinland-Pfalz (Krämer, 2006, S. 73)[7]

Anstieg der Bautätigkeit, um den Anforderungen gerecht zu werden. Dies zeigt sich auch deutlich am Beispiel Rheinland-Pfalz in der folgenden Abbildung (Abbildung 1).

Der darauf folgende Abwärtstrend resultiert aus der zurückgehenden Kinderzahl im Kindergartensektor. Heute beschränken sich die baulichen Tätigkeiten weitestens auf Umbau- und Anbautätigkeiten, also auf Aktionen im Bestand, um der steigenden Anzahl an Krippennutzern entgegen zu kommen. Dies spiegelt sich ebenfalls in der absinkenden Investitionshilfe an westdeutsche Bundesländer wieder. Diese finanzielle Unterstützung in der Sparte der öffentlichen Jugendhilfe sank von 20 % in den 90er Jahren auf 5,7 % im Jahre 2002. Da in den ostdeutschen Bundesländern kein analoger Bautätigkeitsanstieg in den 1990er Jahren stattfand, zumal bereits durch ein nicht ausgelastetes Angebot Institutionen geschlossen werden mussten, ist auch die Investitionshilfe vergleichsweise konstant geblieben (vgl. Krämer, 2006, S. 70ff.).

[7] Hier zeigt sowohl die obere Kurve der Neubauten als auch die leicht darüberliegende Linie der gesamten Bautätigkeit in den 90er Jahren, als Folge des Rechtsanspruchs, einen starken Anstieg. Etwa ab 1999 ist der Ausgangszustand der Bautätigkeit vor 1990 wieder erreicht, und insbesondere bei den Neubauten seit dem fast konstant geblieben.

5. Pädagogik der Kindertagesstätte

Da die Architektur einer Einrichtung die pädagogische Arbeit der Kita unterstützen soll, nimmt auch die Pädagogik der Einrichtung Einfluss auf die architektonische Planung. Dabei kann eine interdisziplinäre Kooperation zwischen Pädagogen und Architekten den jeweiligen pädagogischen Konzepten am besten gerecht werden. Im Folgenden werden solche Konzeptionen vorgestellt und auf die Ansprüche an die Architektur untersucht. Da in der Spielpädagogik Fröbels der Grundstein außerhäuslicher Betreuung zu sehen ist, wird sie zu Beginn angeführt.

5.1 Fröbels Spielpädagogik

Insbesondere hinsichtlich der Einrichtung von Kindergärten ist Friedrich Fröbel (1782-1852) von zentraler Bedeutung. Er gilt als Begründer dieser außerhäuslichen Betreuungsform, dessen erster Vertreter 1840 anzusiedeln ist. Die Bezeichnung Kindergarten ist abzuleiten von der Anbindung der Einrichtungen an einen Garten, der im Konzept selbst tief verankert ist. Der ursprüngliche Kindergarten war nach Fröbel durch drei Aufgaben gekennzeichnet:

1. Förderung der Vorschulkinder durch angemessene Beschäftigungen, Spiele und Vorbereitung auf weitere Lebensphasen,
2. Ausbildungsraum für Erzieher/innen,
3. Entwicklung angebrachter Spielutensilien und Förderung der Fachdiskussion durch die Veröffentlichung einer Zeitschrift.

Fröbels pädagogische Überlegungen entsprangen der Romantik. Er sah die Welt als sinnvolle Einheit und erachtete die Erziehungsaufgabe darin, das Individuum in einem harmonischen Verhältnis mit dieser zu unterstützen. Dies geschah mit der Intention, Freiheit und Selbstständigkeit für den Menschen zu erreichen. Die Pädagogik Fröbels war geprägt durch seine Ansicht der seelisch-geistigen Entwicklung der Vorschulkinder sowie durch seine theoretischen Überzeugungen über die Bedeutung des Spiels und dessen Ausführungen. Auf diese Weise ist die kindorientierte Berücksichtigung und Unterstützung des Spiels als Kern seiner Pädagogik zu verstehen (vgl. Aden-Grossmann, 2002, S. 31ff.). Durch das Medium des Spiels sollte das Kind in seiner Ganzheitlichkeit (Denken, Fühlen, Handeln) gebildet werden. „Nach Fröbel ist das Spiel ein Selbstbildungsmittel für das Kind und ein Einführungsmittel in die Außenwelt“ (Frey & Gehrlein & Wosnitza, 2006, S. 116), wodurch Selbstbestimmung und schöpferische Abänderungen der Spielformen als besonders wichtig erachtet wurden.
Die entworfenen Spiel- und Beschäftigungsmittel sollten den Kindern Gestaltungsmöglichkeiten bieten, die den Schützlingen sowohl die Struktur des Materials als auch die eigene Strukturiertheit erfahrbar machen (vgl. Heiland, 1989, S. 173). Die Spielmittel sollten auch den Pädagogen eine Hilfestellung zur ganzheitlichen Förderung der Kinder bie-

ten (vgl. Frey et al., 2006, S. 120). Dies kann durch ein geschlossenes Spielsystem verwirklicht werden, „das vom Einfachen zum Komplizierten und von der Einheit zur Mannigfaltigkeit fortschreitet" (Fröbel, 1926, S. 61). Das, was von Fröbel als das Beschäftigungsganze bezeichnet wurde, ist aufzuteilen in die so genannten sechs Spielgaben und die Beschäftigungsmaterialien. Die Spielgaben wurden alters- und entwicklungsspezifisch zur Förderung der sensorischen, motorischen, kognitiven, emotionalen und kreativen Entwicklung sowie der Auseinandersetzung mit Naturzusammenhängen (zum Beispiel Mathematik) eingesetzt. Man bediente sich verschiedenster Formen von Bällen, Kugeln über Walzen, Würfel, Quader hin zu Säulen, Fliesen und Bausteinen, die den Kindern angeboten wurden (vgl. Frey et al., 2006, S. 120ff.). Die Beschäftigungsmaterialien hingegen umfassten „Legetäfelchen, Stäbchen, Muscheln usw. sowie Ausstechen, Ausnähen, Netzzeichnen, Flechten, Falten, Erbsenarbeiten, Modellieren mit Ton" (Aden-Grossmann, 2002, S. 42), außerdem Falt-, Bastel- und Gemeinschaftsspiele.

Die Rolle der Erwachsenen war die des Vermittlers. Dadurch, dass sie ihren Wissensbestand mit den Kindern auf kommunikative Weise teilten, wurden Zusammenhänge geklärt und kognitiv verarbeitet (vgl. Heiland, 1989, S. 170). Durch diese vorsichtigen Hinweise der Erwachsenen war Fröbels Spielpädagogik weder ein dem Kind freigestelltes Spiel noch mit dem völlig dirigierten Lernspiel gleichzusetzen. Es ist viel mehr zwischen den beiden Formen zu sehen (vgl. Frey et al., 2006, S. 117).

Da die Spielpädagogik kein geschlossenes Konzept darstellt, ist es schwierig, sie in ihrer Vollständigkeit wiederzugeben. In den Kindergarteneinrichtungen Fröbels lassen sich die Bereiche der Spiel- und Beschäftigungsmittel, der Bewegungsspiele und der Gartenpflege voneinander abgrenzen (vgl. Heiland, 1989, S. 45).

Während die Bewegung einerseits den Spielgaben ihren Spielreiz verlieh (vgl. Aden-Grossmann, 2002, S. 42), konnte diese andererseits auch im Gartenbereich durch Bewegungsspiele erlebt werden. Zu der Gartengestaltung zählten zusätzlich bepflanzte Beete und Terrassen mit Sitzgelegenheiten. Die Beete sollten eigens von den Kindern in Eigenverantwortung gepflegt werden. Die Spielbereiche waren seitlich davon für Lauf- und Bewegungsaktivitäten vorgesehen, wobei Bänke unter Bäumen zum Ausruhen bereitstanden. Auf der jeweils anderen Seite der Beete sollten lange Bänke für stille Spiele zur Verfügung stehen. Von den nach Süden orientierten Terrassen war es den Eltern oder Erzieher/innen möglich, den Kindern zuzuschauen und sie gleichzeitig zu beaufsichtigen (vgl. Beltzig, 2002, S. 43).

Hinsichtlich der Aktualität der Pädagogik Fröbels lassen sich, besonders in der Bedeutung des Gartens bzw. des Außenbereichs, Parallelen aufzeigen. Im Zuge der Umweltbildung sollte auch in der heutigen Kita zu Verantwortung gegenüber der Natur erzogen und natürliche Zusammenhänge (zum Beispiel durch Beetbepflanzung) vermittelt werden (vgl. Frey et al., 2006, S. 173f.). Ebenso steht das so genannte Fröbel-Material in gegenwärtigen Kindergärten zur Heranführung an einfache geometrische Formen zur Verfügung (vgl. Aden-Grossmann, 2002, S. 44). Verbindungen der Fröbel-Pädagogik können zu Handlungskonzeptionen wie dem situationsorientierten Ansatz (Kap. 5.2) herangezogen werden. In beiden Konzepten gilt es, die Lernsituation mit der gegenwärtigen Lebenswelt der Kinder zu verbinden (vgl. Frey et al., 2006, S. 180ff.).

5.2 Funktionsorientierter Ansatz vs. situationsorientierter Ansatz

Im Hinblick auf die Curriculum-Entwicklung[8] im Elementarbereich werden hier zwei curriculare Ansätze gegeneinander gestellt. „Der Begriff ‚funktionsorientierter Ansatz' ist ein Sammelbegriff für all jene Versuche, durch Trainingsprogramme und Übungsmaterialien eine Verbesserung des kindlichen Leistungs- und Entwicklungsstandes in den verschiedenen Persönlichkeitsbereichen zu erreichen" (vgl. Retter, 1978, S. 138). Die Notwendigkeit solcher Maßnahmen wurde aus Forschungsergebnissen nach 1966 abgeleitet, die ergaben, dass die Lernfähigkeit der Vorschulkinder bislang unterschätzt wurde. Daraus entstanden zum einen Vorwürfe an die traditionelle Vorschulpädagogik, die die angemessene Förderung der Schützlinge unterließ. Zum anderen wurde eine große Auswahl an Lernmaterialien und -programmen entwickelt (vgl. Aden-Grossmann, 2002, S. 188). Diese sollten den Kindern bei der Vorbereitung auf die Schule dienen, Wahrnehmungs-, Sprach-, (vgl. Vogelsberger, 2002, S. 53) und Persönlichkeitsentwicklung fördern sowie sensumotorische, kognitive, emotionale und motivationale Fähigkeiten schulen (vgl. Roux, 2003, S. 34). Hierbei handelt es sich hauptsächlich um situationsunabhängigen Erwerb gewisser Funktionen. Der somit stark lern- und schulorientierte Ansatz unterliegt einem festen Curriculum (vgl. Vogelsberger, 2002, S. 53f.). Als Kritik kann hier die mangelnde Berücksichtigung der kindlichen Bedürfnisse nach Autonomie sowie freiem Spiel angebracht werden. Allgemein lassen sich durch systematisches Lernen im Vorschulalter nur stark begrenzte Lernerfolge erzielen. Selbstständigkeit und Individualität als Basis wichtiger Entwicklungsaufgaben lassen sich nicht an Lernsituationen üben, die von der Lebenswelt der Kinder nahezu losgelöst sind (vgl. Aden-Grossmann, 2002, S. 190).

Im Gegensatz zum funktionsorientierten Ansatz richtet der als offenes Curriculum konzipierte situationsorientierte Ansatz (Situationsansatz, situativer Ansatz, situationsorientiertes Curriculum) den Fokus auf die aktuelle Lebenswelt des Kindes. Er entstand aus den Reformbewegungen im Elementarbereich der 70er Jahre und wurde zwischen 1971 und 1976 an elf Modellkindergärten in den Bundesländern Rheinland-Pfalz und Hessen gemeinsam mit Wissenschaftlern, Erzieher/innen und Eltern entwickelt und erprobt (vgl. Aden-Grossmann, 2002, S. 193f.). Er bestimmt seitdem den pädagogischen Alltag in vie-

[8] „Mit dem Begriff Curriculum ist […] ein begründeter Zusammenhang von Lernziel-, Lerninhalts- und Lernorganisationsentscheidungen gemeint. Zwar hat die Diskussion um die Curriculum-Entwicklung ihren Ausgangspunkt in der Schule, jedoch wurden die dort entwickelten curricularen Ansätze aufgegriffen und auf den Bereich der vorschulischen Erziehung übertragen" (Aden-Grossmann, 2002, S. 186).

len Einrichtungen (vgl. Gralle & Port, 2002, S. 65). „Ziel der Arbeit nach dem situationsorientierten Arbeitsansatz ist es, das Kind zu befähigen, seine aktuelle Lebenssituation zu bewältigen, sowie Fähigkeiten und Fertigkeiten zu erwerben, auch spätere Lebenssituationen selbst bewältigen zu können“ (Vogelsberger, 2002, S. 56). Dadurch unterliegt nicht nur die Rolle des Schützlings einer Veränderung, auch die Position der Erzieher/innen wird abgewandelt. Wurde ihre Rolle beim funktionsorientierten Ansatz noch als Instrukteur und Anleiter verstanden (vgl. Roux, 2003, S. 34), werden sie hier als Bezugspersonen gesehen, die Anregung und Störungsfreiheit für Lernprozesse gewährleisten, indem sie den geeigneten Rahmen für diese schaffen (vgl. Aden-Grossmann, 2002, S. 194). Die Lernerfahrungen der Schützlinge sollen die Grenzen der Einrichtung übersteigen und reale Lebenszustände außerhalb einfangen. Die entstehenden Lerninhalte ergeben sich vor allem aus auftretenden problematischen Situationen. Sie werden aufgegriffen und mit den Kindern behandelt (vgl. Gralle & Port, 2002, S. 66), wodurch die Schützlinge zur Bewältigung dieser aktuellen sowie späteren Situationen qualifiziert werden sollen (vgl. Tolksdorf, 2000, 114). Der Lernvorgang selbst ist bestimmt durch Autonomie, Kompetenz, Emanzipation und Solidarität. Dies bedeutet, dass aus der Selbstbestimmung der Kinder im Einklang mit sozialem und ökologischem Bewusstsein Fähigkeiten erwachsen (vgl. Vogelsberger, 2002, S. 56f.).

Diese Ziele finden ihre Umsetzung durch die Ausrichtung der Lernprozesse auf das Lebensumfeld der Kinder, also der Verknüpfung sozialer und sachbezogener Lerninhalte. Vor allem im Hinblick auf die sozialen Lernprozesse werden altershomogene Gruppen eher zugunsten altersgemischter Gruppen abgelehnt (vgl. Tolksdorf, 2000, S. 114). Des Weiteren findet eine Öffnung der Kita nach innen und außen statt. Dies bedeutet Auflösung starrer Tagesabläufe und Einbindung der Familien und der Öffentlichkeit. Es sollte Platz für ausreichend Bewegung gewährleistet sein und dem Situationsansatz durch entsprechende Materialauswahl Rechnung getragen werden (vgl. Zimmer, 1985, zitiert nach Roux, 2002).

Bei der Betrachtung des situationsorientierten Ansatzes konnte festgestellt werden, dass kein „erkennbares Raumgestaltungskonzept“ (von der Beek & Buck & Rufenach, 2007, S. 10) vorliegt.

5.3 Gruppenzuordnung vs. offene Arbeit

Die jeweiligen Anforderungen der Konzepte fester Gruppenzuordnung und der offenen Arbeit betreffen in erster Linie die Raumfolge der betreffenden Einrichtung.

Konzepte fester Gruppenzuordnung sind dreifach zu unterscheiden. Es gibt die Großgruppen-, die Kleingruppen und die Großraumkonzeption. Die Großgruppenkonzeption sieht eine Gruppe zwischen zwanzig und fünfundzwanzig Kindern und ein bis zwei Erzieher/innen vor. Besonders für die jüngeren Nutzer der Tagesstätte bietet diese Konzeption durch den intimen Charakter viel Geborgenheit. Die intensive Betreuung der einzelnen Kinder und die feste Gruppeneinheit mit den dazugehörenden Innen- und Außenräumen (Außenbereich, Intensivraum, Garderobe, Abstellraum, WC- und Waschräume erleichtert durch die einfachere Orientierung das Eingewöhnen. Obwohl eine direkte Zusammenarbeit zwischen den einzelnen Gruppen nicht vorgesehen ist, können die Eingangshalle und die Verkehrswege zwischen den einzelnen Gruppen als gemeinsamer Spielraum dienen. Bei der Kleingruppenkonzeption ist die Kinderzahl der einzelnen Gruppen niedriger als bei der Großgruppenkonzeption. Sie umfassen nur zwischen zehn und fünfzehn Kinder. Die Gruppenzugehörigkeit bleibt zwar bestehen, das Betreuungsangebot wird allerdings um die Nachbargruppen und verschiedene Aktionsräume erweitert. Architektonisch sollte dies umgesetzt werden, indem die genannten Aktionsräume der einzelnen Gruppen um deren Hauptraum angeordnet werden, wobei zusätzlich eine Verbindung zur Nachbargruppe bestehen bleiben muss. Gruppenintern bleiben Ruheraum, Küche und WC- und Waschräume erhalten. Im Mittelpunkt der Großraumkonzeption steht hingegen, wie die Bezeichnung schon andeutet, ein Großraum. Dies kann die Halle oder das Foyer der Einrichtung sein. Um diese zentrale Räumlichkeit sind sowohl unterschiedliche Aktionsräume als auch die einzelnen Gruppenräume angeordnet. Während die Aktionsräume und der Großraum gemeinschaftlich genutzt werden, dienen die Gruppenräume dem Rückzug und der Sicherheit der Kinder (vgl. Walden & Schmitz, 1999, S. 67ff.). Bei der offenen Arbeit in Kindertagesstätten wird andererseits die Gruppenzuordnung aufgelöst. In Einrichtungen innerer Öffnung herrscht völlige Gruppendurchmischung. Das Betreuungsangebot ist dort nicht mehr gruppenbezogen. Einrichtungen äußerer Öffnung gehen in ihrer Konzeption noch einen Schritt weiter und breiten ihr Angebot auf die unmittelbare Wohnumgebung (zum Beispiel Gemeinde, Stadt) aus. Sie dienen folglich als gemeinsamer Erlebnis- und Begegnungsraum. Dabei werden jegliche Gruppenräume zugunsten einzelner Funktionsräume aufgegliedert. Diese Funktionsräume sind nicht so multifunktional wie die Gruppenräume. Sie dienen eher differenzierten Zwecken (zum Beispiel Bewegungsraum, Werkraum, Atelierraum, Raum für Rollenspiele usw.). Die Erzieher/innen sind dabei nicht nur für die Kinder einer Stammgruppe zuständig, sondern tragen Verantwortung für unterschiedliche Bereiche. Orte der Begegnungen zwischen Eltern, Erzieher/innen und Kinder sind im Raumprogramm durch die Hallen, Garderoben, das Kinderrestaurant und die Elternecken vorgesehen (vgl. von der Beek et al., 2007, S. 11f.).

Den Kindern soll im Möglichkeitsrahmen der Einrichtung ein größeres Erfahrungsspektrum zur Verfügung gestellt werden. Diese Vorstellung ist stark am Bewegungsaspekt für alle Nutzer orientiert. Während die Kinder zum Wechsel zwischen den Funktionsräumen angeleitet werden, sehen sich die Erzieher/innen fortwährend dazu angehalten, ihre Verantwortungsbereiche, ihr Handeln im Team und ihre Verpflichtung den Kindern gegenüber zu überdenken. Dabei übernimmt die räumliche Gestaltung neben den Projekt- und Gemeinschaftsangeboten eine tragende Rolle. Da die Selbstständigkeit der Kinder im Vordergrund steht, müssen sowohl die Räume des Innenbereichs als auch die Außenräume des Freigeländes auf vielseitige Weise anregend und bedürfnisorientiert gestaltet sein. Durch diese Bedürfnisorientierung und Spielfreiheit sowie ein flexibles Zeitgerüst soll das

Kind durch Eigenverantwortlichkeit und intrinsische Motivation seine Entwicklung weitgehend selbst erschließen (vgl. Vogelsberger, 2002, S. 120ff.).

5.4 Integratives und interkulturelles Konzept

Integratives Konzept
Einrichtungen, die nach dem integrativen Konzept arbeiten, sehen ein gemeinsames Betreuungsangebot für behinderte und nicht behinderte Kinder vor. Diesen Nutzern muss bei der Gestaltung der unterschiedlichen Räume der Kita Rechnung getragen werden. In diesem Sinne müssen behindertengerechte Toiletten, Ein- sowie Zugänge zu allen Räumen und der Einrichtung gewährleistet sein. In den inneren Räumlichkeiten sind Vorkehrungen „wie barrierefreie Explorationsmöglichkeiten […] [zu treffen], damit behinderte und nicht behinderte Kinder ihre Kindertagesstätte gemeinsam entdecken können" (Petmecky, 2006, S. 92). Nach DIN 18024 (Barrierefreies Bauen) orientiert sich diese Anpassung vorrangig an dem Bewegungsspielraum des Rollstuhls und verlangt nach Beachtung bei den Sanitäranlagen, der Flurbreite, den Türen, den Wänden, den Decken, dem Bodenbelag, den Schränken, den Treppen und Rampen. Die Behindertengerechtigkeit sollte nicht nur bei den integrativen Einrichtungen, sondern auch bei der Planung jeder anderen Kita berücksichtigt werden. Diese ist sowohl aus Kostengründen im Gegensatz zu nachträglichem Einbau als auch hinsichtlich der Nutzungsunabhängigkeit des Gebäudes sinnvoll (vgl. Gralle & Port, 32f.; vgl. Deutsches Institut für Normung, 1998/1996).

Interkulturelles Konzept
Interkulturelle Tageseinrichtungen integrieren gezielt ausländische Kinder. Die Kinder erfahren und begreifen die jeweils andere Kultur und Heimat. Sie lernen dies als Bereicherung des eigenen kulturellen Hintergrunds zu respektieren. Das Personal besteht ebenso aus deutschen wie auch aus ausländischen Pädagogen.
In der Kita sollten für die zu leistenden Bildungsprozesse (zum Beispiel Sprachförderung) angemessene Räume und Mobiliar vorhanden sein. Als Vermittlerinstanz zwischen den unterschiedlichen Herkunftsländern können in der Tageseinrichtung Ausstellungen zu verschiedenen Kulturen veranstaltet werden, die das gegenseitige Interesse fördern und vertiefen. Kinder mit Migrationshintergrund erleben gleichsam eine Steigerung ihres Selbstbewusstseins (vgl. Petmecky, 2006, S. 93).

5.5 Sonderformen

5.5.1 Die Pädagogik von Célestin Freinet

Die Pädagogik des französischen Lehrers und Reformpädagogen Célestin Freinet (1896-1966) wurde während des ersten Weltkrieges entwickelt. Im Jahre 1964 wurden ihre

Überzeugungen auch in Deutschland umgesetzt. Die ursprünglich für die Grundschule konzipierte Pädagogik wird seit den 70er Jahren auch in Kindertageseinrichtungen aufgegriffen, wobei die Betreuungsform des Horts hier eine Vorreiterposition einnimmt (vgl. Vogelsberger, 2002, S. 115).
Der Transfer der pädagogischen Überlegungen auf die anderen Formen der Tageseinrichtungen erweist sich als unkompliziert, da der hier vorgefundene Rahmen der Konzeption nahezu stärker entspricht als der Rahmen der gegenwärtigen Grundschulen (vgl. Klein, 1996, 3ff.). Die Kindertagesstätte umfasst im Gegensatz zur Grundschule altersgemischte Gruppen und gleichbleibende Betreuungspersonen über einen längeren Zeitraum, Nähe zu Alltagssituationen und eine gewisse Wahl der Kinder zur Verfügung (vgl. Vogelsberger, 2002, S. 116).
Nach Freinets Auffassung stellen die Schützlinge selbstständig ihre Bedürfnisse fest, zeigen und bewältigen sie. Die Kinder vollziehen eigenständig ihre Entwicklung und übernehmen Verantwortung. Dabei spielen sowohl die Selbstbestimmung als auch Lerninhalte, die ihre Lebenswelt wiedergeben, eine zentrale Rolle. Sie bewirken Eigenaktivität der Kinder, die ihnen ihren persönlichen Lernrhythmus entdecken lässt sowie ihrem Handeln Disziplin verleiht. Die Erzieher/innen müssen hierbei Fehler der Kinder akzeptieren, um die Selbsthilfekompetenz zu fördern, ausreichend Raum für ihre Entwicklungsprozesse bieten und vom Auferlegen von Richtlinien absehen (vgl. Freinet, 1980, S. 25ff.). „Die Aufgabe der Erzieherin/des Erziehers besteht darin, am wirklichen Leben der Kinder teilzunehmen, ihnen zu helfen, sich auszudrücken, ihre Bedürfnisse zu befriedigen und sie dabei unterstützend zu begleiten. Erwachsene sind als Entwicklungsbegleiter/innen der Kinder und als solche unverzichtbar“ (Klein, 1996, S. 11ff.).
Die Entwicklung des Kindes weist nach Freinet drei Schwerpunkte auf: selbstständiges Handeln, Kompetenzerwerb und Gemeinschaftsgefühl. Dies beinhaltet die Unabhängigkeit von Erwachsenen, die Förderung der eigenen Bedürfnisbefriedigung und das Agieren in der Gruppe (vgl. Vogelsberger, 2002, S. 117). Um eine Balance zwischen diesen Richtungen zu verwirklichen, gilt es, in der Kindertagesstätte folgende Richtlinien zu befolgen. Die Einrichtung soll durch den Einbezug der Lebenswelt (Gartentätigkeit, Einkaufen, Veranstaltungen, ...) den Kindern natürliche Anlässe zur Erprobung der Bedürfnisbewältigung bereitstellen. Den Schützlingen soll eigenständiges Arbeiten in den Werkräumen erlaubt sein. Kindliche Aktivitäten sind durch einen dahintersteckenden Sinn von außen (Belohnung) oder individuelle Sinngebung, während der Handlung, durch das Kind selbst bestimmt. Diese Sinnbehaftetheit des Handelns hält die Aktivität am Leben und sollte durch Akzeptanz unterstützt werden. Auch die restlichen Räumlichkeiten der Kita müssen den Kindern auch ohne die Erzieher/innen offenstehen. Bezüglich der Werkstätten wird dies durch die Auszeichnung des Werkstattdiploms ermöglicht, das dem Kind seine Fähigkeiten bescheinigt. Eine weitere wichtige Organisationsinstanz ist die Abmeldetafel. Diese weist ständig den aktuellen Aufenthaltsraum der einzelnen Kinder und Erzieher/innen aus. Neben der Selbstbestimmung der Aufenthaltsorte sollte den Kindern auch Verantwortung bei Organisationsfragen der Einrichtung zuteil werden. Dies erfüllt

der Kinderrat, wobei auch Konsequenzen der Entscheidungen selbst getragen werden müssen (vgl. Teigeler, 1992, S. 115ff.).
An die Architektur einer Kindertagesstätte der Freinet-Pädagogik wird die Anforderung herangetragen eine Auswahl an Räumen zu bieten, die sich für die Einrichtung von Holzwerkstätten oder Töpfereien eignen. Des Weiteren sollte eine Küche für die Mitbenutzung der Kinder zur Verfügung stehen sowie ein Garten bzw. Außengelände vielfältige Arbeitsanlässe schaffen. Dadurch werden die Schützlinge in den Alltag eingebunden und lernen am unmittelbaren Alltagsgeschehen statt durch vorgefertigte Lernmittel (vgl. Vogelsberger, 2002, S. 116).

5.5.2 Die Montessori-Pädagogik

Die Montessori-Pädagogik geht auf die Begründerin und Namensstifterin Maria Montessori (1880-1952) zurück. Die italienische Medizinerin lehnte grundsätzlich äußere Bestimmung über das Kind ab. Deshalb beabsichtigte sie durch ihre Pädagogik eine zwanglose Erziehung, bei der die Schützlinge sich aus eigener Kraft entwickeln (vgl. Aden-Grossmann, 2002, S. 83).
Dieser Vorstellung liegt die anthroposophische Überzeugung zu Grunde, dass das Kind natürliche Anlagen für spezifische Entwicklungsabschnitte besitzt, die sich nach Montessori äußerlich in den sensiblen Phasen präsentieren. In der Montessori-Pädagogik gilt es für die jeweiligen Phasen entsprechende Umgebungsbedingungen zu schaffen, in denen das Kind seine Entwicklungsprozesse ungehindert durchlaufen kann (vgl. Tilmann, 2000, S. 15). Bei diesen sensiblen Phasen liegt eine dreifache Unterteilung[9] vor. An dieser Stelle wird lediglich die erste, die so genannte schöpferische/konstruktive Phase vorgestellt, da es sich hier um das Vorschulalter bis 6 Jahre handelt. Diese erste Phase wird nochmals untergliedert in die Altersspannen von der Geburt bis zum dritten Lebensjahr und von drei bis sechs Jahre. Wie die restlichen sensiblen Phasen bauen auch diese beiden aufeinander auf. Während der erste Abschnitt geprägt ist von ganzheitlicher Aufnahme des Umfeldes (absorbierender Geist), versucht das Kind im zweiten Abschnitt durch die Aufgliederung, Klärung und Prüfung die aufgenommenen Sinneseindrücke zu strukturieren (Konstruktion und Einbildungskraft). Dies stellt eine wesentliche Grundlage für die intellektuelle Entwicklung dar (vgl. Fischer, 2000, S. 45f.).
Nach der Überzeugung Montessoris kann der Schützling in Abhängigkeit zu der jeweiligen Phase durch Entscheidungs- und Bewegungsfreiheit eine besonders starke Konzentration (Polarisation der Aufmerksamkeit) aufwenden (vgl. Tilmann, 2000, S. 17). „Gemeint ist die intensive Hinwendung des Kindes zu einer Sache, dessen Aufforderungscharakter

[9] Neben der schöpferischen/konstruktiven Phase (0-6 Jahre) werden auch die Phasen der moralischen Sensibilität (7-12 Jahre) und der sozialen Sensibilität (12-18 Jahre) unterschieden (vgl. Fischer, 2002, S. 45ff.).

die Bündelung aller leib-seelischen Kräfte des Kindes bewirkt und dazu führt, dass es [...] in seiner Arbeit versinkt" (Hedderich, 2005, S. 42). Die entstehende Handlung richtet sich nach Innen und dient der Selbstbildung und der Entwicklung (vgl. ebd.).
Diese Polarisation der Aufmerksamkeit gilt es, auch durch die entsprechende Lernsituation und die Montessori-Materialien herbeizuführen. Dabei soll diese so genannte vorbereitete Umgebung („Schlüssel zur Welt") sich an der jeweiligen sensiblen Phase orientieren (vgl. Tilmann, 2000, S. 17) und durch Entscheidungsfreiheit der Kinder die Selbstständigkeit fördern. Als maßgeblicher Teil der Lernsituation gelten die Materialien der Montessori-Pädagogik. Als grundsätzliche Kennzeichen des Materials sind Begrenztheit, Attraktivität, Anregungscharakter und autodidaktische Fehlerkontrolle zu nennen. Durch die beschränkte Anzahl wird den Kindern eine Übersicht gewährleistet, die sich durch die äußere Struktur der Situation auch auf das Innere des Kindes übertragen soll. Eine innere Ordnung fördert nach Montessori die intellektuelle Entwicklung. Die Attraktivität der Materialien soll die Kinder anziehen, während sie durch die anregende Wirkung das Interesse der Kinder für längere Dauer bündeln sollen. Durch die autodidaktische Fehlerkontrolle können sich die Kinder selbstständig überprüfen, was die Eigenständigkeit und die Autonomie unterstützt.
Für den Elementarbereich ist das Sinnesmaterial vorgesehen. Diese Materialien sind jeweils nur für einen Sinn konzipiert, da nach Montessori besonders eine gezielte Schulung der Sinne für die Entwicklung des Geistes verantwortlich ist (Hedderich, 2005, S. 45). Die Schützlinge sollen durch den Umgang und die Erkenntnisse abstrahierende Leistungen vollziehen. Als Beispiel werden an dieser Stelle die Farbtäfelchen zur Schulung des visuellen Sinns kurz angeführt. Hierbei sollen die Kinder aus sechs Farbtäfelchen, wobei immer zwei die gleiche Farbe besitzen, die passenden Paare bilden. Dadurch sollen sie mit den Farben vertraut gemacht werden, sich den Farbsinn bewusst machen sowie Zuordnung und Benennung verinnerlichen. Die Selbstkontrolle findet hier durch den direkten Vergleich statt (vgl. Hedderich, Sahlmann, Ulisch & Voigtländer, 2005, S. 65ff.).
Die Einführung der didaktischen Utensilien erfolgt in der Montessori-Pädagogik in drei Schritten. Während der erste Schritt den konkreten Gegenstand mit dessen Bezeichnung verknüpft und der zweite die Verbindung überprüft, soll im dritten Schritt die abstrakte Vorstellung des Gegenstandes aus dem Gedächtnis abgerufen werden können (vgl. Hedderich, 2005, S. 43ff.).
Diese Einführung des Materials ist eine wesentliche Aufgabe der Erzieher/innen von Montessori-Einrichtungen. Die Erwachsenen bereiten die Lernsituation, die sie selbst einschließt, vor und stellen auf diese Weise das Bindeglied zwischen der Umgebung und dem Kind dar. Sie sollen Entscheidungsfähigkeit und -freiheit des Kindes anerkennen und es durch wenig verbale Unterstützung an die Materialien heranführen. Sobald die Beziehung zwischen Kind und Umgebung aufgebaut ist, ziehen sie sich zurück. Die Erzieher/innen sollen Verlässlichkeit, Geduld und Vertrauen zeigen. Die Lernsituation darf nicht gestört werden. Die Erwachsenen halten sich im Hintergrund, bis der Lernantrieb nachlässt oder Unterstützung notwendig wird. Bei der Hilfestellung darf keine direkte Korrektur erfolgen, sondern die Erzieher/innen lassen die Kinder Lösungswege selbstständig finden. Da-

durch entsteht eine Verbundenheit zwischen Erzieher/in und Schützling, die auch eine Vorbildfunktion der Erzieher/in für moralische Verhaltensformen schafft. Neben der Freiarbeit sind auch Ruhepausen anzuerkennen (vgl. Tilmann, 2000, S. 16f.).
Abschließend lässt sich die Montessori-Pädagogik auf folgende vier Hauptgedanken verdichten: Das Kind gilt als Konstrukteur seiner eigenen Entwicklung, hierzu besitzt es natürliche Anlagen. Die Erziehung Montessoris beabsichtigt das Heranwachsen einer selbstständigen Persönlichkeit. Dies wird sowohl durch den Einbezug der Materialien als auch durch die vorbereitete Umgebung verwirklicht. Durch die Bereitstellung dieser Umgebung, schließt dies auch die Erzieher/innen ein (vgl. Hedderich, 2005, S. 46).
Bei der Ausstattung und Einrichtung der Räume von Montessori-Einrichtungen wurde im Zuge der Selbstständigkeit der kindliche Maßstab entwickelt, bei dem sich die Größenverhältnisse an den Proportionen der Kinder orientieren. Auf diese Weise können die Schützlinge an kindgerechten Möbelstücken eigenständige Tätigkeiten (zum Beispiel Waschbecken) verrichten (vgl. Aden-Grossmann, 2002, S. 87). Das Raumprogramm wird oft durch eine Bücherei oder Leseecke ergänzt. Bei der Raumgestaltung soll auch dem Bewegungsbedürfnis der Nutzer ausreichend Raum zur Verfügung stehen, da in der Bewegungserziehung die Entwicklung der Selbstbeherrschung gesehen wird. Auch heute erweisen sich die Montessori-Materialien unter ständiger Weiterentwicklung in den Institutionen als unersetzlich. Sie stehen in offengehaltenen Regalen ständig zur Verfügung. Allerdings sind oftmals keine weiteren Spielutensilien vorzufinden. Die Räume strahlen insgesamt eine gewisse Nüchternheit aus. Dadurch wird deutlich, dass im Montessori-Konzept die architektonische Gestaltung eher eine zweitrangige Bedeutung hat (vgl. Gralle & Port, 2002, S. 68).
Als Kritik an der Montessori-Pädagogik wird in der Literatur die Tatsache angeführt, dass es sich bei den Montessori-Materialien um reine Lernmittel handelt, die nicht zum Spielen konzipiert wurden. Da das freie Spiel auch unabhängig von der Freiarbeit nicht vorgesehen ist, wird dadurch die Kreativitätsförderung vernachlässigt. Ebenso ist der Mangel an gemeinsamen Gruppenspielen als Defizit für die sozialen Lernprozesse anzusehen (vgl. Aden-Grossmann, 2002, S. 92).

5.5.3 Die Reggio-Pädagogik

Der Grundstein des pädagogischen Konzepts der Reggio-Pädagogik wurde in der Einrichtung des ersten Volkskindergartens in der italienischen Stadt Reggio Emilia im Jahre 1945 gelegt. Es wurde beabsichtigt, den Schützlingen das Bewusstsein für Demokratie zu unterbreiten (vgl. Dreier, 1993, S. 17ff.). Dabei stellte die kommunale Trägerschaft neben dem Hauptanteil an kirchlichen (katholischen) Institutionen eine große Ausnahme in Italien dar (vgl. Göhlich, 1997, S. 184). Obwohl durch die kommunale Trägerschaft die Allgemeinheit einbezogen wird, ist der Grundschullehrer Emil Malaguzzi (1920-1994) als zentrale Person der Reggio-Pädagogik anzusehen (vgl. Vogelsberger, 2002, S. 111). Durch die so genannte Wanderausstellung, die Materialien und Konzeptionstexte präsentierte,

kamen die Ideen der Reggio-Pädagogik in den 80er und 90er Jahren auch in die Bundesrepublik (vgl. Göhlich, 1997, S. 188).
Jede Institution dieser Pädagogik besitzt grundsätzlich eine gewisse Autonomie. Sie sind lediglich der Instanz des pädagogischen Zentrums unterstellt. Das pädagogische Zentrum besteht aus Eltern, Erzieher/innen, Mitbürgern, die bei gleicher Gewichtung über Beschlüsse zu den Einrichtungen entscheiden (vgl. Brockschnieder & Ullrich, 1997, S. 178ff.).
Jede solche Einrichtung besteht aus drei Gruppen mit mindestens dreißig Kindern. Eine Altersmischung innerhalb der Gruppe ist nicht vorgesehen, findet allerdings während des Freispiels statt (vgl. Stinner, 2000, S. 26). Das Menschenbild des reggianischen Konzepts ist stark an der Vorstellung allgemeiner Gleichwertigkeit angelehnt. Daher wird jedem Kind (unabhängig von sozialem Stand, Kultur oder physischem Zustand) ein grundsätzliches Anrecht auf Erziehung und Bildung zugesprochen (vgl. Wüst, 1998, S. 47). „Kinder werden [...] als Subjekte gesehen, als Träger und Schöpfer eigener Kulturen. Der dialogischen Interaktion mit anderen Kindern und Erwachsenen sowie mit vielfältigen Materialien wird ein wichtiger Stellenwert zugewiesen“ (Krieg, 1997, S. 212).

Die Pädagogik der Reggianer ist durch zwei Grundgedanken gekennzeichnet:
1) Zum einen liegt die Erziehung der Schützlinge in der Verantwortung der Gemeinschaft. Diese Partizipation von Eltern, Mitbürgern und Pädagogen/innen beabsichtigt durch fortlaufende Interaktion das Konzept weiterzuentwickeln (vgl. Brockschnieder & Ullrich, 1997, S. 175).
2) Zum anderen wird davon ausgegangen, dass das Kind viele schöpferische Möglichkeiten besitzt, durch die es mit der Umgebung interagieren und in wechselseitigen Kontakt treten kann (vgl. Dreier, 1993, S. 59ff., 85ff.).

Des Weiteren finden sich bei der reggianistischen Auffassung des Kinderbildes Einflüsse der Entwicklungspsychologie Piagets, dem Konstruktivismus und der Systemtheorie. Hiernach gestaltet das Kind selbst seine Welt. In Kitas der Reggio-Pädagogik sollen daher Wahrnehmung und Ausdrucksfähigkeit des einzelnen unterstützt werden. Durch die Kunst- und Projektarbeit werden (mit Hilfe der Eltern) Inhalte aus der Lebenswelt der Kinder aufgegriffen. Der Ablauf ergibt sich nicht nur aus Andeutungen und Nachfragen der Erwachsenen, sondern auch zu einem großen Teil aus der „selbstgesteuerte[n] Erfahrung der Kinder“ (Göhlich, 1997, S. 192). Da die Reggio-Pädagogik neben der Entwicklung der persönlichen Ich-Identität ebenso die soziale Wir-Identität stärken möchte, sollen die Schützlinge unter anderem auch durch gegenseitige Einflussnahme voneinander profitieren. Fotoaufnahmen beispielsweise können die entstehenden Projekt- und Fertigungsprozesse festhalten und bieten Anlass zur sprachlichen und spielerischen Aufarbeitung (vgl. ebd., S. 193). Auch die Reggio-Pädagogik will durch ganzheitliche Förderung das selbstständige, kompetente und solidarische Handeln erzielen (vgl. Dreier, 1993, S. 64ff.). In diesem Zusammenhang sind auch der Aufbau und die Ausbildung der Identität im reggiopädagogischen Ansatz von großer Bedeutung. Dies soll durch behutsame Hand-

habung der Individualität jedes Einzelnen, durch das vorbildhafte Zusammenarbeiten der Erwachsenen in der Institution, den vielfältigen Möglichkeiten der eigenen Wahrnehmung (Spiegel) und der Befriedigung des Bedürfnisses nach Geborgenheit (vgl. Göhlich, 1997, S. 194) umgesetzt werden.
Die Rollen des Erziehers oder der Erzieherin und die des Kindes werden im reggianischen Konzept als gleichwertig angesehen. Auch die Erzieher/innen befinden sich in einem ständigen Lernprozess. Sie sollen durch aufmerksame Auseinandersetzung mit den Schützlingen deren Anliegen und Wünsche erkunden, um „zwischen den Fragen und Interessen und den Möglichkeiten, die darin enthalten sind, zu vermitteln – was nichts anderes heißt, als den Kindern Möglichkeiten anzubieten, Dinge ans Licht zu holen und zu bearbeiten“ (Kazemi-Veisari, 1996, S. 11).
In der Reggio-Position ist eine kindgerechte Architektur integraler Bestandteil des pädagogischen Konzepts (Stinner, 2000, S. 30). Auf Grund der völligen Öffnung nach Außen sollten reggianische Einrichtungen im Kern eines Stadtteils liegen und damit viele Gäste anziehen. Das Gebäude an sich wird mit einem Aquarium verglichen, in das jederzeit hineingesehen werden kann, um zu schauen, was im Inneren geschieht. Dabei sind die Fenster von wesentlicher Bedeutung, während sie von außen eine Verbindung zum Innenleben herstellen, soll die Anlegung in Kreisform nach innen „schöpferische Möglichkeiten gewähren“ (ebd., S. 34). Da auch das Raumprogramm die Kommunikation unter allen Nutzern fördern soll, bildet die Halle, die so genannte Piazza, als Aktions-, Begegnungs-, Spiel- und Ausstellungsstätte für Kinder, Erzieher/innen, Eltern und Besucher das Zentrum des Raumprogramms von reggianischen Einrichtungen. Des Weiteren findet die Anbindung an die anderen Räume ohne Flure statt. Die Anmutung der Räume sollte durchweg freundlich und einladend gehalten sein. Die Offenheit des pädagogischen Konzepts sollte hierbei auch in der Innenarchitektur zu finden sein. Von der Piazza ist ein grenzenloses Übergehen zum Essbereich vorgesehen, wodurch der Wert der beiden Räume in der Einrichtung deutlich wird. Die restlichen Räume sind durch Glasfronten von der Piazza abgetrennt (vgl. Gralle & Port, 2002, S. 71f.).
Die einzelnen Räume besitzen die zentrale Bedeutung einer dritten Erzieher/inneninstanz. Ergänzend zu den zwei Erziehern/innen einer Gruppe, können sie die Wahrnehmung, die Ausdrucksmöglichkeiten und die Identitätsbildung der Kinder unterstützen. Dabei müssen die Räume den bestehenden Anforderungen nach Kreativitätsimpulsen, Perspektivenwechsel sowie abwechslungsreichen und ansprechenden Materialien (vgl. Göhlich, 1997, S. 194) gerecht werden, um die Wissbegier und Aktivität der Kinder stimulieren zu können. Hierzu sind Podeste heranzuziehen, die zu unterschiedlichen Blickwinkeln verhelfen. Spiegel in diversen Ausführungen (auch Eck- und Zerrspiegel) an Wand- und Deckenflächen begünstigen durch unterschiedliche Körpererfahrungen die Identitätsentwicklung (vgl. Dreier, S. 152ff.) und verleihen je nach Einfallswinkel der Sonne der Räumlichkeit ein anderes Gesicht (vgl. Gralle & Port, S. 71). Da, wie bereits erwähnt, Kommunikation in der Reggio-Pädagogik große Beachtung findet, sollte eine Auswahl an gesprächsfördernden Utensilien zur Verfügung stehen (Franz, 2005, S. 17).

Die Gruppenräume sind in verschiedene Funktionsbereiche eingeteilt. Im Miniatelier stehen neben Hilfsmitteln wie Papier, Farben und Scheren alltägliche Sammelgüter (Kieselsteine, Zweige, Eicheln u.a.) zum Werken zur Verfügung. In der Wohnküche können die Kinder Familienszenen nachspielen, Bauklötze finden sich im Bau- und Konstruktionsbereich, der Verkleidungsbereich stellt hingegen ordentlich zusammengestellte Utensilien bereit. Für Maltätigkeiten und Mittagessen stehen Tische zur Verfügung, und für Rückzugs- und Ruhephasen sind gemütliche Bereiche mit Büchern vorgesehen. In der Ecke der Freundschaft besitzt jedes Kind einen eigenen Briefkasten, der für verschiedenste Geschenke gedacht ist. Für die WC- und Waschräume ist der Einsatz von Spiegeln, fotografischen Aufnahmen und pflanzlichen Gestaltungselementen erwünscht. Der Küche und dem Essbereich kommt in der Reggio-Pädagogik eine zentrale Bedeutung zu. Neben dem zentralen Platz des Essraums im Raumprogramm durch direkte Anbindung an die Piazza, sollte die Küche für Kinder stets einsehbar sein (vgl. Göhlich, 1997, S. 194). Durch die Ausstattung mit Möbeln in Erwachsenen- und Kindergröße wird die Beibehaltung des Realitätsbezugs in der Kindertagesstätte angestrebt (vgl. Stinner, 2000, S. 33).
Seit 1980 ist als fester Bestandteil des Raumprogramms von reggianischen Einrichtungen ein Atelier vorgesehen, in dem ein ausgebildeter Künstler die Kinder zu künstlerischen Tätigkeiten mit Ton, Knete usw. anleitet, deren Ergebnisse ihre Wertschätzung in der Präsentation im Piazza finden (vgl. Dreier, 152ff.). Ähnlich wie dieser Künstler sollte auch die Köchin der Einrichtung in die erziehende Aufgabe einbezogen werden (vgl. Göhlich, 1997, S. 190).

5.5.4 Die Waldorf-Pädagogik

Als Vater der Waldorf-Pädagogik ist Rudolf Steiner (1861-1925) zu nennen. Sein Konzept wurde erstmals im Jahre 1919 in der Betriebsschule der Waldorf-Astoria-Zigarettenfabrik von Emil Molts angewendet. Besonders seit den 70er Jahren steigt sowohl das Interesse an dieser Pädagogik als auch die damit verbundene Einrichtungsanzahl. Dies ist unter dem Aspekt des allgemeinen Einstellungswandels gegenüber staatlichen Einrichtungen zu erklären (vgl. Aden-Grossmann, 2002, S. 147f.). Die Rechtfertigung des ergänzenden Einsatzes in Kitas ist bereits bei Steiner zu finden. „Es wäre mir eine tiefe Befriedigung, wenn auch schon das jüngere Kind in die Freie Waldorf-Schule hereingenommen werden würde“ (Steiner, 1985, S. 120).
Das Fundament der Waldorf-Pädagogik Steiners bilden die Überzeugungen seiner anthroposophischen Bewegung. Hiernach ist der Mensch dreifach zu unterteilen: in den leiblichen Bereich, der ihn die Welt erfahren lässt, in den seelischen Bereich, der ihm seine persönliche Welt erschafft und in den geistigen Bereich, der ihm eine dritte Dimension ermöglicht, die über die beiden anderen hinausgeht (vgl. ebd., 1955, S. 29). Gemäß dieser „Menschenkunde“ der Anthroposophie verläuft die menschliche Entwicklung in „drei mal drei Siebenjahresstufen, in denen ein Schwerpunkt der Entwicklung auf der Entfaltung der leiblichen, seelischen und geistigen Anlage des Menschen liege“ (Aden-

Grossmann, 2002, S. 152f.). Die ersten einundzwanzig Jahre (ersten drei Jahrsiebente) gelten als das Alter der Erziehung und dienen in erster Linie der Leibesentwicklung. Nachahmung und Spieltätigkeit unterstützen die Verinnerlichung erzielter Lernprozesse. Leibliche Funktionen sollen ausgeprägt werden, um seelische und geistige Entwicklung zu begünstigen. Damit erweisen sich Kindheitserfahrungen als bedeutende Einflussfaktoren für den weiteren Lebensverlauf (vgl. Kügelgen, 1979, zitiert nach Aden-Grossmann, 2002, S. 153).

Da dem Spiel als kindliche Weltaneignungsform eine zentrale Bedeutung für kognitive und emotionale Entwicklungsprozesse zugesprochen wird, nimmt die Unterstützung des Spielverhaltens der Kinder auch in der Waldorf-Pädagogik einen hohen Stellenwert ein. Das Konzept Steiners sieht die Spielaktivität als „Nachahmung täglicher Erlebnisse und zwar in ständig sich wandelnder, Neues entdeckender Weise und ohne von einem Zweck bestimmt zu sein" (Jaffke, 1983, S. 50). Da die Nachahmung ebenso Emotionen und Wertvorstellungen der Erwachsenen einschließt, ist die Vorbildfunktion der Erzieher/innen bedeutsam (vgl. Aden-Grossmann, 2002, S. 155). Die Nachahmung sollte sich ferner aus dem Kind selbst entwickeln und nicht auferlegt werden, damit sich Selbstbestimmung und innere Stärke entfalten (vgl. Kranich, 1979, S. 13). Bei dem Nachahmungsverhalten, das die Lernprozesse während des ersten Jahrsiebts bestimmt, wird folglich jede weitere Aufforderung als behindernd und inadäquat erachtet. Durch das Spiel selbst werden Einstellungen wie Disziplin, Verantwortungsbewusstsein, Achtsamkeit und Kreativität vermittelt (vgl. Jaffke, 1983, S. 47).

In der Waldorf-Pädagogik werden drei nacheinander zu erreichende Stufen des Spiels aufgezeigt. Hiernach dominiert bis zum dritten Lebensjahr die Nachahmung der Bezugsperson ohne Sinnentnahme. Bei der Altersspanne zwischen drei und vier Jahren ist die Nachahmung der Kinder stark durch die eigene Fantasie geprägt (Fantasiealter), wobei die Sinnhaftigkeit des Erlebten und der Umwelt (zum Beispiel Spielmaterial) die Qualität bestimmt (vgl. Aden-Grossmann, 2002, 155ff.). Auf der letzen Spielstufe findet zwar noch eine Orientierung an den Erwachsenen statt, allerdings verfestigt sich das Bewusstsein für eigene Absichten (vgl. Jaffke, 1983, S. 158).

Nach diesen Ausführungen stellen die Spielutensilien eine wichtige Größe dar. Die Waldorf-Pädagogik bevorzugt hierbei hochwertige Rohmaterialien der Natur (vgl. Aden-Grossmann, 2002, S. 158f.). Plastik hingegen vernachlässigt die taktile Wahrnehmung und behindert mangels Anreizen die Schöpferkraft (vgl. Barz, 1984, S. 53). Des Weiteren wird von vorgefertigten Formen Abstand genommen, weil sie die Problemlösekompetenz sowie die Produktivität der Schützlinge herabsetzen. Da die Pädagogik Steiners die Vorstellungskraft der Kinder unterstützen will, sollen die Spielzeuge die Wirklichkeit eher schemenhaft abbilden (vgl. Aden-Grossmann, 2002, S. 160), damit der Flexibilität der Imagination keine äußeren Grenzen gesetzt werden (vgl. Kranich, 1979, S. 17). „Je weniger ein Kind an perfektionierten Dingen bekommt, desto mehr muss es mit eigener Kraft leisten" (Jaffke, 1983, S. 57), das heißt desto stärker wird seine Intelligenz gefördert.

Die Vorbildfunktion der Erzieher/innen wird auch in der Sprachförderung der Waldorf-Schule betont. Es ist keine Sprachförderung in Form von festen Programmen vorgesehen.

Einzig durch Nachahmung soll die Entwicklung der Sprache gefördert werden, wobei Erzählen dem Vorlesen vorgezogen wird und ein Radio sowie ähnlich künstliche Quellen abgelehnt werden.
Im Zuge des ganzheitlichen Lernens sollen den Kindern Verbindungen zwischen einzelnen Prozessen aufgezeigt werden. Dabei bieten sich in der technisierten Gesellschaft übersichtliche Handlungen wie Kochen, Backen oder Handwerken an, die durch ihre Anschaulichkeit die Denkprozesse der Kinder stimulieren. Die anschließende nachahmende Umsetzung im Spiel soll folglich durch die sinnvolle Struktur den Verstand mit bewusstem Handeln des Kindes vereinen (vgl. Kranich, 1979, S. 16).
In diesem Zusammenhang ist zu sagen, dass auch in der Waldorf-Pädagogik die Kinder an der Lebenswelt selbst lernen sollen, wodurch viele häusliche, handwerkliche und produktive Handlungen und auch die Gartenpflege (vgl. Jaffke, 1979, S. 34) in der Kita aufgenommen bzw. zur Verfügung gestellt werden sollten.
Die Ansprüche des Waldorf-Konzepts an die Architektur ihrer Einrichtungen orientieren sich nach Steiner im Hinblick auf die Metamorphoselehre Goethes an der Natur. Dabei sollen stumpfe Winkel vorherrschen und im Gegenzug Rechtwinkligkeit vermieden werden. Daraus entstehen Gebäude mit vielen Ecken und ausladenden Dachflächen. Raumgrenzen zu anderen Räumlichkeiten sollen wegen des Schwellenerlebnisses akzentuiert werden, und deutlich sichtbare Fundamente sollen ein Verbundenheitsgefühl zur Erde schaffen. Bezüglich des Raumprogramms ersetzt den Mehrzweckraum der so genannte Eurythmiesaal. Des Weiteren sollen die Raumöffnungen und ihre einzelnen Bestandteile hervorgehoben werden. Als einer der ersten betonte Rudolf Steiner die Bedeutung der Farbe des Raumes für den Menschen und den Einfluss auf die pädagogische Arbeit seiner Einrichtungen. Daher wird auch in der Waldorf-Pädagogik großen Wert auf eine Farbgebung gelegt, die die jeweilige Funktion der Räume unterstreicht (vgl. Gralle & Port, 2002, S. 71), wobei der Pfirsichblüten- (vgl. von der Beek et al., 2007, S. 65), Indigo- und Violett-Ton sowie Rot-, Orange- oder Gelbtöne ebenso wie Grün und Blau stark vertreten sind.

6. Relevante Entwicklungsaufgaben in der Kindertagesstätte

Im Vorschulalter liegt eine tiefe Bedeutung für die Entwicklung des Menschen (vgl. Olds, 2000, S. 8). Auch die in diesen Jahren stattfindende räumlich-materiale Erforschung wird als maßgeblich für zukünftige Lernereignisse erachtet. „Entwicklung findet eben nicht im luftleeren Raum statt, sondern wird von der räumlich-materialen und sozialen Umwelt entscheidend beeinflusst“ (Petmecky, 2006, S. 86). Dadurch kommt der Architektur der Kindertagesstätte, hinsichtlich der kindlichen Entwicklung und Sozialisation, eine zentrale Bedeutung zu. Um diese positiv beeinflussen zu können, sollten bei der Innen- und Außenraumgestaltung der Einrichtung Erfahrungen und Erkenntnisse über die kindliche Entwicklung einbezogen werden. Im Folgenden werden demzufolge sowohl die sozio-emotionale, kognitive als auch motorische Entwicklung des Vorschulkindes näher betrachtet und durch die Bezugnahme auf die räumlich-materiale Umwelt jeweils Möglichkeiten positiver Beeinflussung aufgezeigt werden.

6.1 Sozio-emotionale Entwicklung

Die Bindungsqualität der Kinder ist eine wichtige emotionale Voraussetzung für Entwicklungs- und Bildungsprozesse (vgl. Senckel, 2004, S. 46). In der Bindungstheorie steht die emotionale Entwicklung stets im Zusammenhang mit der Entstehung bzw. Ausbildung sozialer Beziehungen (Bindungen) zwischen dem Kind und seinen primären Bezugspersonen (vgl. Spangler, 1999, S. 177). Das Bindungsverhalten ist angeboren und resultiert aus dem Bedürfnis nach Nähe (räumlich) und Sicherheit (emotional) (vgl. Dornes, 2001, S. 44).

Bindung wird beschrieben als hervortretende Beziehung eines Kindes zu seinen Eltern oder Betreuungspersonen. Dieses Phänomen liegt im emotionalen Bereich und verbindet Personen auch über einen räumlichen oder zeitlichen Rahmen hinaus. Das Bindungsgefüge wird während des ersten Lebensjahres des Kindes aufgebaut. In den folgenden Jahren der Kindheit finden fortwährend Differenzierungs- und Stabilisierungsprozesse statt (vgl. Senckel, 2004, S. 47).

Ainsworth, Blehar, Waters und Wall (1978) unterscheiden drei Bindungstypen: sicher-gebunden, unsicher-vermeidend und unsicher-ambivalente gebundene Kinder. Während dem ersten Bindungstyp eine sensible, präzise und gezielt reagierende Bezugsperson zugrunde liegt, ist der zweite Bindungsstil durch eine abweisende Betreuung geprägt. Eine unsicher-ambivalente Bindung resultiert aus widersprüchlichen, kaum absehbaren Reaktionen der Bezugsperson auf die Bedürfnisse des Kindes (vgl. Dornes, 2004, S. 44f.).

Aus diesen Beziehungen bzw. Bindungen bauen die Kinder nun innere Arbeitsmodelle (internal working models) auf, welche ihr Verhalten bezüglich weiterer Beziehungen und Situationen beeinflussen (vgl. Hopf, 2005, S. 37).

Vor allem sicher-gebundene Kinder können sich auch in Notsituationen auf ihre Bezugsperson berufen und sich eigenständiger entfalten (vgl. Senckel, 2004, S. 46).

In Verbindung und durch Übertragung auf das allgemeine Sicherheitsempfinden der Kinder lässt sich hinsichtlich des Explorationsverhaltens nach Malagazzi festhalten

„[...] ein unsicheres Kind kann nicht forschen. Ein sicheres Kind aber ist reich, denn es hat Neugier und Vorstellungskraft" (Malaguzzi, 1984, zitiert nach Bodenburg, 2000, S. 278). Im Folgenden wird nun hinsichtlich der sozio-emotionalen Entwicklung des Vorschulkindes die Entwicklung des Selbstwertgefühls, der Selbst- und Umweltkontrolle sowie der Interaktion und Kommunikation betrachtet, wobei auch der jeweilige Zusammenhang zu dem Einflussfaktor der Bindungsqualität aufgezeigt wird.

6.1.1 Selbstwertgefühl

Nach Coopersmith (1967, S. 5f.) wird das Selbstwertgefühl definiert als

> *„die Einschätzung, zu der das Individuum üblicherweise über sich selbst gelangt. Diese drückt eine Haltung der Zustimmung oder Ablehnung aus und deutet auf das Ausmaß hin, in dem jeder Einzelne glaubt, fähig, erfolgreich, ehrenwert und bedeutend zu sein. Kurz gesagt, ist das Selbstwertgefühl ein persönliches Urteil, das in der Einstellung zum Ausdruck kommt, was der Einzelne über sich selbst denkt."*

In Anlehnung an Schütz (2000, S. 59) ist festzuhalten, dass die hier erwähnte Selbstbewertung ihre Informationen aus der individuellen Selbstwahrnehmung und der Auseinandersetzung mit der sozialen Umwelt bezieht. Es wird vermutet, dass insbesondere Spiel und Beschäftigung unter Gleichaltrigen (von Gleich zu Gleich) diesen Entwicklungsprozess besonders positiv beeinflussen, indem Einstellungen verglichen und abgewogen werden und nicht gerechtfertigte Machtansprüche gegebenenfalls abzuweisen sind (vgl. von Salisch & Kunzmann, 2005, S. 29). Hier zeigen sich Untersuchungen zufolge allerdings Kinder des unsicheren und ambivalenten Bindungstyps durch neue soziale Umwelten beängstigend. Die Wahrscheinlichkeit von Frustration oder Enttäuschung wird hoch eingeschätzt. Das geringere Selbstvertrauen sowie das fehlende Vertrauen in soziale Beziehungen beeinträchtigen die sozialen Wahrnehmungsprozesse und das Finden schöpferischer Bewältigungsautomatismen. Darunter leidet nicht selten die Bereitschaft für künftige Lernprozesse (vgl. Senckel, 2004, S. 47f.).
Die Entwicklung des Selbstwertgefühls wird neben dem sozialen Umfeld auch durch die räumlich-materiale Umgebung beeinflusst. Wichtig ist die Individualitäts- und die Kompetenzerfahrung. Individualität kann durch die Abgrenzung zu anderen Menschen als Identität erlebt werden. Die Kita kann durch strukturierte Materialdarbietung und Gestaltung die Eigenständigkeit der Kinder fördern, indem sie individuelles und eigenverantwortliches Handeln zulässt und anregt.
Eine angenehme, freundliche Gestaltung der Kita ist hierbei eine wichtige Grundlage. Vor diesem Hintergrund sollte eine variantenreiche Ausgestaltung der Innenräume stehen. Solche abwechslungsreichen Anregungsniveaus können den spezifischen Bedürfnissen der unterschiedlichen Kinder am besten gerecht werden. Die Kinder fühlen sich verstanden und wohl. Sie können dem Raum gegenüber Zutrauen und Verlässlichkeit entwickeln und durch wachsende Eigenverantwortung ihr Selbstwertgefühl steigern. „Die Kindertagesstätte bietet den Kindern eine Chance, den eigenen Handlungsraum schrittweise zu erweitern und neue Herausforderungen aufzusuchen" (Petmecky, 2006, S. 87).

6.1.2 Selbst- und Umweltkontrolle

Nach den Bildungs- und Erziehungsempfehlungen für Kindertagesstätten in Rheinland-Pfalz sollen den Kindern durch Anregung zu eigenständigem Handeln und Lernen Entscheidungsfreiheit und Eigenverantwortung vermittelt werden. Dies kann beispielsweise durch freie Entscheidungen der Schützlinge bezüglich der Materialwahl und Beschäftigungsdauer umgesetzt werden (vgl. Ministerium für Bildung, Frauen und Jugend, 2004, S. 85). Die Erlaubnis in der Einrichtung zunehmend Aufgaben selbstständig durchzuführen, befähigt die Kinder immer weiterer Kompetenzen und lässt sie eine Selbstkontrolle und -regulierung ihrer Verhaltensweisen entwickeln (vgl. Petmecky, 2006, S. 87f.). Hierbei erweist sich eine sichere Bindung beim Aufbau von Selbstkontrolle von Vorteil, weil sowohl die Frustrations- als auch Ambivalenzgrenze herabgesetzt und dadurch eher kontrollierte Affekte und Impulse verursacht werden (vgl. Senckel, 2004, S. 42).
Umweltkontrolle hingegen bezieht sich nicht nur auf das eigene Verhalten, sondern schließt den Wunsch nach freier, bedürfnisorientierter Beeinflussung und Gestaltung der sozialen und räumlich-materialen Umgebung ein (vgl. Petmecky, 2006, S. 87f.). Die Erfüllung dieses Wunsches stellt nachweislich eine wichtige Voraussetzung für die Einschätzung der persönlichen „Selbstwirkung" (Walden, 1998, S. 66) dar.
In der Kindertageseinrichtung kann die Entwicklung der Umweltkontrolle durch die Partizipation der Kinder gefördert werden. Beispielsweise können zukünftige Regeln und räumliche Maßnahmen gemeinsam erarbeitet, Vorlieben und Interessensgebiete der Kinder ernst genommen und gemeinschaftlich geplant werden (vgl. Ministerium für Bildung, Frauen und Jugend, 2004, S. 85). Die Bedeutung der Umweltkontrolle sollte auch bei der Struktur der Räumlichkeiten und den Orientierungsmöglichkeiten in der Kita berücksichtigt werden. Wenn hier keinerlei Beeinflussung oder Verständnis aufgebaut werden kann, führt dies zum Kontrollverlust. Diese besondere Erscheinungsform von „Umweltstress" (Petmecky, 2006, S. 87) wird als Belastung wahrgenommen und kann Studien zufolge zerstörende Handlungen gegenüber der Umwelt veranlassen (vgl. Walden, 1998, S. 67). Eine nachvollziehbare und transparente Umgebung spiegelt hingegen Resultate der Einflussnahme unmittelbar wider und dient der Entwicklung zuverlässiger Annahmen zur Umweltbeeinflussung. Die entstehenden Überzeugungen und Erwartungen der Umweltkontrolle spielen für zukünftige Abläufe des Lernens eine große Rolle (vgl. Petmecky, 2006, S. 87f.) und fördern zusätzlich das Selbstwertgefühl (vgl. Krupat, 1983; Proshansky, Fabian & Kaminoff, 1983, zitiert nach Walden, 1998, S. 68).

6.1.3 Interaktion und Kommunikation

Sroufe (1997, S. 215) betont, dass in der Vorschulzeit die Aufmerksamkeit sowie das Interesse des Kindes vorrangig der Welt der Gleichaltrigen und der materiellen Umwelt (peers and objects) gelten sollte und nicht den Bezugspersonen und Erziehern/innen (caregivers and teachers). In Anbetracht des Trends hin zur Ein-Kind-Familie bietet die Institution der Kindertagesstätte oftmals die einzige Möglichkeit des Kontakts mit Gleichaltrigen. Ein wichtiger Anreiz der Kita liegt daher für Vorschulkinder im Spielen mit anderen Kindern (vgl. Petmecky, 2006, S. 88). Hierbei ist das Spiel als Aneignungs- und Darstellungsform der Welt (Kap. 7.6) für Kinder von zentraler Bedeutung. Mit dem dritten Lebensjahr setzen im Kindesalter die Rollenspiele ein. Durch das Nachahmen von realen Alltagssituationen oder fiktionalen Szenen werden die Zusammenarbeit und Abstimmung zwischen den Kindern sowie die sprachlichen Fähigkeiten geschult. Im Allgemeinen dominieren Spielfreude und Befreiung die spielende Tätigkeit. Die aufgegriffenen Themen reichen von entwicklungsspezifischen Themen und Individualisierung bis hin zu Beziehungsspannungen des familiären Umfeldes (vgl. von Salisch & Kunzmann, 2005, S. 30). Durch die Kleingruppenaktivität werden soziale Verhaltensweisen erprobt und soziale Kompetenzen ausgebildet (vgl. Gründler, 2000, S. 25).

Dadurch, dass die Beziehungen unter Peers im Gegensatz zu der komplementär-reziproken Struktur der Eltern-Kind-Beziehung eher eine symmetrisch-reziproke Gestalt besitzen, können aus diesen Beziehungen zu Gleichaltrigen erwiesenermaßen viele Entwicklungsanstöße hervorgehen. Die ähnliche kognitive und sozio-moralische Entwicklungsstufe und die identische Rolle bezüglich der Institution Kindertagesstätte lässt eine eigene Kultur der Kinder entstehen, in der die Schützlinge ihr eigenes Reglement aufstellen (vgl. von Salisch & Kunzmann, 2005, S. 28f.). Nachweislich sind Vorschulkinder, die in der Beziehung zur Bezugsperson sicher gebunden sind, bessere Kooperationspartner, besitzen ein stärkeres Empathievermögen in schwierigen Situationen und finden bei Auseinandersetzungen bessere Lösungsansätze (vgl. Hopf, 2005, S. 171).

Abhängig von der pädagogischen Konzeption können in der Kindertageseinrichtung auch heterogene Altersgruppen vorliegen. Diese Altersdurchmischung besitzt einen hohen Anregungscharakter und ein vielfältiges Angebot an Nachahmungs- und Identifikationsmöglichkeiten. Des Weiteren können die Kinder in vielen Bereichen ihre Grenzen erfahren und persönliche Möglichkeiten einschätzen lernen. Die Vielfalt an Spielgefährten unterstützt ebenso die Integrationsfähigkeit der einzelnen Kinder. Durch das persönliche Hineinwachsen in eine Gruppe und die Beobachtung Anderer in diesem altersbedingten Prozess, werden die sozialen Rollen erlebbar, ebenso wie die Notwendigkeit von Rücksichtnahme (vgl. Ministerium für Bildung, Frauen und Jugend, 2004, S. 82f.).

Durch den Aufenthalt in einer Kita steht den Schützlingen folglich die Möglichkeit offen, ihre Erfahrungen im Auf- und Ausbau von Beziehungen zu erproben. Es gilt verstärkt zu erfahren, dass die Würde sowie das Recht auf Freiheit, die persönliche Entfaltung und die Selbstständigkeit eines jeden Menschen unantastbar sind. Da diese Haltung unabhängig von kulturellen, religiösen, geschlechtsspezifischen und leistungsbedingten Faktoren entwickelt werden soll, dient dies sehr stark dem toleranten und respektvollen zwischenmenschlichen Umgang (vgl. ebd., S. 54f.). Dabei kann eine Untergliederung der Räumlichkeiten der Kita ebenso wie ein differenziertes Raumprogramm ungestörte Interaktionen in der Großgruppe oder in Kleingruppen sowie die Möglichkeit des individuellen Rückzugs aus der Gruppe (Kap. 7.3) unterstützen und Konflikte vermeiden helfen (vgl. Petmecky, 2006, S. 88).

Eine bereichernde Vielfalt der Kommunikation und Interaktion kann auch in der Sprache erlebt werden. „Der zentralen Bedeutung der Sprache muss ihre Rolle in allen konzeptionellen Überlegungen zur pädagogischen Arbeit in Kindertageseinrichtungen entsprechen" (Ministerium für Bildung, Frauen und Jugend, 2004, S. 40). Den Kindern soll die Erfahrung und Entdeckung ermöglicht werden, die Sprache in ihrer zwischenmenschlichen Vermittlerinstanz zu erleben. Den Schützlingen soll ein Bewusstsein für den Aufbau und die Funktionsweise mündlicher Sprache sowie der Symbolhaftigkeit und Bedeutung der schriftlichen Sprache vermittelt werden. In der Kita sollen Kinder erfahren, wie viele unterschiedliche Landessprachen existieren, und dass diese alle der gleichen Funktionalität dienen. Da seit PISA und IGLU die Bedeutung der Sprachförderung im Elementarbereich betont wird, spielt sie eine wichtige Rolle im Alltag der Kita. Die Sprachförderungsmaßnahmen setzen beim Eintritt in die Kindertageseinrichtung ein und werden während des gesamten Aufenthalts als wichtiger Aufgabenbereich verstanden, der bei jedem Kind individuell wahrgenommen wird, um beispielsweise familiär bedingte Sprachdefizite zu kompensieren (vgl. ebd., S. 40f.).

6.2 Kognitive Entwicklung

Nach Piaget lässt sich die kognitive Entwicklung als eine Art Übereinkunft zwischen den kognitiven Anlagen des Individuums und der Umweltinformation beschreiben. Dabei werden während der Entwicklung durch Anpassungsprozesse (Adaption) kognitive Strukturen modifiziert. Die Entwicklung lässt sich dadurch ebenso als Modifikation der Anpassungsqualität an die Umwelt sehen. Es handelt sich hierbei um einen aktiven Prozess des Menschen (vgl. Arbinger, 2005, S. 3). Die betreuten Kinder in Tagesstätten können daher auch als aktive Lerner gesehen werden, die in Auseinandersetzungen mit der Umwelt Zusammenhänge analysieren (vgl. Ministerium für Bildung, Frauen und Jugend, 2004, S. 23).

Der Altersstufe des Vorschulkindes entspricht die zweite Stufe der vier Entwicklungsstadien nach Piaget, die so genannte Stufe des präoperativen Denkens (vgl. Arbinger, 2005, S. 5). In den folgenden Unterkapiteln sollen das logische Denken, die Kreativität und die Problemlösekompetenz sowie die Aufmerksamkeitsspanne als relevante Entwicklungsaufgaben der Kita in dieser Phase ausgeführt werden.

6.2.1 Logisches Denken

Die Logik als „die Wissenschaft vom Denken" (Solso, 2005, S. 384) ist nicht von Geburt an gegeben, sondern nur der Ausgangspunkt für einen Interaktionsprozess zwischen genetischen Grundlagen und Umweltfaktoren (vgl. Fatke, 2003, S. 85f.).

Folglich ist die Fähigkeit des logischen Denkens bei Vorschulkindern im Vergleich zu Erwachsenen noch unzulänglich. Sie sind noch nicht in der Lage, induktive oder deduktive

Gedankengänge zu vollziehen. Es fällt ihnen beispielsweise schwer, von Einzelfällen auf allgemeine Regeln zu folgern. Ebenso ziehen sie keine Rückschlüsse vom Allgemeinen auf das Besondere. Der logische Denkprozess der Vorschulkinder läuft eher zwischen zwei gleichgestellten Komponenten ab (transduktiv). Diese werden durch kausale Zusammenhänge in Beziehung gesetzt (vgl. Schaffer, 2004, S. 176f.).
Nach Arbinger (2005, S. 114f.) lassen sich im Hinblick auf die Begriffsklassifikation bei Vorschulkindern die *grafischen Kollektionen* und die *funktionalen, schematischen oder thematischen Klassifikationen* unterscheiden. Als Unterscheidungspunkte dienen die Altersstufe und die Vorgehensweise. Die *grafischen Kollektionen* herrschen bei Kindern bis zu vier Jahren vor und werden anhand oberflächlicher, sinnlicher Charaktere getroffen. Die *funktionalen, schematischen oder thematischen Klassifikationen* hingegen sind eher typisch bei Kindern zwischen vier und sechs Jahren. Diese ordnen Gegenstände einem gemeinsamen Oberbegriff zu, indem sie Verbindungen herstellen.
Das wachsende Interesse am Kategorisieren, am In-Beziehung-Setzen und am Sortieren von Gegenständen kann durch die Architektur und deren Materialeinsatz sowohl im Innen- als auch im Außenbereich aufgegriffen und unterstützt werden (vgl. Petmecky, 2006, S. 88). Ein in diesen Bereichen gestifteter nachvollziehbarer Sinnzusammenhang zwischen den Raumkomponenten ist ein entscheidender Wohlfühlfaktor (vgl. Vollmert, 2005, S. 11).

6.2.2 Kreativität und Problemlösekompetenz

Kreativität bezeichnet im Allgemeinen geistige Prozesse, aus denen eine alternative oder veränderte Perspektive für eine Problemstellung sowie bestimmte Begebenheiten resultieren (vgl. Solso, 2005, S. 418). „Unter Kreativität wird demnach eine schöpferische, gestalterische Kraft verstanden […], die Neues hervorbringt. Diese Neuheiten können auf dem Gebiet der ästhetischen und künstlerischen Kreativität, also auf dem Gebiet der bildnerischen und darstellenden Produktionen und der Ergebnisse von Wahrnehmungsprozessen entstehen“ (Braun, 2006, S. 23).
Durch den starken „Erlebnischarakter“ (Ministerium für Bildung, Frauen und Jugend, 2004, S. 46) soll es dem musisch-kreativen Handeln im Kontext der Kita gelingen, bei den Kindern eine ästhetische Wahrnehmung zu erregen. Durch das gestalterisch-kreative Handeln kann den Kindern eine Möglichkeit aufgezeigt werden, persönliche Regungen und Eindrücke darzustellen (vgl. ebd., S. 46ff.). Im Zusammenhang der ästhetischen Bildung sind die „Lernprozesse […] also als Einheit von Kognition und Emotion zu sehen“ (Braun, 2006, S. 20).
Laut Definition ist die Kreativität neben ihrer ästhetischen und künstlerischen Komponente eng mit der Fähigkeit des Problemlösens verbunden. Unter Problemlösen sind die problemgerichteten Denkprozesse zu sehen, die auf eine Lösung abzielen. Dazu zählen sowohl die Ausarbeitung konkreter als auch die Wahl potentieller Antworten (vgl. Solso, 2005, S. 411). Im Hinblick auf diesen Auswahl- und Ausformungsprozess ist nach An-

derson festzuhalten, dass ein Zielzustand angestrebt wird. Um diesen zu erreichen, sind mentale Prozesse notwendig. Bei diesen mentalen Vorgängen muss es sich um Kognitionen und nicht um Automatismen handeln (vgl. Goswami, 2001, S. 92).
Im Sinne der kognitiven Entwicklung soll die Kita nach diesen theoretischen Überlegungen Problemlösekompetenzen der Kinder fördern.
Die Räumlichkeiten können dies unterstützen, indem sie ihrem Nutzer ausreichend Gestaltungsfreiheit zur Verfügung stellen. Auf diese Weise können die Kinder die reichhaltigen Anregungschancen und -möglichkeiten in der räumlich-materialen Umgebung nutzen und erforschen. Freie Spieltätigkeiten und der Umgang mit nicht vordefinierten Materialien und Gestaltungselementen fördert das kreative Handeln sowie die Problemlösefertigkeit. Durch diese Maßnahmen kann folglich gewährleistet werden, dass eine eigenständige Aneignung der räumlich-materialen Umwelt den Kindern die Möglichkeit eröffnet, auch ungewöhnliche Nutzungswege zu finden und vielseitige Strategien des Problemlösens zu erproben (vgl. Petmecky, 2006, S. 88).

6.2.3 Aufmerksamkeit

Aufmerksamkeit kann als „Konzentration der mentalen Anstrengung auf sensorische oder mentale Ereignisse“ (Solso, 2005, S. 79) definiert werden. Es besteht nachweislich eine große Schwierigkeit darin, diese Aufmerksamkeit zeitgleich auf mehrere Umweltreize identischer Sinnesart zu richten. Aus der entstehenden Überbeanspruchung der Aufnahmefähigkeit der Sinneskanäle resultiert die so genannte selektive Aufmerksamkeit. Sie wird intentional und bedacht eingesetzt, um nur das zu verwerten, was die Aufmerksamkeit auf sich zieht. Die restlichen Stimuli werden folglich vernachlässigt (vgl. ebd., S. 79ff.).
Bei der Raumgestaltung sind in diesem Sinne die Gefahren der so genannten Reizüberflutung (und dessen Gegenstück, der Reizarmut) zu vermeiden. Ein Überangebot an diversen Stimuli aus dem auditiven, visuellen, taktilen, gustatorischen oder olfaktorischen Bereich kann durch die Kinder nicht zweckmäßig verarbeitet werden und zu Einschüchterung, Druck und Anspannung führen. Ein kindlicher Verarbeitungs- und Schutzmechanismus reagiert darauf mit Absinken der Aufnahme- und Reaktionsbereitschaft. Die betroffenen Kinder wirken oft abwesend und unstetig. Zahlreiche Umweltreize wirken auf sie ein, können jedoch nicht verarbeitet werden und führen zu auffälligen Verhaltensweisen wie Unruhe, Gereiztheit und Konzentrationsschwäche. Reizüberflutung erschwert somit durch die entstehenden Verhaltensweisen das gewissenhafte und beständige Handeln. So kann durch die Reizüberflutung eine allmähliche Abstumpfung der Kinder entstehen. Als Folge dieser Abstumpfung kann ein Mangel an Reaktionsvermögen auftreten, welches durch das gehemmte Einbinden neuwertiger Informationen zu erklären ist. Negative Auswirkungen auf die Selbstbestimmung und andere Bereiche des kindlichen Verhaltens müssen rechtzeitig erkannt (vgl. Senckel, 2001, S. 55ff.) und behoben werden. Der Vermeidung von Reizüberflutung dient in der Innen- und Außenbereichsgestaltung der Kita

eine sinnvolle Abtrennung und Anordnung der unterschiedlichen Funktionsräume. Auf diese Weise können vor allem die verschiedenen auditiven und optischen Charaktere der Bereiche ihre Wirkung getrennt voneinander entfalten, was die Aufmerksamkeit der Kinder erhöht und positiv beeinflusst. Auf diesem Weg werden konzentrierte Arbeiten in Kleingruppen oder vertiefte Einzelbeschäftigungen eher realisierbar und somit gefördert (vgl. Petmecky, 2006, S. 89).

6.3 Motorische Entwicklung

Durch motorische Tätigkeiten verschiedener Art werden im Gehirn der Kinder weitere Synapsen gebildet. Dies geschieht durch die Produktion körpereigener Sinnesimpulse, deren Verarbeitung und abschließend adäquater Reaktion. Die Beobachtung und Weiterverarbeitung der darauf folgenden Auswirkung erweitert stetig das Repertoire an Kompetenzen und Handlungsoptionen. Diese Eigenwahrnehmung fördert die Einbindung der Fernsinne, wodurch die Koordination der Bewegungen ermöglicht wird (vgl. Senckel, 2004, S. 73).

Dies zeigt schon zu Anfang den engen Zusammenhang zwischen motorischer und kognitiver Entwicklung, die sich wie folgt zusammenfassen lässt: „Die Beziehung zwischen Motorik und Intelligenz besteht darin, dass zum einen jede Bewegung das Kind in die Lage versetzt, sich in immer wieder neuen Situationen mit seiner Umwelt auseinanderzusetzen, was die Abbildung intellektueller Fähigkeiten überhaupt erst möglich macht" (Walden & Schmitz, 1999, S. 41).

Man unterscheidet bei den entstehenden Bewegungen zwischen Grob- und Feinmotorik. Im Bereich der Grobmotorik der Schützlinge entwickeln sich bis zum siebten Lebensjahr fundamentale motorische Fähigkeiten (fundamental motor skills). Diese umfassen sowohl Bewegungsabläufe (locomotor skills) wie beispielsweise Rennen oder Hüpfen als auch Fertigkeiten im Umgang mit Gegenständen (object control skills) wie Werfen, Fangen oder Treten. An die Beherrschung dieser grundlegenden Bewegungsabläufe schließt sich deren bedürfnis- und interessenorientierte Verfeinerung an (specialized movements) (vgl. Charlesworth, 2003, S. 158). Während die Grobmotorik Bewegungen umfasst, die den gesamten Körper einbeziehen, fallen der Feinmotorik eher feine Bewegungen der Gesichtsmuskulatur und der Hände zu (vgl. Senckel, 2004, S. 73). Bei diesen Bewegungen werden die Bereiche Fingermuskulatur, Kontrolle der Handgelenksfunktionen und Augen-Hand-Koordinationen gesteuert (vgl. Charlesworth, 2003, S. 165). Gegenüber der Expansivität der Grobmotorik handelt es sich bei der Feinmotorik eher um nach innen gewandte Handlungen. Durch die aufmerksame, stille und konzentrierte Durchführung der feinmotorischen Handlungen dienen sie Aneignungs- und Verarbeitungsprozessen neuer Erfahrungen.

Grob- und Feinmotorik sind allerdings nicht getrennt voneinander zu betrachten. So bildet, wie bereits erwähnt, eine grobmotorische Geschicklichkeit ein stabiles Fundament für die feinmotorische Entwicklung (vgl. Senckel, 2004, S. 74).

Im Endstadium der frühen Kindheit orientiert sich diese Spezialisierung zwar weitgehend an den Interessen oder Belangen der Kinder, es nehmen allerdings auch Faktoren wie Körpergröße, körperliche Entwicklung, das Verhältnis zwischen Körperstärke und -gewicht sowie die Reife des zentralen Nervensystems Einfluss auf das Auftreten einzelner Fähigkeiten.[10]

Die korrekte Abstimmung, Koordination und Rhythmisierung der Bewegungsabläufe steht in engem Zusammenhang mit der Entwicklung der Wahrnehmung (vgl. Charlesworth, 2003, S. 158f.). Dadurch lässt sich neben der Verbindung zur kognitiven Entwicklung ein weiterer Bereich der kindlichen Entwicklung aufzeigen, der mit der motorischen Entwicklung verknüpft ist. Des Weiteren bestehen Zusammenhänge zwischen den motorischen Fähigkeiten und der emotionalen und sozialen Entwicklung. Durch die Art und Weise wie ein Kind mit der sozialen und materiellen Umwelt während seiner motorischen Entwicklung interagiert, zeigen diese Prozesse insbesondere zirkuläre Auswirkungen auf das Selbstkonzept des Kindes. Fähiges Handeln führt zu einem gesunden Selbstkonzept und bedingt dadurch seinerseits sicheres Handeln. Motorisch unsichere Kinder hingegen erweisen sich eher als schüchtern und beim Versuch neuer Fähigkeiten gehemmt. Dies verstärkt ihre Zurückhaltung zusätzlich (vgl. Kanhai, 2002, S. 169).

Dies ist besonders bei der sozialen Interaktion Gleichaltriger zu beobachten. Hierbei werden motorisch schwächere Kinder auf Grund ihrer Unzulänglichkeiten oft von Spieltätigkeiten ausgeschlossen. Die betroffenen Kinder geben sich auf Grund dieser Erfahrungen der Rolle des Verlierers hin und meiden in Folge motorische Herausforderungen, was schließlich durch die Zurückhaltung zur Verstärkung der motorischen Defizite führt (vgl. Walden & Schmitz, 1999, S. 43).

Die gesunde und die physische Entwicklung zählt zum Aufgabenbereich der Kita. Es gilt gegen den Bewegungsmangel der Kinder vorzugehen. Durch die Unterstützung der natürlichen Bewegungslust und die Begünstigung der Eigenaktivität wird dies in den Fokus der pädagogischen Betreuung gestellt (vgl. Ministerium für Bildung, Frauen und Jugend, 2004, S. 44ff.). Maßgeblich für die intrinsische Bewegungsmotivation ist für Zimmer (1996, S. 147) hierbei der Aufforderungscharakter der Umwelt. Neben den sozialen Voraussetzungen werden hier ebenso die gegenständlichen und räumlichen Voraussetzungen genannt. Eine impulsgebende Umwelt erweist sich von hohem Stellenwert, da sich der Grad ihrer Möglichkeiten und Anreize sowohl auf die Zeitspanne als auch auf die Qualität der erlernten motorischen Fähigkeiten auswirkt (vgl. Charlesworth, 2003, S. 158ff.). Durch die örtlichen Bedingungen der Kita darf folglich nicht die Gefahr entstehen, den Spiel- und Bewegungsdrang der Kinder einzuengen. In der Kita können im Hinblick auf

[10] Zur Vertiefung dieses Abschnitts liefert die im Anhang angeführte Tabelle 8 einen kurzen Überblick über die verschiedenen grob- und feinmotorischen Erwartungen in den unterschiedlichen Altersstufen. Obwohl es folglich solche Erwartungshaltungen gibt, was ein Kind im Vorschulalter fein- und grobmotorisch leisten können sollte, ist nach Charlesworth (2003, S. 160) festzuhalten, dass nicht alle Kinder einer Altersstufe die gleichen Fähigkeiten besitzen.

die Grobmotorik sowohl der Außenbereich als auch der Mehrzweckraum in vorrangigen Rollen diesen Anforderungen gerecht werden. Zur Förderung der Feinmotorik ist in der Institution ein Raum für Malen und Werken vorgesehen (vgl. Petmecky, 2006, S. 89).

7. Die elementaren Bedürfnisse des Vorschulkindes nach Antje Flade

In der Psychologie lässt sich nur schwer eine Bedürfnisdefinition festlegen. Allgemein wird das Bedürfnis als Aktivitätsdrang oder Bewältigungsverlangen zur Beseitigung einer Unzulänglichkeit beschrieben. Bedürfnisse stellen folglich die Basis für Bewahrung und Entwicklung des menschlichen Individuums dar (vgl. Walden & Schmitz, 1999, S. 32). Da die Architekturpsychologie nach einer stärkeren Orientierung an den Bedürfnissen der Nutzer gebauter Umwelten fordert (vgl. Leising, 2002, S. 34ff.) und die Befriedigung dieser Bedürfnisse eine wichtige Komponente der angeführten kindlichen Entwicklungsprozesse darstellt (vgl. Walden & Schmitz, 1999, S. 33), werden im Folgenden elementare Bedürfnisse des Vorschulkindes im Hinblick auf die Raumgestaltung der Kita vorgestellt. Die Aufzählung von sechs Bedürfnissen dieser Art lehnt sich an der Zusammenstellung von Walden und Schmitz (1999, S. 34ff.) an, wobei biologische Bedürfnisse außer Acht gelassen werden.

7.1 Bedürfnis nach Sicherheit und Geborgenheit

Das Gefühl der Geborgenheit stellt für die Auseinandersetzung mit der Umwelt einen wesentlichen Bedingungsfaktor für Entfaltung von Stärke, Mut und Individualität des Kindes dar (vgl. Olds, 2000, S. 9). Denn nur durch Geborgenheit und Sicherheit können die Kinder das nötige Vertrauen zu ihrer Umwelt aufbauen (vgl. Walden & Schmitz, 1999, S. 34).

Neben zuverlässigen Zeitstrukturen und beständigen emotionalen Bindungen zu den Erzieher/innen kann Geborgenheit ebenso durch die räumliche Umgebung vermittelt werden. Diesem Zweck dienen strukturierte Räume und eine übersichtliche Materialdarbietung. Die so erreichte Vereinfachung der Lebenswelt führt bei dem Kind zu Verlässlichkeit und damit zu Vertrauen (vgl. Franz, 2005, S. 16). „Es ist die äußere Struktur, die Kindern hilft, zu einer guten, inneren Struktur zu gelangen" (Franz & Vollmert, 2005, S. 51). Da das menschliche Gehirn bei der Gliederung und Beurteilung der wahrgenommenen Stimuli stets die geordnete Form als sinnvoll beurteilt, bedeutet die nachvollziehbare Raumstruktur auch eine geistige Entlastung der Kinder. Obwohl diese Prozesse größtenteils ohne Beteiligung unseres Bewusstseins ablaufen, wird bei unstrukturierter Umgebung dafür psychische Energie aufgewendet, die dann nicht mehr zur Verfügung steht (vgl. Senckel, 2004, S. 60). Dies kann konzentrationsschwaches, hyperaktives und orientierungsloses Verhalten bewirken. Daher ist optisches, akustisches und taktiles Chaos zu-

gunsten geläufiger Ordnung zu vermeiden. Denn nur wo die Räume im Gleichgewicht mit der Funktionalität stehen, fühlen sich Kinder sicher und offen für das Empfangen und Verarbeiten neuer antreibender Reize (vgl. Vollmert, 2005, S. 11).
Geborgenheit lässt sich allerdings nicht allein durch eine nachvollziehbare Raumstruktur erzielen. Die emotionale Geborgenheit verlangt in den Kitas nach einer Raumatmosphäre, in der sich die Kinder zu Hause fühlen. Hierfür sind eine „intensive Beziehung, anteilnehmende Zuwendung und eine vertrauensvolle gegenseitige Akzeptanz" (Franz & Vollmert, 2005, S. 50) maßgeblich.
Im Hinblick auf die Alterstufen sind die Anforderungen der Kinder etwas zu differenzieren. Die jüngeren Nutzer bevorzugen wegen dem oft zu groß empfundenen Raumvolumen eher die begrenzte Kleinräumigkeit (vgl. von der Groeben, 1997, S. 167). Diesem Wunsch kann durch Rückzugsmöglichkeiten in Nischen, abgetrennten Bereichen und Ecken entsprochen werden. Hier können die kleineren Schützlinge in der Geborgenheit des Verstecks erste Inspektionen der Welt der Kita vornehmen, um sich im weiteren Verlauf sicher darin zu Recht zu finden. Den größeren Kindern hingegen soll nicht nur eine gemütliche Atmosphäre widerfahren, sondern auch Aufforderungen zu neuen Abenteuern geschaffen werden (vgl. Franz, 2005, S. 16). Sie verlangen folglich mehr nach Weit- und Durchblick durch abgegrenzte und verborgene Räumlichkeiten (vgl. von der Groeben, 1997, S. 167).

7.2 Bedürfnis nach Kontakt zu anderen Kindern

Srouf (1997, S. 15) hebt den Aufbau und die Entwicklung von Beziehungen zu Gleichaltrigen als zentrales Thema der Vorschulzeit hervor. Darunter sind neben den Regeln des „Gebens und Nehmens" ebenso emotionale Verpflichtungen wie das gemeinsame Entdecken und Erleben von Spaß und Empathievermögen zu verstehen.
Die Betrachtung der sozio-emotionalen Entwicklung hat im Hinblick auf Interaktion und Kommunikation (Kap. 6.1.3) bereits gezeigt, dass sich nicht nur der Kontakt zu Gleichaltrigen, sondern auch das Zusammentreffen mit jüngeren oder älteren Kindern positiv auf die kindliche Entwicklung auswirkt.
Die Kita bietet den Kindern oftmals die erste Möglichkeit, in einer Organisation außerhalb der eigenen Familie dem Bedürfnis nach sozialen Kontakten zu folgen. Soziale Kompetenzen können sich allerdings nur herausbilden, wenn ausreichend Raum besteht, um soziale Verhaltensweisen zu erproben. In der Institution der Kindertagesstätte wird durch die Räumlichkeiten auf unterschiedliche Art und Weise Einfluss auf die Interaktion zwischen ihren Nutzern ausgeübt. Die zur Verfügung gestellten Räume und die Materialien formen neben den herrschenden Regeln und Normen zu einem großen Teil die Qualität der sozialen Interaktion. Der räumliche Rahmen gibt sowohl Perspektiven als auch gewisse Entfernungen vor (vgl. Franz & Vollmert, 2005, S. 33).

Um bei dem Zusammenleben in der Kita Störfaktoren wie Aggressionen oder regelwidrigem Verhalten vorzubeugen, sind interessenspezifische und bedürfnisorientierte Kleingruppeneinteilungen von Vorteil (vgl. ebd., S. 17).
Abhängig von der pädagogischen Konzeption der Einrichtung bieten verschiedene Räume auch gezielt Begegnungsorte zwischen den Kindern, Eltern und den Erzieher/innen (Eingangsbereich, Garderobe, Elternecke, Kinderrestaurants, ...). Die Gestaltung dieser Bereiche sollte sowohl die sprachliche Interaktion als auch die Zusammenarbeit unterstützen (vgl. von der Beek et al., 2007, S. 36).

7.3 Bedürfnis nach Ruhe und Rückzug

Die Kooperation der Kinder, das Spielen und die Kommunikation sind ein allmählicher Prozess. Bei der Gestaltung der Räume von Kindertagesstätten sind daher neben dem Platzangebot für die gemeinsamen Interaktionen (Toben, Rollenspiel usw.) ebenso ruhige Räume zu berücksichtigen. In diesen Ruhezonen können sich (speziell jüngere) Kinder eine Rückzugsmöglichkeit aus dem Gruppengeschehen offenhalten, da neben der Interaktion auch die Privatheit stets gewährleistet bleiben soll. Diese Privatheit umfasst als „Kontrolle über interpersonale Grenzen und Beziehungen“ (Petmecky, 2006, S. 88) nicht nur die Zurückgezogenheit, sondern auch das ungehinderte Beisammensein und die störungsfreie Gesprächssituation. Diese Möglichkeiten sollten sowohl für die Kinder als auch die Erzieher/innen offen gehalten werden (vgl. ebd).
Zur Wahrung der eigenen Individualität und „als Schutz vor Reizüberflutung“ (Walden & Schmitz, 1999, S. 37) dienen differenzierte Aufenthaltsmöglichkeiten, in Form von Rückzugsangeboten in vielerlei Ausführungen (zum Beispiel Treppenunterschlupf). Hier bleibt den Kindern ohne die Blicke der Anderen die Option bewahrt, ihre eigenen Bedürfnisse zu reflektieren und sie selbst zu sein (vgl. Franz, 2005, S. 16f.). Dabei sollten diese „Phasen des reduzierten Kontakts“ (Franz & Vollmert, 2005, S. 41) durch die Kinder frei wählbar sein und durch die Raumgestaltung mit einem hinreichenden Angebot an Rückzugsoptionen ermöglicht werden (vgl. Walden & Schmitz, 1999, S. 38).
Abhängig von der Einrichtung sind im Raumprogramm zu der Befriedigung der Ruhebedürftigkeit in erster Linie die Ruhe- und Stilleräume vorgesehen. Sie sind dafür konzipiert, den Kindern einen Zufluchtsort zu bieten, in dem sie Schutz vor dem lauten, hektischen und unruhigen Leben der Tagesstätte finden können. Falls solchen Räumen kein Platz in der Einrichtung zur Verfügung steht, sollte den Kindern durch die Erzieher/innen wenigstens ein Zeitfenster zur Befriedigung ihres Bedürfnisses nach Ruhe und Entspannung ermöglicht werden. Dies kann beispielsweise durch stille Beschäftigungen und Vorleserunden verwirklicht werden. Eine weitere Ausweichmöglichkeit ist der Weg nach draußen. Auch dort können sehr geeignete Plätze ausfindig gemacht werden, um in der Natur fernab vom Trubel abzuschalten (vgl. Franz, 2005, S. 15f.).

Aus Platzmangel sollte allerdings nicht auf die üblichen Räume der Kita zurückgegriffen werden. Den Kindern fällt es hierbei schwer, mental von Bewegungs- oder Werkstätte auf Ruheraum überzuwechseln (vgl. Franz & Vollmert, 2005, S. 29).

7.4 Bedürfnis nach Selbstständigkeit

„Im dritten Lebensjahr, in dem üblicherweise der Eintritt in einen Kindergarten bzw. eine Kindertagesstätte erfolgt, tritt bei vielen Kindern der Wunsch nach Eigenständigkeit besonders deutlich zutage" (Walden & Schmitz, 1999, S. 38).
Vor dem Hintergrund einer geborgenen Atmosphäre gilt es, durch die Bezugspersonen und Pädagogen unter Berücksichtigung des Alters und der Möglichkeiten der Schützlinge deren Eigenständigkeit durch selbstständige Tätigkeiten zu fördern. Dies wirkt sich nachweislich positiv auf die zukünftige Leistungsmotivation, die Wahrnehmung sowie die Intelligenz der Kinder aus und ermöglicht des Weiteren eine optimale Entwicklung der kindlichen Persönlichkeit (vgl. ebd., S. 39).
Neben den Erziehern/innen und Eltern kann auch die Raumgestaltung der Kindertageseinrichtung diesem Bedürfnis nach Selbstständigkeit gerecht werden. Dies kann grundsätzlich nicht nur durch den kindlichen Maßstab (Kap. 8.1), sondern auch durch eine große Auswahl an gut strukturierten, erreichbaren Materialien und Aufenthaltsmöglichkeiten verwirklicht werden. So kann beispielsweise durch eigenständige Betätigung der Lichtschalter oder Bewegungs- und Entscheidungsfreiheit auf Grund guter Orientierungshilfen im Raum das selbstständige Verhalten unterstützt werden (vgl. Olds, 2000, S. 10).

7.5 Bedürfnis nach Bewegung

Den natürlichen Bewegungsdrang von Kindern erläutert Franz (2005, S. 14f.) durch die Tatsache, dass die frühkindliche Aneignung der Lebenswelt weitgehend durch Bewegung erreicht wird. Die Kinder ergründen sich und ihre Umgebung durch Bewegung. Folglich ist die physische Betätigung für alle Lernprozesse der Schützlinge von fundamentaler Bedeutung. Dies trifft auch auf die Sprache zu. „Nur wenn die Bewegungs- und Sinneskoordination voll ausgebildet ist, kann der junge Mensch richtig sprechen lernen und alle Möglichkeiten von Sprache nutzen" (Gründler, 2000, S. 24).
Die allgemeinen Vorteile körperlicher Aktivitäten spiegeln sich auch in der Stimulierung von Atmung und Blutkreislauf wider. Durch eifriges Spielen der Kinder wird neben der verbesserten Muskelanspannung ein Abbau überschüssiger Energie erzielt (vgl. Kanhai, 2002, S. 167). Bewegung befreit die Kinder weiter von belasteten Empfindungen, die durch Reizüberflutung oder zu stark empfundener Enge verursacht werden (vgl. Petmecky, 2006, S. 92). Durch diese „Ventilfunktion" (Senckel, 2004, S. 74) der Bewegung kann zweifach auf das emotionale Befinden der Schützlinge Einfluss genommen werden.

Während die feinmotorische Bewegung bei empfänglichen Kindern Beruhigung verschaffen kann, dient die grobmotorische Bewegung bei aktiven Kindern eher dem Austoben. Sie gelangen auf diese Weise zu ihrem körperlichen und geistigen Gleichgewicht (vgl. ebd.).
Leider ist die Lebenswelt der Kinder heutzutage durch den großen Zuwachs an multimedialen Angeboten geprägt. Diese vorwiegend virtuellen Welten lassen die Kinder oftmals im Sitzen verharren. Dadurch werden der auditive und der visuelle Sinn zwar gefördert, sogar nahezu überbeansprucht, die restlichen Sinne allerdings vernachlässigt. Folglich entsteht eine Disharmonie. Die Gefahr dieser fehlerhaften Entwicklung besteht in der Gesundheitsgefährdung durch die genannten Auswirkungen auf die Wahrnehmung (vgl. Franz & Vollmert, 2005, S. 25).
Der entstehende Bewegungsmangel ist zusätzlich bedingt durch den Rückgang von natürlichen Spiel- und Bewegungsbereichen. Daher ist es von noch größerer Bedeutung, dass die Innen- und Außenbereiche der Kita dieses Bedürfnis der Kinder nach Bewegung auffangen. Es sollen Räume zur Verfügung gestellt werden, die eine Einladung und Aufforderung zur ganzheitlichen Bewegung darstellen (vgl. Franz, 2005, 14f.). Petmecky (2006, S. 89) betont vor allem den Einfluss einer ansprechenden Einrichtung und Materialauswahl, der die Entfaltung der Grob- und Feinmotorik unterstützt.
Eine Offenheit gegenüber Bewegungsanlässen und Entscheidungen der Kinder in einem abgesicherten Rahmen fördert die Eigeninitiative. Sie lässt die Kinder ihre körperlichen Grenzen erleben (vgl. Franz & Vollmert, 2005, S. 25) und macht ihnen ihre Fähigkeiten bewusst (vgl. Olds, 2000, S. 8). Durch die regelmäßige Erprobung und Auseinandersetzung mit ihren Fähigkeiten entsteht eine motorische Geschicklichkeit, die Untersuchungen zufolge das Unfallrisiko herabsetzt (von der Beek et al., 2007, S. 77f.).
Bei einer angemessen Innen- und Außenraumgestaltung kann folglich durch die Befriedigung des Bewegungsbedürfnisses der positive Einfluss der Bewegung auf den physischen und psychischen Zustand sowie die kognitive Entwicklung genutzt werden (vgl. Franz & Vollmert, 2005, S. 25).

7.6 Bedürfnis nach Spiel und Aneignung von Umwelt

Durch den Wunsch, ihre Umwelt zu kontrollieren, besteht bei den Kindern ein Bedürfnis an Aneignung.
„Umweltaneignung meint alle Handlungen, bei denen Umwelten durch Menschen verändert werden. […] Aneignung als Handeln umfasst im Unterschied zum Verhalten – dem äußerlich beobachtbaren messbaren Tun – auch innerpsychische Vorgänge wie Handlungsabsichten, Vorstellungen und die Antizipation von Handlungsergebnissen" (Boesch, 1990, zitiert nach Flade, 2008, S. 138). Umweltaneignung bezieht sich in erster Linie auf die so genannte soft architecture, womit die beweglichen Bauteile wie beispielsweise Tische, Stühle oder Bücherregale gemeint sind, mit denen im Raum flexibel agiert werden kann (vgl. Martin, 2002, zitiert nach Flade, 2008, S.139). Bei der Aneignung der

Umwelt wird die Rolle der Kinder folglich als aktiv verstanden. Durch Interaktion, Einflussnahme und Benutzung machen sich die Kinder ihre Umwelt zu Eigen. Es werden neue Erfahrungen aufgenommen und mit bereits vorhandenen verknüpft. Daher handelt es sich eher um einen Assimilationsprozess als um eine reine Angleichung an die Umwelt (vgl. Walden & Schmitz, 1999, S. 44).
Hierin liegt eine Verknüpfung mit der kindlichen Spieltätigkeit, die besonders eine kleinkind- und vorschulgerechte Aneignungsmöglichkeit der Umwelt darstellt.
Das Spiel gilt als das bedeutendste Mittel der „experimentellen Welterforschung" (Senckel, 2004, S. 22). „Im Spiel entwickelt es seine Motorik, seine Imagination und schließlich sein bildhaftes und symbolisches Denken, das Voraussetzung für den Erwerb sämtlicher Kulturtechniken wie Lesen, Schreiben und Rechnen [...] ist. Die Fähigkeit zu freiem Spiel ist eine genetische Anlage. Das Spiel selbst ist gleichzeitig Methode, Medium, Antrieb und Belohnung. Im freien Spiel wird das Kind zum Akteur seiner Entwicklung" (Gründler, 2000, S. 21).
Neben den Wechselwirkungen der Spielaktivität und der kognitiven und motorischen Entwicklung beeinflusst das Spielverhalten der Kinder Studien zufolge auch soziale und emotionale Entwicklungsprozesse. Während durch die gemeinsame Spieltätigkeit soziale Kompetenzen aufgebaut werden, ermöglichen vor allem Rollen- und Fantasiespiele die Bewältigung emotionaler Lasten und steigern damit das Selbstwertgefühl (vgl. Nickel & Schmidt-Denter, 1988, zitiert nach Walden & Schmitz, 1999, S. 45).
Die vollzogene Aneignung stellt als Befriedigung des Kontrollbedürfnisses einen wichtigen Wohlfühlfaktor der Kinder dar (vgl. Walden, 1998, S. 68) und sollte durch eine unterstützende Umwelt für freie Spielaktivitäten und Aneignung gefördert werden und kann somit auch die kindliche Entwicklung unterstützen (vgl. Gründler, 2000, S. 22).

Fazit III

Das Kapitel über die Kindertagesstätte und ihre Nutzer hat gezeigt, dass sich der ehemalige Charakter der öffentlichen Kinderbetreuung als Notbehelf zum Kinderschutz oder staatliches Betreuungsangebot gewandelt hat. Es haben sich sowohl die Aufgabe als auch die Zielsetzung verändert. Die Kita soll ihren Nutzern durch die Kombination von Betreuung, Bildung und Erziehung unter den Familien eine optimale Entwicklung ermöglichen. Den Rahmen für diese Aufgabe bieten die Räume der Kitas, deren Konzipierung sich neben den rechtlichen und baulichen Richtlinien auch an den architektonischen Vorgaben des jeweiligen pädagogischen Konzeptes orientieren sollte. Bei jeglichen Bauvorhaben ist dabei die Beteiligung der Nutzer erwünscht.
Die Befriedigung der elementaren Bedürfnisse des Vorschulkindes durch eine adäquate Raumgestaltung unterstützt dabei nicht nur die sozio-emotionalen, kognitiven und motorischen Entwicklungsprozesse der kindlichen Nutzer, sondern ebenso den Wohlfühlcharakter der Einrichtung.

IV. Gestaltung von Kinderräumen der Kindertagesstätte

„Eng ist die Welt und das Gehirn ist weit. Leicht beieinander wohnen die Gedanken, doch hart im Raum stoßen sich die Sachen" (Schiller, 1979, S. 27).

Wie sollte ein Raum der Kindertagestätte sein, um den Vorschulkindern und Erzieher/innen adäquat zu begegnen? Vorab sollte er im Verhältnis zu der Kinderzahl nicht zu eng bemessen sein. Besonders im Hinblick auf kindliche Nutzer eines Raumes, ist eine zu hohe Dichte[11] zu vermeiden. Da Kinder in einem starken Abhängigkeitsverhältnis mit ihrer Umwelt stehen, sind sie durch negative Folgen zu hoher Dichte besonders betroffen. Nach Studien der Crowdingforschung[12] von Goduka, Poole und Aotaki-Phenice (1992) wirkt sich eine zu hohe Dichte nicht nur negativ auf die kognitive Entwicklung aus, sondern beeinträchtigt auch die Entfaltung des Selbstkonzepts der Kinder. Gemäß einer Beobachtungsstudie von Kantrowitz und Evans (2004, zitiert nach Flade, 2008, S. 253) ist ebenso ein direkter Zusammenhang zwischen der räumlichen Dichte und der Spieltätigkeit der Kinder erkennbar. „Je voller es ist, umso häufiger ist das Nicht-Spielen. In weniger dichten Bereichen gehen Kinder dagegen verschiedenen Aktivitäten mit größerer Ausdauer nach. Was die Art der Tätigkeit betrifft, war feststellbar, dass Konstruktionsspiele umso seltener sind, je höher die Dichte im Raum ist" (ebd.). Auch der Bewegungsfreiheit der Kinder sollten keine zu starken äußeren Grenzen gesetzt werden. Widmayer, Peterson, Larner und Caraham (1990) konnten diesbezüglich Benachteiligungen in der psychomotorischen Entwicklung feststellen. Beengte Situationen können darüber hinaus aggressives Verhalten bedingen und damit ebenso das Sozialverhalten der Kinder beeinflussen, indem sie den Kontakt untereinander stören. Folglich ist ein ausreichendes Platzangebot zu ge-

---

[11] Der Begriff Dichte bezeichnet „ein objektives Maß an räumlicher Begrenzung einer Situation und unter Crowding die subjektive Erfahrung von Beengung. [...] Dichte kann in eine soziale und eine räumliche Dimension unterschieden werden. Unter räumlicher Dichte versteht man das Ausmaß an verfügbarem Raum für eine konstante Anzahl an Personen. Soziale Dichte wird definiert als Anzahl von Personen pro konstanter Raumgröße" (Schultz-Gambard, 1985, zitiert nach Schönborn & Schumann, 2004, S. 265).

[12] „Der Forschungszweig der Sozialpsychologie, der sich mit der systematischen Erkundung der Auswirkungen hoher räumlicher und sozialer Dichtebedingungen beschäftigt, ist die Crowdingforschung" (Schultz-Gambard, 1985, zitiert nach Schönborn & Schumann, 2004, S. 262).

währleisten, um physiologischen, affektiven, kognitiven und sozialen Benachteiligungen der Kinder zu entgehen (vgl. Hellbrück & Fischer, 1999, S. 382ff.).
Neben der Größe gibt der Raum auch die Form der Kinderwelt vor. Es werden ausgewogene Länge-, Breite- und Höheverhältnisse empfohlen, die den Kindern Wohlbehagen vermitteln. Von alternativen Grundrissen wie mehreckigen oder runden Zuschnitten wird mit der Ausnahme der Turnräume abgeraten, da diese zu stark das Zentrum des Raumes betonen und sich nach außen abgrenzen (vgl. Walden & Schmitz, 1999, S. 84f.). Die Kinder selbst können nur schwer einen Bezug der Einrichtungsgegenstände zum Raum herstellen und wirken unruhig (vgl. Mahlke & Schwarte, 1997, S. 104). Durch die vielen unterschiedlichen Bedürfnisse und Tätigkeiten der Kinder ist es je nach pädagogischer Konzeption von Vorteil, den Gruppenraum zu untergliedern. Da runde und mehreckige Grundrisse dies nur schwer erfüllen können, stellt dies einen weitereren Nachteil dieser Raumformen dar. Somit erweist sich der quadratische Grundriss immer noch am sinnvollsten. Er ermöglicht bei richtiger Planung kurze Wege zu allen angeschlossenen Räumen und zeigt sich bei der Raumgestaltung äußerst offen. Die Berücksichtigung von Erker und Nischen bei der Grundrissplanung kann bei der späteren Nutzung zahlreiche Spielanlässe und Rückzugsmöglichkeiten liefern (vgl. Walden & Schmitz, 1999, S. 85f.).

8. Raumbildende Elemente

Inwieweit für den Raum bedeutende Faktoren das Wohlbefinden der Nutzer unterstützen können, soll im Folgenden anhand ausgewählter raumbildender Elemente aufgezeigt werden. Da der Alltag einer Kita (mit Einschränkung gewisser pädagogischer Konzeptionen) größtenteils durch den Gruppenraum bestimmt ist, liegt der Schwerpunkt der Betrachtung auf dieser Räumlichkeit.

8.1 Der kindliche Maßstab

Jeder Mensch bewertet Größenverhältnisse grundsätzlich in Bezug auf seine individuelle Körpergröße. Dies trifft folglich ebenso auf Räumlichkeiten und Objekte zu. Auch in der Architektur gilt der menschliche Körper als „das Maß aller Dinge" (Franz & Vollmert, 2005, S. 17). Bei der Gestaltung der Räume von Kitas setzt eine Benutzerorientierung in erster Linie die kindlichen Proportionen als Maß fest. In der folgenden Darstellung (Tabelle 2) sind zur Orientierung verschiedene kindliche Maße in Abhängigkeit von der Altersstufe (1-7 Jahre) aufgelistet.
Bereits seit Montessori ist bei der Gestaltung von Kinderräumen im Hinblick auf Gesundheit, Sicherheit und Selbstständigkeit, der so genannte kindliche Maßstab zu berücksichtigen. Die Umsetzung sollte in der Kita durch adäquate Anbringhöhe von Haken, Schaltern, Symbolschildchen der Garderobe oder Zahnputzbechern, Türgriffen, Handläufen und Fensterbrüstungen erfolgen (vgl. Franz & Henneberg, 2005, S. 20f.) und

Tab. 2: Durchschnittliche Maße und Maßverhältnisse von Kindern (vgl. Gralle und Port, 2002, S. 34)

Alter	1	2	3	4	5	6	7
Körperhöhe in cm	75	85	94	101	108,5	115	121,5
Körpergewicht in kg	10	12,5	14	16	18	20	22,5
Augenhöhe in cm	64	74	83	91	96	103	108
Reichweite in cm	30	36	42	48	52	57	61

ebenso die Einrichtungsgegenstände der Gruppenräume (zum Beispiel Stühle, Tische), Küche (zum Beispiel Kinderküche, Podeste) und WC-und Waschräume (zum Beispiel Kindertoiletten, niedrige Waschbecken) einschließen.
Dadurch, dass die Kinder auf diese Weise frei von den Erzieher/innen und ohne Begrenzungen im Raum agieren können, unterstützt der kindliche Maßstab die Eigenständigkeit der Nutzer. Eine Schwierigkeit liegt hierbei allerdings in den Altersunterschieden und der damit verbundenen Größenunterschiede der Nutzer. Dabei ist die Regel zu befolgen, sich bei Höhenentscheidungen für Sicherheitsvorkehrungen an den Kleinsten und bei Durchgängen sowie Platzbemessungen an den Größten zu orientieren (vgl. Walden & Schmitz, 1999, S. 82).

8.2 Raumbegrenzungen

Da die Boden-, Decken- und Wandflächen der Kindertagesstätten als raumbegrenzende Elemente für die Räume von zentraler Bedeutung sind, wird im Folgenden der Einfluss dieser drei Flächen auf die Kinderräume und ihre Nutzer untersucht.

8.2.1 Bodenfläche

Der Boden stellt für Kinder die bedeutendste Berührungsfläche der drei Raumbegrenzungen dar. Er wird als Spiel- und Sitzfläche benutzt und stellt ein wichtiges Explorationsobjekt der Kinder dar (vgl. Olds, 2000, S. 233).
Nüchterlein und Richter (2008, S. 218f.) weisen auf die so genannte motorische Leitfunktion hin. Der Boden kann visuell, haptisch und emotional beurteilt werden. Gemäß den dadurch entstehenden Empfindungen kann er als hindernd, ungefährlich, richtungsweisend oder im besten Fall einladend wahrgenommen werden. Im Idealfall sollte er von den Kindern als eine sichere Stütze eingeschätzt werden. Über jene Einschätzung entscheiden nicht nur Farbgebung, Form und materielle Eigenschaften, sondern auch die speziel-

le Musterung. Während das Aussehen und der Härtegrad das Gehempfinden vorgeben, kann die Musterung beispielsweise eine bestimme Laufrichtung bedingen.
Ein optimaler Boden für die Kita gibt Wärme und Geborgenheit, erweist sich resistent gegen Spiel- und Bewegungsaktivitäten, ist aus hygienischen Gründen leicht zu reinigen, lädt sich nicht statisch auf und zeichnet sich durch ökologische Unbedenklichkeit aus. Diese Kriterien sind zu berücksichtigen, weil die Animation der Kinder zur Bodenbenutzung viele Vorteile für die kindlichen und erwachsenen Nutzer der Einrichtung birgt. Spielaktivitäten auf dem Boden ermöglichen den Erzieher/innen eine besser Kontrolle über die Gruppe und geben durch den Verzicht an Möbeln mehr Platz für Bewegung frei und erleichtern die Kommunikation untereinander (vgl. Olds, 2000, S. 233).
Bei der Farbentscheidung für den Bodenbelag ist die Wahrnehmung von oben und unten zu berücksichtigen. Sie wird durch die so genannte Leicht-Schwer-Wirkung bestimmt, die sich auf die synästhetischen Empfindungen des Individuums auswirkt. So wird unten stets durch dunkle (schwere) Farben symbolisiert, die einen Abschluss liefern (Nüchterlein und Richter, 2008, S. 218). Demzufolge sprechen sich Franz und Vollmert (2005, S. 15) im Allgemeinen für einen Farbton gemäßigter Helligkeitsstufe, im Speziellen für Braun- oder Beigetöne (vgl. ebd., S. 108) aus. Dies ergibt sich oft automatisch bei der Entscheidung für Naturmaterialien wie Holz oder Kork. In Anlehnung an Nüchterlein und Richter (2008, S. 219) vermitteln diese Brauntöne Erdigkeit und Bodenständigkeit, was den Kindern durch das Gefühl von Halt und Stabilität auch das Gefühl von Geborgenheit liefert. Diese Farbwahl wird zusätzlich bekräftigt durch die empfohlene Orientierung an der Natur. Im Bezug auf die Annäherung an natürliche Ideale erzeugt eine hellere Bodenfarbe als der Deckenanstrich eine gewisse Unnatürlichkeit.
Allerdings nimmt der materielle Charakter in Bezug auf die Einschätzung der Kinder einen höheren Stellenwert ein als die Farbgebung. Hier wird von Teppichboden aus Reinlichkeitsgründen abgeraten (vgl. Franz und Vollmert, 2005, S. 104). Wobei allerdings so genannte flexible Teppiche zur Unterstreichung der Funktionalität bestimmter Flächen, visueller Abwechslung, Rückzugs- und Abgrenzungsmöglichkeiten für die kindlichen Nutzer eingesetzt werden können (vgl. Olds, 2000, S. 237). Ebenso können Teppiche unter oder auf Spielpodesten die Kinder zum Spielen anspornen und Wohlbehagen vermitteln. Bei der Wahl des Teppichbodens erweisen sich Ziegenhaar- oder Schurwollausführungen von Vorteil, da sie leichter zu reinigen sind (vgl. Dreisbach-Olsen, Haas-Krumm & Philipps-Prenzel, 1998, S. 88).
Generell werden als Bodenbeläge allerdings Naturmaterialien wie Holz, Naturstein, Fliesen oder andere Beläge basierend auf Kork, Kautschuk und Linoleum wegen ihres Anregungscharakters bevorzugt (vgl. Franz & Vollmert, 2005, S. 104).
Insbesondere Holz, Linoleum und Kork versprechen eine behagliche Raumatmosphäre. Dies wird sowohl durch eine als warm empfundene Ausstrahlung als auch durch eine tatsächlich abgegebene Fußwärme erzielt (vgl. Dreisbach-Olsen et al., 1998, S. 88), während PVC hingegen aus ökologischen und Laminat aus akustischen (siehe Kap. 8.5.3) Beweggründen und elektrostatische Aufladung eher abgelehnt werden (vgl. Franz & Vollmert, 2005, S. 15).

Busmann (2005, S. 9) deutet hinsichtlich der Beschaffenheit des Bodenmaterials auf die Bedeutung der Rezeptoren in den Fußsohlen hin, die bei glatten Böden nicht ausreichend angeregt werden und dadurch den positiven Einfluss auf das vegetative Nervensystem nicht ermöglichen.
Neben diesen biologischen Zusammenhängen kann durch die Verwendung unterschiedlicher Materialien nicht nur das Wohlbefinden der Kinder unterstützt werden, sondern auch Struktur geschaffen und die Sinneswahrnehmung unterstützt werden (vgl. Stinner, 2000, S. 32). Gerade die kindlichen Nutzer nehmen bedingt durch ihre Größe solche Bodeneinteilungen durch unterschiedliche Materialien oder Farben besonders stark wahr (vgl. Olds, 2000, S. 234). Wichtig ist dabei, dass der Bezug zum Raum und seiner Funktionalität nachvollziehbar und verständlich bleibt (vgl. Busmann, 2005, S. 14).
Die differenzierte Sinneswahrnehmung zur Abtrennung funktionell unterschiedlicher Raumbereiche kann auch durch unterschiedliche Bodenniveaus wie Erhöhungen oder Senkungen erzielt werden, was zusätzlich das bereits angesprochene Empfinden der Kinder für oben und unten schult (vgl. Franz & Vollmert, 2005, S. 14) und unterschiedliche Bewegungsanlässe liefert.
Die Materialvielfalt darf allerdings weder das Spiel mit Fahrzeugen noch den behindertengerechten Einsatz eines Rollstuhls stören und sollte durch nahtlose Übergänge der Materialien Stolperfallen verhindern (vgl. Olds, 2000, S. 234). Solche Stolperstellen können auch durch einzelne Stufen, nicht bündig liegende Fußmatten, Unebenheiten im Fußboden, vorstehende Fußgestelle des Mobiliars, lose verlegte Leitungen oder Türstopper entstehen. Diese sind durch Kontraste in der Farbgebung, durch Wechsel der Materialstruktur oder durch Stufenbeleuchtung zu kennzeichnen (vgl. Deutsche Gesetzliche Unfallversicherung, 2009, S. 14).
Weitere Sicherheitsvorkehrungen sind auch im Hinblick auf die Bodenbeläge und die Rutschgefahr zu treffen. Dies gilt insbesondere für Räume, die stärker mit Wasser in Berührung kommen, wie die Eingangsbereiche, Flure, WC- und Waschräume (vgl. Gralle & Port, 2002, S. 30, 38). Für die stark frequentierten Eingangs- und Flurbereiche empfehlen sich große, resistente Keramikfliesen, die auch bei nassen Schuhen keine Unfallgefahr darstellen (vgl. Olds, 2000, S. 236). „Als geeignete Maßnahmen sind [auch] […] rutschsichere, großflächige und langgestreckte Schuhabstreifmatten anzusehen, die über die übliche Durchgangsbreite der Gebäudeeingänge reichen und mindestens 1,50 m tief sind“ (DGU, 2009, S. 15).
Neben einem rutschhemmenden und leicht zu reinigenden Bodenbelag in den WC- und Waschräumen empfehlen Lange und Stadelmann (1999, S. 92) als Alternative zu den Fliesen in den Waschräumen Mosaike, die im Sinne der Umweltbildung den kostbaren Wert des Wassers unterstreichen. Gleichzeitig erhöhen sie durch ihre bunten, freundlichen Material- und Farbkombinationen die Aufenthaltsqualität der WC- und Waschräume. Auf dem Boden wie an der Wand können Fliesen gegen Miniaturausführungen ausgetauscht werden, die an ausgewählten Stellen ebenso ihre Wirkung entfalten können. Dadurch, dass diese Wirkung an eine eher reizarme Umgebung gebunden ist, können mit

dem Einsatz solcher Mosaikfliesen besonders eintönig anmutende Fliesenflächen aufbrechen und beleben.

8.2.2 Deckenfläche

Die Deckenfläche stellt nicht nur das Verbindungselement zwischen den beiden Begrenzungen Wand und Boden dar, sondern ergänzt zusätzlich den Boden als zweite horizontale Ebene. Ohne eine unmittelbare Berührung zum Boden stehen sie doch in enger Verbindung. Sie besitzen die gleiche Form und halten nahezu durchgehend die gleiche Entfernung zueinander ein (vgl. Franz & Vollmert, 2005, S. 15).
Die Decke kann ihre sich fortsetzende Leichtig- und Luftigkeit von den Wänden nur entfalten, wenn ein harmonischer Farbübergang umgesetzt wird. Bei der Farbwahl der Decke sollte eine gewisse Orientierung an der Natur stattfinden. Am Vorbild des Himmels kann man erkennen, dass er keineswegs weiß ist, wodurch die Frage auftritt, warum also die Deckenfarbe Weiß sein sollte. Des Weiteren verleihen weiße Decken dem Zimmer nicht notwendigerweise Helligkeit, sondern werfen hingegen graue Schatten (vgl. Nüchterlein und Richter, 2008, S. 220ff.). Diese Tatsache ist bezüglich der kindlichen Wahrnehmung ernstzunehmen, da grau zu den so genannten avitalen Farben zählen, die Kinder wegen ihres geringen Anregungscharakters und der ausgestrahlten Kühle ablehnen.
Allgemein vermitteln tiefe Decken Intimität, während hohe Decken dem Raum eher eine formale Anmutung verleihen. Je höher der Raum desto mehr Distanz lässt sich bemerken. Diese grundlegenden Tatsachen lassen sich in der Kita für einen funktionsorientierten Einsatz der Deckenhöhe heranziehen. Durch wechselnde Raumhöhen können in Verbindung mit den Bodenhöhen Hoch- und Tiefvariationen hergestellt werden, die den Raum untergliedern. Für die Kinder entstehen dadurch sowohl unterschiedliche Perspektiven, räumliche Beziehungen als auch verschiedene Intimitätsgrade zum Rückzug oder Kontakt zu Anderen (vgl. Olds, 2000, S. 239). Wenn die Voraussetzungen dieser „Raumlandschaft" durch die Architektur der Decke nicht vorgegeben sind, können die Decken auch mit Tüchern oder Baldachinen abgehängt werden (vgl. Franz & Vollmert, 2005, S. 15).
Da zu hohe Decken die Kinder ihrem Bedürfnis nach Sicherheit und Geborgenheit berauben, kann auch hier durch solche Maßnahmen sowie die Farbgebung (Kap. 8.3.3) und zweite Ebenen entgegengewirkt werden.

8.2.3 Wandflächen

Die den Raum umfassenden Wände besitzen nach Nüchterlein und Richter (2008, S. 219) eine sensorische Leitfunktion. Sie entscheiden über angenehmes oder unangenehmes Empfinden. Da sie das Individuum nach allen Seiten beschränken, entscheiden die Wän-

de und ihre Gestaltung hauptsächlich über das Empfinden von Beengtheit und Bewegungsfreiheit (vgl. Franz & Vollmert, 2005, S. 16).
Neben den Wandflächen können eingezogene Wände unterschiedlicher Höhen in das Programm des Gruppenraumes aufgenommen werden. Sie können diesen vertikal gliedern, Sitzmöglichkeiten schaffen, in Rollenspiele integriert werden und den Kindern die Möglichkeit bieten, sich vor den Augen der Erzieher/innen und den anderen Kindern zurückzuziehen.
Im Eingangsbereich können geschwungene Wandflächen durch ihre einladende Wirkung den Zugang erleichtern (vgl. Olds, 2000, S. 245).
Ähnlich wie bei der Bodengestaltung ist auch bei den Wandflächen auf die Textur, das Material und die Farbgebung zu achten (vgl. Nüchterlein und Richter, 2008, S. 219). Hinsichtlich der beiden ersten Komponenten ist aus Sicherheitsgründen unter 2,00 m darauf zu achten, dass „Verletzungsgefahren durch scharfe Kanten und spitze-raue Oberflächen“ (DGU, 2009, S. 15) zugunsten eines Abrundungsradius von > 2 mm, glattem Putz, gefasste Kanten oder voll verfugtem Mauerwerk mit glatter Steinoberfläche vermieden (vgl. ebd.) werden. Stoßdämpfung und Pflegeerleichterung sind hingegen erwünscht (vgl. Gralle & Port, 2002, S. 31).
Bei der Wandverkleidung verleihen verschiedene Materialien (Holzverkleidung, Wandteppiche, ...) dem Raum Lebendigkeit. Die Wandflächen sollten allerdings auch im Hinblick auf den Aneignungsprozess dazu genutzt werden, „Werke“ der Kinder zu präsentieren. Dafür eigenen sich beispielsweise Papier- (zum Beispiel Wandzeitung) oder Korkbeschichtungen (vgl. Olds, 2000, S. 243).
Von der Beek, Buck und Rufenach (2007, S. 67) sprechen sich bezüglich der Farbgebung dafür aus, die Wände und die Decken allgemein nicht allzu dominant zu gestalten, um ein Engeempfinden zu vermeiden. Dafür wird die Untermischung von Weiß empfohlen. Eine Ausnahme stellt hierbei die beabsichtigte Vermittlung einer höhlenartigen Anmutung einer Räumlichkeit dar. Um den Kindern hier eine gemütliche Rückzugsmöglichkeit zur Verfügung zu stellen, bietet es sich an, die Wände sowie die Decke in einer kräftigen Farbe zu wählen. Diese Effekte der Farbwahl im Bezug auf das Empfinden der Raumgröße und -höhe, lassen sich auch zum Kompensieren von Raumdefiziten ausnutzen.
Hier gilt es, der natürlichen Farbperspektive zu folgen. Danach lässt sich festhalten, dass wir bei warmen, kräftigen sowie dunklen Farbflächen das Gefühl von Nähe spüren, während bei kalten, vergrauten und hellen Flächen eher Distanz empfunden wird. Zusätzliche Bedingungen sind Farbperspektive und Aufmerksamkeitscharakter. Hiernach ist festzustellen, dass eine dunkle Farbgebung Gegenstände und folglich auch Räume gedrungener erscheinen lässt, während eine helle Farbe grenzüberschreitende Ausdehnung verleiht. Übertragen auf die Farbgestaltung der Wände wird eine optische Höhe und Weite dadurch erzielt, dass man Wand und Decke hell streicht, wobei eine hellere Farbnuance der Decke die Höhe zusätzlich streckt. Kleinere Räume können durch eine helle Stirnwand durch Hervorhebung optisch tiefer wirken. Im Gegensatz dazu ist ein zu hoch wirkender Raum zu stauchen, indem sowohl die Decke als auch der Boden dunkel gewählt werden. Das gleiche Prinzip wirkt ebenso bei der optischen Kürzung von zu geräumigen Zim-

mern, indem die Stirnwand in einer kräftigen Farbe gestaltet wird (vgl. Franz & Vollmert, 2005, S. 110f.). Da zu hohe und große Räume dazu neigen, den Kindern Verlorenheit und Unsicherheit zu vermitteln, ist diese Einsatzmöglichkeit der Farbe von großer Bedeutung im Hinblick auf den Wohlfühlcharakter des Raumes.
Fließende Übergänge der Farbtöne an den Wänden dienen der „Lebendigkeit und Transparenz eines Raumes“ (Gralle & Port, 2002, S. 63). Als eine Möglichkeit kann die Lasurtechnik[13] genannt werden.
Zum Abschluss dieses Kapitels zeigt die folgende tabellarische Darstellung (Tabelle 3) den Zusammenhang zwischen den drei angeführten Raumbegrenzungen und ihrer farblichen Gestaltung im Hinblick auf die entstehende Wirkung.

Tab. 3: Mögliche Wirkungen von Farbtönen an den Begrenzungsflächen eines Raumes (Gralle & Port, 2002, S. 63).

	Von oben (Decke)	**Von der Seite (Wand, Umgebung)**	**Von unten (Boden)**
Gelb wirkt	leuchtend, anregend	bei satter Farbe eher erregend bis irritierend, wärmend	berührungsfremd, ablenkend (wenn satt), als Streifen: trennend-fordernd motorisch-bewegt
Orange wirkt	anregend bis aufregend	wärmend, leuchtend, kommunikativ	motorisch erregend
Rot wirkt	eingreifend, beunruhigend, schwer	sich nähernd bis aggressiv	bewusst machend (man schreite auf rotem Teppich)
Violett wirkt	verunsichernd, lastend	magisch	ungewisser Aufforderungscharakter

Fortsetzung →

[13] Bei der Lasurtechnik wird mittels spezieller Pinsel abwechselnd eine dünne Schicht Lack und eine dünne Schicht Farbe auf die Wand aufgetragen. Bei Lichteinfall reflektiert die lasierte Wand die Strahlung auf vielfältige Weise, was Helligkeit und die genannte Lebendigkeit erzeugt (vgl. Olds, 2000, S. 225).

Tab. 3: Fortsetzung

	Von oben (Decke)	Von der Seite (Wand, Umgebung)	Von unten (Boden)
Blau wirkt	wenn hell: himmelartig, wenig greifbar, erhöhend. Wenn dunkel: Schwer bis sogar drückend	kühlend fern (wenn hell) ermutigend und vertiefend (sich sammeln lassen), wenn tief: beruhigend, raumerweiternd	besonders bei heller Nuance: enthebend, zum Gleiten anregend, zuweilen verfremdend, dunkles Blau: raumvertiefend, besonders als Teppich
Grün wirkt	hegend, deckend (Blaugrün auch kühlend) Vorsicht: eventuelle Reflexe auf Gesichtsfarbe	kalt bis neutral umgrenzend sichernd beruhigend grell: irritierend	natürlich bis zu einem gewissen Sättigungsgrad auch weich und trittfreudig, erholsam. mehr blaugrün und glatt geboten: kalt, rutschig
Weiß wirkt	offen	neutral, leer, avital	unbetretbar, fremd, als Streifen säuberlich
Grau wirkt	schattend	neutral bis langweilig	neutral, texturgemäß
Schwarz wirkt	lochartig bis drückend	verlieshaft	abstrakt, vertiefend, befremdend
Braun wirkt	deckend wenn dunkel: drückend	umgebend: einengend, sichernd (besonders als Holz, weniger als Anstrich, noch weniger als Glanzoberfläche)	erdhaft, trittsicher, (besonders als Teppich)

8.3 Farbe

Die Farbgebung kennzeichnet einen Raum bezüglich seiner Grenzen, seiner Größe und Wirkung. „Genauso wie sich der Mensch mit dem Raum identifiziert, in dem er sich wohl fühlt, können Farben einen Raum identifizieren“ (Nüchterlein und Richter, 2008, S. 218).

8.3.1 Die Farbwahrnehmung

„Einer allgemein gültigen Definition zufolge ist Farbe die Bezeichnung für eine spezifische visuelle Empfindung, die durch sichtbare Strahlung, dem so genannten Farbreiz, ausgelöst wird" (Rodeck, Mahnke & Meerwein, 2002, S. 16). Dieser Farbreiz ergibt sich aus der Reststrahlung des Lichts. Sie stellt die verbleibende Strahlung des natürlichen oder künstlichen Lichts dar, die aus der Brechung an Objekten oder Staubpartikeln der Luft und der anschließenden Absorption oder Reflexion durch die Oberflächenbeschaffenheit der jeweiligen Materialität resultiert. Diese Reststrahlung wird durch das Sinnesorgan Auge als Farbreiz aufgenommen (vgl. Gralle & Port, 2002, S. 62) und auf die Netzhaut geleitet. Dort sitzen die Rezeptoren, Stäbchen und Zapfen, die den Farbreiz decodieren. Während die Stäbchen der Hell-Dunkel-Wahrnehmung dienen und so die Helligkeitsstufe der Farbe erfassen, werden durch die Zapfen verschiedene Farben unterschieden. Es ist zwischen den blau-, grün- und rotempfindlichen Zapfentypen zu differenzieren. Die jeweilige Farbempfindung ergibt sich in Abhängigkeit zu der spektralen Zusammensetzung des Lichts durch Addition und Subtraktion der Wahrnehmung der einzelnen Zapfentypen (vgl. Zwimpfer, 1985, zitiert nach Walden & Borrelbach, 2010, S. 48).
Die Farbwahrnehmung geht als sinnliche Wahrnehmung über das reine Farbensehen hinaus. Bei der Farbwahrnehmung werden Verknüpfungen mit Vorerfahrungen hergestellt. Damit hat sie einen entscheidenden Einfluss auf das Erleben, Reagieren und Bewerten der Farbe durch den Menschen (vgl. Rodeck et al., 2002, S. 17). Durch den Einbezug persönlicher Vorerfahrungen ist die Farbwahrnehmung folglich ein stark individuell geprägter Vorgang, bei dem zahlreiche Einflussfaktoren zu berücksichtigen sind (vgl. Franz & Vollmert, 2005, S. 97). Rodeck, Meerwein und Mahnke (2002, S. 20) verdeutlichen dies an ihrer Farberlebnispyramide (Abbildung 2), in der die einzelnen Faktoren gemäß dem Grad ihrer Einflussnahme aufgelistet sind.

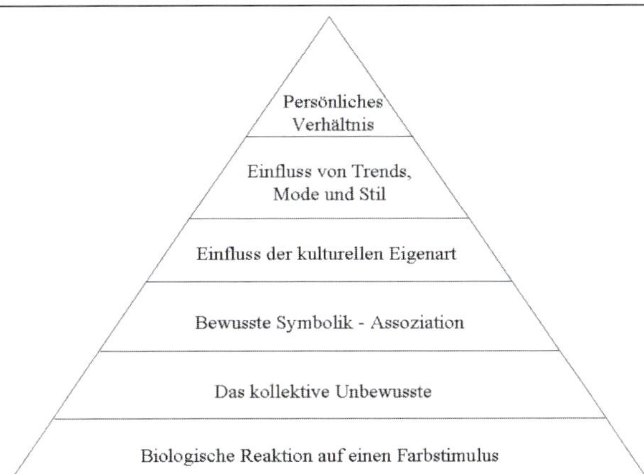

Abb. 2: Farberlebnispyramide (Rodeck et al., 2002, S. 18)

Bei allen Menschen gemeinsam kann die so genannte Urerfahrung mit den Farben der Natur vorausgesetzt werden, die interpersonal bei dem Farberleben des einzelnen mitwirkt (vgl. Rodeck et al., 2002, S. 26).
Neben der Farbwahrnehmung durch das Auge ist die Wahrnehmung mit allen Sinnen besonders für Kinder von großer Bedeutung. Sie können sich auf diese Weise durch mehrere Kanäle (Fühlen, Tasten, Hören, Schmecken) ganzheitlich mit den Farben des Raumes vertraut machen. Diese „Verknüpfung verschiedener Empfindungen, auch Erregungen eines Sinnesorgans, die sich einem anderen mitteilt" (ebd., S. 23), wird als Synästhesie bezeichnet. In diesem Sinne vermitteln Farbtöne zwischen gelb und rot Wärme, während bei Grün- bis Blautönen eine vermeintlich kältere Raumatmosphäre entsteht.
Neben dem Fühlen können Farben durch Empfindungen von Härte oder Weiche, Glatt- oder Stumpfheit sowie Nässe oder Trockenheit auch den haptischen Sinn ansprechen. In diesem Zusammenhang wird Beige beispielsweise mit der haptischen Qualität von Sand assoziiert, während rot eher samtig wirkt. Im Hinblick auf die auditive Sinneswahrnehmung wirken kräftige, warme Farben lauter als kalte. Dies kommt dadurch zustande, dass kalte Farbtöne einen hellen Farbenklang besitzen, während besonders die Kopplung verschiedener kräftiger Farbtöne eine nahezu schreiende Atmosphäre schafft. Pastellfarbene Töne lassen Assoziationen zu Zitrusfrüchten entstehen. Brauntöne werden hingegen mit Würze verbunden (vgl. Franz & Vollmert, 2005, S. 99f.).

8.3.2 Farbwirkung und einflussnehmende Faktoren

Durch Untersuchungen der Wirkung von Farbe konnte Küller (1996, S. 617f.) in Studien belegen, dass die Farbgebung der Räume nicht nur den Gefühlszustand, sondern auch die körperliche Verfassung der Nutzer beeinflussen kann. So wurden insbesondere bei bunter Farbgebung bei den Probanden sowohl ein „Mangel an emotionaler Kontrolle" (ebd., S. 618) und ein Gefühl des Unterdrücktseins als auch erhöhte Erregung des Gehirns und verlangsamter Herzschlag festgestellt. Diese psychischen und physiologischen Erscheinungen konnten bei einer Kontrollgruppe in einem grauen Raum nicht beobachtet werden. Diese unterschiedlichen Stimulationsniveaus können für die Raumgestaltung ausgenutzt werden. So unterscheiden von der Beek, Buck und Rufenach (2007, S. 66f.) zwischen den Farben, die die Nutzer anregen wie Rot, und den eher beruhigenden Farben wie Blau, das als nach „innen strahlend" (Senckel, 2005, S. 61) gilt und kühl wirkt. Diese Wirkung konnte auch durch Studien von Seidler (1995) nachgewiesen werden, die bestätigen konnten, dass insbesondere rotes Licht für den Menschen „emotional belastender ist als blaues" (Seidler, 1995, zitiert nach Hellbrück & Fischer, 1999, S. 206). Helle, vor allem pastellfarbene, Töne hingegen wirken im Gegensatz zu kräftigen Farben luftig, fröhlich. Dies ist damit zu erklären, dass helle Töne das Licht besser reflektieren als dunkle, welche folglich eine gewisse Schwere vermitteln. Brauntöne von Ocker über Orange und Rotbraun strahlen Wärme aus, wohingegen Farben des Wassers eher Kälte bedeuten. Farbe ist in der Kita an Wänden, Decken, Fußböden, Türen, Fensterrahmen, Teppichboden, Möbel, Gardinen und Rollos usw. zu finden (vgl. von der Beek et al., 2007, S. 67). Dadurch ist die Farbwirkung mit vielen Komponenten verbunden. Diese Komplexität erschwert die Einschätzung der Farbwirkung. Hierbei sind vor allem die Abhängigkeit der Farbwirkung von der Größe der zu streichenden Flächen, dem Lichteinfall und der Oberflächenstruktur der Raumelemente von großer Bedeutung.

Bezüglich der Flächengröße ist bei der Farbauswahl vorab zu berücksichtigen, dass kleine Muster der Farbe wesentlich heller wirken, als sich der tatsächliche Farbeindruck beim Einsatz an der Wand zeigt. Großflächige Farbgebung mit kräftigen Farbtönen führt zusätzlich verstärkt zu Reflexionen im Raum und auf seine restlichen Flächen. So kann ein kräftig roter Boden, die weiße Wand im unteren Bereich rosa erscheinen lassen. Für Kindertagesstätten werden für Großflächen daher eher feine Dekore und Muster empfohlen, die von weitem Zurückhaltung, Harmonie und Übereinstimmung vermitteln (vgl. Franz & Vollmert, 2005, S. 102f.). Im gleichen Zug sollten auch großflächige Bau- und Einrichtungsteile eine dezente Farbe erhalten, die sie in den Hindergrund treten lassen. Dadurch werden unerwünschte Reflexionen, die zu Veränderungen des gesamten Raumlichts führen, verhindert und störenden Verfälschungen der anderen Farbträger (zum Beispiel erscheint weißes Papier nicht mehr weiß) vorgebeugt (vgl. Gralle & Port, 2002, S. 63).

Da Licht und Farbwahrnehmung untrennbar miteinander verbunden sind, nehmen sowohl die Lichtintensität, der Einfallswinkel als auch die Lichtquelle Einfluss auf die Wirkung der Farbe. Daher ist es wichtig, die Farbwahl unter den jeweiligen Lichtbedingungen Vorort zu treffen. So wirkt sich eine Veränderung der Lichtfarbe unmittelbar auf die Wirkung der Farbe der Wände und der Einrichtung aus. Je weißer das Licht (Kap. 8.4.1) ist, desto echter zeigt sich die Farbwiedergabe. Des Weiteren erweisen sich warme Farben unter starker Beleuchtung intensiver, während kalte Farben unter schwächerer Lichtstärke an Gemütlichkeit gewinnen. Im Tagesverlauf zeigt besonders das Mittagslicht eine sehr getreue Farbwiedergabe (vgl. Olds, 2000, S. 219f.).

Da die Absorption und Reflexion der gebrochenen Lichtstrahlen durch die Oberflächenbeschaffenheit der Raumelemente maßgeblich über den Farbreiz bestimmen, ist auch die Oberflächenstruktur ein Einflussfaktor auf die Farbwirkung. Es ist festzuhalten, dass Farben auf rauen Oberflächen auf Grund des Schattenwurfs kleiner Unebenheiten oft dunkler erscheinen als auf glatten Flächen. Es zeigt sich, dass dunkle Töne gerade auf strukturierten und vielschichtigen Materialien eher angenommen werden. Diese Oberflächen erlauben dem visuellen Sinn eine Wanderung in die Tiefe, während glatte, deckend gestrichene Flächen durch dunklen Farbauftrag eine Begrenzung vermitteln, die ein Beengungsgefühl erzeugt (Franz & Vollmert, 2005, S. 103).

8.3.3 Farbgebung

Die in den letzten beiden Kapiteln angeführten Vorüberlegungen und Erläuterungen zur Farbwahrnehmung, -wirkung und -eigenschaften zeigen, wie vielschichtig eine überlegte und zielgerichtete Farbgebung ist. Von der Beek, Buck und Rufenach (2007, S. 65) betonen, dass es die eine Farbe für die Kita wegen der unterschiedlichen kulturellen und subjektiven Hintergründe nicht gibt. Dies lässt sich auch anhand allgemeiner Untersuchungen von Kwallek & Lewis (1990) belegen, die die Farbwirkung von Räumen auf Empfinden und Verhalten der Nutzer als diskrepant beschreiben (vgl. Hellbrück & Fischer, 1999, S. 206). Auch die aufgezeigte Abhängigkeit von der Größe der Farbfläche, dem Licht und den verschiedenen Oberflächen birgt eine weitere Erschwerung der adäquaten Farbwahl für die Kinderräume. Dennoch gibt es verschiedene Gestaltungsmöglichkeiten, um das Wohlbefinden der Nutzer durch die Farbe der Kita zu unterstützen.

Da Partizipation die Aneignung unterstützt (vgl. Walden, 1998, S. 66), sollten die Kinder und Erzieher/innen bei der Bestimmung der Farbgebung durch das Einflechten verschiedener Farbvorlieben berücksichtigt werden. Generelle Tendenzen der Kinder lassen sich wie folgt zusammenfassen. Avitale Farbtöne (Weiß über Grau bis Schwarz) werden wegen ihrer Neutralität von den Kindern abgelehnt. Weiß erscheint durch die starke Reflexion der Lichteinstrahlung oft steril und blendet stark. Weiß wirkt gefühllos, undefiniert und substanzlos - es vermittelt den Kindern im Gegensatz zu anderen Farben keine Aussage. Folglich fällt es den Kindern schwer, eine Beziehung aufzubauen. Allgemein sollte von zu hellen Tönen Abstand genommen werden, weil sie Räume oft großräumiger und weiter erscheinen lassen. Dies vermittelt den Kindern weder Sicherheit noch Geborgenheit, weil die Räume ihre Schutzfunktion verlieren und die Empfindung der Isolation vorherrscht.

Eine kinderfreundlichere Farbnuance stellt hingegen Gelb dar. Es gilt als die Farbe der Kommunikation. Als hellste Farbe wirkt sie luftig heiter. Gelb bietet sich vor allem für dunklere Zimmer auf der Nordseite an, da es den Räumen trotz geringer Sonnenstrahlung einen sonnigen Eindruck verleiht (vgl. Franz & Vollmert, 2005, S. 105f.).

Die Gesamtatmosphäre der Räume sollte „farblich warm, freundlich, klar, licht, nicht bedrängend sein. Hier eigenen sich helle Gelbtöne, Holztöne, letztlich alle Farben die in der Natur dominieren. Die besonderen Akzente wollen sich von dem ruhigen Grund abheben. […] Als Vergleich mag die Blumenwiese dienen: die Grüntöne des Grases und der Kräuter prägen den freundlichen Farbgrund, die roten, gelben, blauen und weißen Blüten der Blumen bilden die leuchtenden Akzente" (Senckel, 2004, S. 62). Wegen Farbenvielfalt der vorhandenen Spielutensilien und Vermeidung der Reizüberflutung (vgl. von der Beek et al., 2007, S. 65, 67) ist folglich eine abgestimmte, harmonische Farbgebung wichtig, die durch Klarheit und „Nestwärme" das Wohlfühlen der Nutzer in den Räumen ermöglicht. Vor diesem Hintergrund sollen den Kindern (kreative) Stimulation und Differenzierungsmöglichkeit geboten werden (vgl. Senckel, 2004, S. 62; Gralle & Port, 2002, S. 62f.).

Hierbei kann eine gezielte Farbgebung Klarheit und Orientierung schaffen, indem sie die Funktionalität der Räume gezielt unterstützt (vgl. von der Beek et al., 2007, S. 67). Unter Einbezug der verschiedenen Erregungsniveaus der Farben können die unterschiedlichen Funktionsbereiche des Gruppenraums durch diverse Farbgebung voneinander abgetrennt werden und so den Gruppenraum bedürfnisorientiert untergliedern. Dadurch, dass den Kindern durch unterschiedliche Farben Grenzen und Anfänge verschiedener Wirkungsbereiche verdeutlicht werden, erhält der Gruppenraum zusätzlich eine klare Struktur (vgl. Olds, 2000, S. 221). Da Kinder mittels ungleicher Farbgebung Objekte unterscheiden, erkennen und bewerten, kann die Unterstützung der Funktionalität durch Farbe ebenso bei den anderen Raumelementen zum Tragen kommen (vgl. Senckel, 2004, S. 60). Durch farbliche Akzentuierung ist gerade bei zurückhaltender farblicher Raumgestaltung die Möglichkeit gegeben, verschiedene Elemente herauszuheben. So können materialcharakteristische Akzente gesetzt, aber auch Gefahrenzonen wie leichte Niveausprünge durch hervorstechende Farbgebung betont werden. Kräftige Farbtupfer und Abwechslung von betonten und nicht betonten Elementen liefern bei sorgsamem Einsatz bei Handläufen oder Türen durch Orientierungshilfe Sicherheit (vgl. Gralle & Port, 2002, S. 62), während durch gleiche Farbgebung Sinnzusammenhänge hergestellt werden, die das Wohlfühlen der Kinder verstärken (vgl. Vollmert, 2005, S. 11). Solche Sinnzusammenhänge können durch die uniforme Farbgebung gleichartiger Dinge des Raumes (zum Beispiel Raumöffnungen[14], Geländer, ...) gestiftet werden. Indem sich der Raum nicht in seine Bestandteile auflöst, wird der Aufbau des Raumes für die Kinder nachvollziehbarer und vermittelt Geborgenheit und Orientierungshilfen. Während diese Richtlinie vor allem Ruhe in kleine überfüllte Räumlichkeiten bringt, deren Anmutung sonst schnell unregelmäßig und durcheinander wirkt, wird diese Regel bei großen, weiten Räumen umgedreht. Hier sollten vor dem Hintergrund zurückhaltender Farbgebung der übrigen Bestandteile wiederkehrende Raumbestandteile unterschiedliche Farben haben. Damit kann eine Rhythmisierung der eher strengeren Architektur verwirklicht werden.

Die Grundelemente, die durch gleiche Farbe Zusammengehörigkeit symbolisieren, sollten sich nicht nur auf einen Raum beschränken, sondern sich auf das ganze Raumprogramm und die ganze Einrichtung erstrecken (vgl. Franz & Vollmert, 2005, S. 97, 146). Das Gefühl der Zusammengehörigkeit ist auch innerhalb der Kindergruppe durch Farbe zu unterstützen. Abhängig von der pädagogischen Konzeption kann jeder Gruppe und ihrem Bereich bereits beim Eintritt in die Kita eine Farbe zugeordnet werden. Die Identifikation mit dieser festen Farbe fördert nicht nur die Aneignung dieses Bereichs (vgl. Petmecky, 2006, S. 86), sondern erfüllt im Sinne der Prägnanz durch die deutliche Abhebung von den anderen Bereichen zusätzlich einen bedeutenden Wohlfühlfaktor (vgl. Vollmert, 2005, S. 11).

Auch die Zusammenhänge der Funktionsweise von Türen können den Kindern durch Farbgebung verdeutlicht werden. Durch eine unterschiedliche Farbgebung von Türblatt und Rahmen können die Kinder die unterschiedlichen Funktionsbereiche einer Türkonstruktion erkennen (vgl. Gralle & Port, 2002, S. 63).

Während sich für den Gruppenraum vor dem Hintergrund einer harmonisch abgestimmten farblichen Atmosphäre eine funktionsorientierte Farbgebung anbietet, die einzelne Bereiche voneinander abgrenzt, den jeweiligen Bedürfnissen gerecht wird und Akzente

[14] Hier wird von einer dunklen Farbe abgeraten, weil es den Kindern das Gefühl des Eingeschlossenseins hervorruft (vgl. Gralle & Port, 2002, S. 63).

setzt, kann in den Ruheräumen die angestrebte Geborgenheit durch farbliche Untergliederung der Wände verstärkt werden. Die Räume wirken dadurch aus der liegenden Position der Kinder kleiner und sorgen für eine gemütliche Atmosphäre. Der untere farbliche Abschnitt sollte sich an der Höhe der Kinderbettchen orientieren (vgl. Franz & Vollmert, 2005, S. 32). In Ruheräumen sind vorwiegend luftige, warme Farbtöne angebracht wie beispielsweise ein helles Gelb-Orange. Um eine harmonische Atmosphäre zu schaffen, sind hier auch die Möbel in ähnlichen Farbtönen zu halten (vgl. von der Beek et al., 2007, S. 67). Damit können sich die Schützlinge vor diesem abgestimmten Hintergrund in die Ruheräume zurückziehen und ihr Bedürfnis nach Ruhe und Entspannung stillen. Um Rückzugsmöglichkeiten zu schaffen, bieten sich eher dunklere, warme Farben an, die eine Gemütlichkeit ausstrahlen und eine Höhlenanmutung erzeugen, solange sie nicht zu beengend und drückend empfunden werden. Daher kommen warme Erdtöne am besten in Wohlfühlecken zur Geltung, wo sie ihre gemütliche Wirkung in Kombination mit Korb, Kork, Sisal oder Holz entfalten können (vgl. Franz & Vollmert, 2005, S. 105f.).
Dem entgegengesetzten Bedürfnis nach Bewegung wird ein anregendes Grün in den Bewegungsräumen der Einrichtung gerecht (vgl. von der Beek et al., 2007, S. 67). Es repräsentiert die Farbe der Natur und regt die Kinder an. Dabei sollte für die Wand ein leichtes Grün benutzt werden, während der Bodenbelag eher kräftiger sein sollte. Zusätzlich entlastet die grüne Farbgebung die Augen (vgl. Senckel, 2004, S. 61). Die empfohlene Kombination mit Naturmaterialien sorgt für eine allgemeine Anregung der Kinder. Allerdings sollte Grün trotz seiner natürlichen und frischen Anmutung nicht in den WC- und Waschräumen sowie den Essräumen verwendet werden. Durch die Reflexion der einfallenden Lichtstrahlen erscheint die Hautfarbe ungesund, und Gerichte in den Essräumen können weniger appetitlich wirken (vgl. Franz & Vollmert, 2005, S. 108). Für die Essecke/den Essraum stehen ansonsten im warmen und kalten Farbbereich die Möglichkeiten offen, wobei Orange als besonders appetitanregend eingeschätzt wird (vgl. von der Beek et. al., 2007, S. 53). Bei den WC- und Waschräumen ist eine helle und warme Farbgebung sehr wichtig, da der Aufenthalt in diesen Räumen so angenehm wie möglich sein soll. Auf diese Weise kann hier im Sinne der Gesundheitsbildung eine unbeschämte und freie Auseinandersetzung mit dem eigenen Körper unterstützt werden (vgl. Petmecky, 2006, S. 93). Leider ist in den WC- und Waschräumen durch die Fliesen oft schon eine farbliche Entscheidung getroffen. Bei vorhandenen Wandflächen sind daher in Abstimmung mit der Fliesenfarbe Farben vorzuziehen, die an Wasser und Sonne erinnern (vgl. von der Beek et al., 2007, S. 166).

8.3.4 Farbkontraste

Farbkontraste sind bei der farblichen Gestaltung der Kita von großer Bedeutung, da auch in der alltäglichen Lebenswelt der Kinder keine farbliche Eintönigkeit herrscht. Auch hier werden verschiedene Farbtöne in Beziehung zueinander gesetzt (vgl. Franz & Vollmert, 2005, S. 101f.). Daher sollten auch die gewählten Kombinationen von Farbe ihre Ideale

in der Natur finden (vgl. von der Beek et al., 2007, S. 69). Gerade durch Absetzung voneinander nehmen die Kinder die einzelnen Farbtöne in ihrer Individualität wahr (vgl. Franz & Vollmert, 2005, S. 101f.). Daher können sie im übertragenen Sinne auf die Raumelemente zur Akzentuierung dienen. Man spricht von Farbkontrasten, wenn klare Differenzen zwischen zwei oder einer größeren Anzahl von Farbtönen vorliegen. Diese Differenzierung kann sowohl nach objektiven als auch nach subjektiven Kriterien getroffen werden (vgl. Rodeck et al., 2002, S. 32). Die Wahl von Kontrasten in der Farbgebung sorgt für eine antreibende und interessante Raumstimmung, die Monotonie und Ermüdung verhindert (vgl. Franz & Vollmert, 2005, S. 106).
Nach Nüchterlein und Richter (2008, S. 216) sind so genannte Hell-Dunkel-, Bunt-, Flimmer-, Intensitäts- und Komplementärkontraste[15] voneinander abzugrenzen.
Bei dem Hell-Dunkel-Kontrast werden Farben unterschiedlicher Helligkeitsstufen kombiniert (vgl. Rodeck et al., 2002, S. 33). Durch diese Kombination lässt sich neben der parallelen Verwendung von Farben aus dem warmen und kalten Bereich Raumtiefe erlangen, da sie das Empfinden von Vorne und Hinten beeinflussen. Diese Effekte können erzielt werden, da Flächen warmer Farben das Gefühl vermitteln, näher zu wirken und Erwärmung ausstrahlen, während kalte Farbtöne weniger wohnlich erlebt werden, eher Distanz symbolisieren und sich daher zurückzuziehen scheinen (vgl. Krüger, 2003, zitiert nach Nüchterlein und Richter, 2008, S. 217). Zusätzlich kann es durch die Arbeit mit ungleichen Warm-Kalt-Stufen gelingen, ein abwechslungsreiches und anregendes Raumklima zu schaffen. Auf diese Art und Weise werden kühltonige Akzentuierungen in eher braun gestaltenden Wohlfühlräumen als äußerst erfrischend empfunden (vgl. Franz & Vollmert, 2005, S. 106). Nach Rodeck, Meerwein und Mahnke (2002, S. 33) ist es wichtig, die Belastung der Augen bei sehr ausgeprägten oder äußerst zarten Helligkeitsnuancen zu berücksichtigen, da das Sinnesorgan darauf mit Ermüdung reagiert.
Die Verwendung von Farben unterschiedlicher Buntvariationen strahlen Lebhaftigkeit und Kraft aus. Dadurch, dass sie die Aufmerksamkeit auf sich lenken, sind sie für Hervorhebungen geeignet. Um eine gewisse Nuancierung zu erzielen, ist zum Abschwächen Weiß und zur Verstärkung Schwarz unterzumischen (vgl. Nüchterlein, 2004, S. 215). Diese Farbkombinationen sind in Räumen langer Aufenthaltsdauer aus Schutz vor Überbeanspruchung der Sinneswahrnehmung, lediglich auf vereinzelte Akzentuierungen zu beschränken. Zu einer vergleichbaren Reizüberflutung führt auch der zu umgehende Flimmerkontrast. Er entsteht bei dem Einsatz mehrerer starker Farben auf der gleichen Helligkeits- oder Dunkelstufe. Bei längerem Betrachten wird das Auge überreizt. Der Einsatz von Intensitätskontrasten hingegen empfiehlt sich zur Festlegung einer gewissen Rangordnung im Raum. Dadurch dass Farben unterschiedlicher Sättigung verwendet

[15] An dieser Stelle wird auf den „Bunt-Unbunt-Kontrast" (Nüchterlein und Richter, 2008, S. 216) verzichtet, da er die Beteiligung „unbunter Farben" (Rodeck et al., 1998, S. 34) mit einbezieht. Weil diese Farben allerdings in Kinderräumen als ungeeignet eingestuft werden, erübrigt sich somit die Betrachtung des Bunt-Unbunt-Kontrasts.

werden, ist zu beobachten, dass hierbei der jeweils klarere Farbton vor der unreiner gehaltenen Farbe hervortritt (vgl. Rodeck et al., 2002, S. 33ff.).
Eine harmonische Erscheinung schaffen Komplimentärkontraste (vgl. Nüchterlein, 2004, S. 216). Hier werden Farben der größten Unterscheidungsspanne kombiniert. Dadurch kann jeder Farbe nur eine so genannte Gegenfarbe zugeordnet werden (vgl. Rodeck et al., 2002, S. 34). Rot und Grün bewirken auf diese Weise bei ihrem Einsatz bei größeren Einrichtungselementen eine Stimulierung der Kinder, da sie gleichzeitig farblich miteinander sympathisieren und dennoch für Anspannung sorgen (vgl. von der Beek et al., 2007, S. 67).
Trotz der vielen Vorteile durch Akzentuierung und Anregung sollten starke Kontraste vermieden werden. Sie beeinträchtigen die Eintracht und den Gleichklang des Raumes (vgl. Gralle & Port, 2002, S. 62). Durch ihre dominanten Farbzusammensetzungen belasten sie die Wahrnehmung der Kinder und fordern ständig Aufmerksamkeit ein, die den Kindern bei konzentrierten Tätigkeiten fehlt (vgl. Senckel, 2004, S. 61).

8.4 Licht

Das Auge trägt 90 % der Sinneswahrnehmungen an den Menschen heran. Da sowohl der Prozess des Sehens als auch die Lichtverhältnisse die Informationen übermitteln, steht die Funktionsfähigkeit des Auges in direkter Abhängigkeit zum Licht (vgl. Rodeck et al., 2002, S. 41). Daraus lässt sich folgern, dass „Licht und Lichtführung [...] zur Wahrnehmung des Raumes und der Dinge im Raum von entscheidender Bedeutung" (vgl. Mahlke & Schwarte, 1997, S. 90) sind.
Das sichtbare Licht wird von der Haut als Strahlung und vom Auge beim Sehvorgang als Licht wahrgenommen. Von dort aus gelangt es über zwei unterschiedliche Nervenbahnen zum Gehirn. Hierbei wird differenziert zwischen der optischen und der energetischen Sehbahn. Die optische Sehbahn ermöglicht die visuelle Wahrnehmung, während die energetische Sehbahn verantwortlich ist für Stimulation der Zirbeldrüse (Epiphyse) und der Hirnanhangsdrüse (Hypophyse). Die beiden Drüsen sind zuständig für die Regulation der Körperchemie durch Hormonproduktion und -freigabe. Auf diesem Wege entfaltet das Licht seinen Einfluss auf den biologischen Rhythmus (circardiane Periodik) des Individuums, bei welchem nach 24-Stunden (Tag-Nacht-Zyklus) eine Wiederholung eintritt. Dieser Komplex wird durch das Tageslicht synchronisiert und durch das Hormon Melatonin organisiert. Durch die Lichteinstrahlung wird die Herstellung des Hormons gehemmt, während bei Dunkelheit die Melatoninproduktion angeregt wird. Damit erzeugt das Licht je nach vorherrschenden Verhältnissen beim Menschen Müdigkeit oder Aktivität (vgl. Rodeck, et al., 2002, S. 43).

8.4.1 Natürliches Licht

Beim natürlichen Licht handelt es sich um das Sonnenlicht. Dies schließt das sehbare Spektrum elektromagnetischer Strahlung zwischen 380 nm und 780 nm, die benachbarte Ultraviolett- und die Infrarotstrahlung ein. Es ist von essentieller Bedeutung für das menschliche Leben und Wohlbefinden (vgl. Gralle & Port, 2002, S. 56).
Das natürliche Licht nimmt nicht nur Einfluss auf die Psyche der Kinder, indem es Orientierung und Sicherheit bietet, sondern wirkt sich Studien zufolge durch seine unterschiedlichen Lichtfarben und -stärken auch auf Blutdruck, Puls, Atmung, kognitive Leistungsfähigkeit und Stoffwechsel des Menschen aus (vgl. Olds, 2000, S. 187). Speziell das ultraviolette Licht, die Fortsetzung des sichtbaren Lichts unter 400 nm, zeigt positive Auswirkungen auf die Physiologie des Menschen durch Herabsetzung des Puls- und Blutdruckwertes, Variierung der Hauttemperatur, erhöhte Stoffwechselaktivität, Verkürzung der Reaktionsspannen und Robustheit gegenüber Krankheiten. Auch das Infrarotlicht, das oberhalb der 780 nm an das sichtbare Licht angrenzt, schafft durch seine Wärmestrahlung eine Gefäßerweiterung, die sich sowohl auf die Körperwärme als auch auf die physische und mentale Leistung auswirkt (vgl. Rodeck et al., 2002, S. 43).
Eine nicht ausreichende Versorgung mit Licht kann sogar zu einem Mangel an Vitamin D führen, der eine Demineralisierung der Knochen und Zähne, Schwächung des Immunsystems, Stress und Müdigkeit zur Folge haben kann (vgl. Olds, 2000, S. 188). Als weiteres Beispiel für die Folgen von Lichtmangel kann an dieser Stelle die so genannte Winterdepression (Seasonal Affective Disorder, SAD) angeführt werden. SAD äußert sich in depressiven Perioden und tritt vorwiegend in den Wintermonaten der Regionen Nordeuropas auf. Als Gegenmaßnahme wird erfolgreich die Bestrahlung mit künstlichem Tageslicht eingesetzt (vgl. Franz & Vollmert, 2005, S. 112). „Sonnenlicht hat offensichtlich antidepressive Wirkungen" (Hellbrück & Fischer, 1999, S. 205).
Neben dieser psychologischen und physiologischen Bedeutung des Lichts für die Kinder ermöglicht es ihnen durch seine Veränderung im Tages- und Jahresverlauf, die Gegenstände ihrer Umwelt unter ständig wechselnden Bedingungen zu beobachten (vgl. Olds, 2000, S. 189). So verändert sich im Tagesverlauf der Einfallswinkel und die Qualität des Lichts und wirkt sich entsprechend auf die Farbwahrnehmung aus (vgl. Rodeck, et al., 2002, S. 38). Als Folge des variierenden Einfallswinkels ändert sich auch der Schattenwurf (vgl. Franz & Vollmert, 2005, S. 111). Um hierbei einer zu heftigen Lichtdifferenz vorzubeugen, ist eine Abstimmung von Raumgeometrie und Fensteröffnungen nötig (vgl. Gralle & Port, 2002, S. 58). Neben dem Einfallswinkel ändert sich auch die Farbe des Lichts. Dieses Phänomen der Veränderung der Lichtfarbe während des Verlaufs eines Tages, eines Jahres und in Abhängigkeit von der Geographie lässt sich dahingehend erklären, dass die Eigenfarbe des Lichts stets abhängig ist von der Reflexion und Brechung des Lichts in der Erdatmosphäre (vgl. Rodeck et al., 2002, S. 43).
Neben der Sensibilisierung der Kinder für das Zeitempfinden fördert das natürliche Licht durch die Modellierung der Objekte auch die volle Spanne der Sinneswahrnehmungen. Das Sonnenlicht lässt beispielsweise Flächigkeit und Plastizität heraustreten, was gleich-

bleibende künstliche Ausleuchtung nicht vermag (vgl. von der Beek et al., 2007, S. 60). Diese gesamten Vorzüge des natürlichen Lichtes gilt es, in der Einrichtung weitestgehend zu nutzen. Dabei stehen die qualitativen Eigenschaften des einfallenden Tageslichts in den Raum in Abhängigkeit von der Größe und der Ausrichtung der Raumöffnungen (vgl. Rodeck et al., 2002, S. 38). Für den Gruppenraum als Hauptaufenthaltsort wird daher eine Südorientierung der Öffnungen empfohlen, da diese das beste Licht liefern (vgl. Olds, 2000, S. 198), während die WC- und Waschräume nach Norden auszurichten sind.
Die Lichtführung durch Fenster und Türen kann im Raum sowohl durch die natürliche Varianz des Lichtes als auch durch andere Maßnahmen (zum Beispiel Abdunklung) unterschiedliche Stimmungen schaffen. Dies kann zur Raumgliederung dienen und bei adäquater Beleuchtung der einzelnen Funktionsbereiche die jeweiligen Bedürfnisse befriedigen (zum Beispiel Aktivität, Bewegung verlangt eher helle Bereiche, Ruhe und Rückzug eher dunklere Zonen). So empfiehlt Schönrade (2000, S. 104ff.) gerade gestalterische und experimentelle Tätigkeiten in geringer Distanz zu natürlichen Lichtquellen wie Fenstern ausführen zu lassen, weil das Sonnenlicht auch die Farben und Materialien am brillantesten wiedergibt. Diese Untergliederung des Gruppenraumes ist durch zusätzliche Maßnahmen zu gewährleisten. Im Sinne eines differenzierten Einsatzes des Lichtes sollte daher eine einheitliche Ausleuchtung vermieden werden. Zu große Fensterflächen sind zu untergliedern (vgl. Mahlke & Schwarte, 1997, S. 90), außerdem empfiehlt sich der Einsatz von Fenstern unterschiedlicher Größe, eine Berücksichtigung von Vorsprüngen und Ausbuchtungen in der Grundrissplanung (vgl. Walden & Schmitz, 1999, S. 90) sowie die Nutzung flexibler Abdunklungsmöglichkeiten.[16] So kann der Einbau von Dachfenstern im Unterschied zu Seitenfenstern gewisse Zonen stark mit Licht versorgen (pools of light), diese herausheben und abgrenzen. Verdunklungsmöglichkeiten hingegen können in Form von Rollos, Jalousien, Rollläden und Gardinen nicht nur gegen Blendung (Kap. 8.4.4) und Blicke von außen schützen, sondern auch zur abschnittsweisen Herabsetzung der Helligkeit bestimmter Bereiche (zum Beispiel Ruheräume) dienen. Sind diese auch durch die Kinder eigenständig zur Befriedigung ihrer jeweiligen Bedürfnisse nach Licht oder Abdunklung zu bedienen, unterstützen sie zusätzlich die Selbstständigkeit und die Aneignung des Raumes (vgl. Olds, 2000, S. 188, 205f.). Da die meisten Innenrollos allerdings die ständige Betätigung durch Kinderhände nicht allzu lange aushalten, haben sich Außenrollos bewährt. Der im Vergleich höhere Anschaffungspreis wird hierbei durch eine längere Lebensdauer ausgeglichen. Auch das Anbringen von verschiebbaren Holzpaletten, die durch eine Ober- und Unterschiene bewegt werden können, sind zur flexiblen Abdunklung denkbar. Notwendige Stoppvorrichtungen sollten hierbei zur Sicherheit der Kinder vor Klemmverletzungen gesichert werden (vgl. Bendt & Erler, 2010, S. 18f.). Als

[16] Einer Umfrage von Gralle und Port (2002, S. 56) zufolge, empfinden 62 % der Befragten ihre Kindertagesstätte genügend beleuchtet oder zu hell. 56 % der Erzieher/innen beklagten die mangelnden Verdunklungsmöglichkeiten.

weitere Maßnahme gegen eine zu starke Sonneneinstrahlung weisen Mahlke und Schwarte (1997, S. 91) auf bunte Glasscheiben der Fenster hin, die durch entstehende Farbmuster den Raum gleichzeitig beleben.

8.4.2 Raumöffnungen

Die Raumöffnungen eines Gebäudes stellen die Tore zur Seele eines Gebäudes dar. Sie bestimmen in Abhängigkeit von der Hauptorientierung des Gebäudes durch ihre Anzahl und Ausrichtung die herrschenden Lichtverhältnisse eines Raumes (vgl. Olds, 2000, S. 197). Daher werden die Raumöffnungen nachfolgend sowohl im Hinblick auf ihre Einflussnahme auf die Lichtverhältnisse als auch hinsichtlich ihrer weiteren Bedeutung für die Kinder näher betrachtet.
Die so genannten Raumöffnungen treten in Form von Türen und Fenstern auf. Sie stellen die Möglichkeit dar, in den Raum einzudringen und ihn zu verlassen. Durch sie können Informationen über den Zusammenhang zwischen Innen- und Außenleben des Raumes bezogen werden. Dieses Außenleben umfasst sowohl die äußere Umwelt als auch die benachbarten Räume. Besonders die Verbindung mit der natürlichen Umgebung der Kita sollte im Idealfall in jeder Räumlichkeit durch solche Öffnungen gewährleistet sein. Die Kinder haben auf diese Weise die Möglichkeit, den Eltern nachzuschauen, den Lauf der Sonne zu verfolgen und die übrigen Erscheinungen der natürlichen Außenwelt (zum Beispiel Licht, Luft, Wetter, Tiere und Pflanzen) zu erleben (vgl. ebd.). Die entstehenden angenehmen Aussichten und die gefühlsmäßige Zusammengehörigkeit mit der Natur werden durch die Rechtfertigung der Raumöffnungen von Seiten der Wahrnehmungspsychologie ergänzt. Aus wahrnehmungspsychologischer Sicht symbolisieren Türen und Fenster eine potenzielle Fluchtoption, die Sicherheit gibt. Durch eine ausreichende Anzahl an Raumöffnungen kann demzufolge in der Kindertagesstätte durch die bestehende Möglichkeit des „Entkommens“ auch dem kindlichen Bedürfnis nach Sicherheit Rechnung getragen werden. Die vorhandenen Raumöffnungen (Fenster, Ein- und Ausgänge) sollten allerdings nicht durch dominierende Fensterdekoration oder die Farbgebung der Wände ihrer Funktion beraubt werden (vgl. Franz & Vollmert, 2005, S. 13f.; vgl. Nüchterlein und Richter, 2008, S. 219). Besonders die Eingangstür wirkt durch Plakate und Aushänge oft verschlossen und wirkt somit beängstigend auf die Kinder. Eingebaute Glasflächen oder Sichtfenster in Kindhöhe und ein zusätzlich kindgerechter Türgriff erleichtern hierbei das Eintreten. Allerdings ist auf Grund der unfreundlichen, kühlen Wirkung auf völlig verglaste Türen und Metalltüren zu verzichten. Im Gegenzug erweisen sich Holztüren als einladend (vgl. Franz & Henneberg, 2005, S. 21; vgl. Olds, 2000, S. 207).
Für Innentüren werden trotz der akustischen Nachteile oftmals Schiebetüren empfohlen. Sie sparen Platz und ermöglichen eine flexible Raumausweitung. Allgemein sollten die Türen im Sinne der Förderung ihrer Selbstständigkeit durch die Kinder eigenständig zu

öffnen und zu schließen sein.[17] Schutz- und Klemmdichtungen im Anschlagbereich können dabei Verletzungen vorbeugen (vgl. Gralle & Port, 2002, S. 31). Des Weiteren müssen Türen zu Räumen so angeordnet sein, dass durch Aufschlagen der Türflügel keine Gefährdung für die Nutzer entsteht. Insbesondere in Fluren, Eingangshallen und Räumen für Bewegungserziehung ist es daher empfehlenswert, wenn „die Türen in die Räume aufschlagen, Türen zurückgesetzt in Nischen angeordnet sind, nach außen aufschlagende Türen in der Endstellung, einschließlich Türgriff, maximal 20 cm in den Fluchtweg hineinragen [und] Türen am Ende von Fluren angeordnet sind" (DGU, 2009, S. 19). Bei den Mehrzweckräumen sollten die Türen nach außen aufschlagen und nach innen flächenbündig abschließen. Die für diese Nutzung geeigneten Turnhallenbeschläge bedingen weiter eine Mindesttürstärke von 55 mm, was zusätzlich den Lärmschutz begünstigt (vgl. Gralle & Port, 2002, S. 31).
Die vorhandenen Türen der Einrichtung können durch Verglasung die Lichtverhältnisse verbessern und Transparenz zwischen den einzelnen Räumen schaffen. Jedoch sollte beachtet werden, dass in Berücksichtigung der kindlichen Bedürfnisse nach Alleinsein und Rückzug diese Transparenz in ausgewogenem Verhältnis zu nicht einsichtigen Bereichen auftritt (vgl. von der Beek et al., 2007, S. 62).
Das Thema der Transparenz ist auch bei den Fenstern nach außen und den Innenfenstern mit Vorsicht zu behandeln. Eine wohlüberlegte Transparenz gilt zwar als wichtiger Aspekt in der Förderung der sozialen Interaktion, darf im Gegenzug allerdings die Kinder in ihrem Bedürfnis nach Privatsphäre und Ruhe nicht stören. In diesem Zuge können durch Verglasung von Außenwänden, Guckfenster, Lichtbänder, Glasbausteine, Durchblicke in Hochebenen, offene Regale und teilweise durchsichtige Stoffbahnen Einsichten und Eintritt der Außenwelt ermöglicht werden, ohne ein völliges Kontrollempfinden zu erzeugen. Hierbei wird eine beidseitige Transparenz angestrebt, da aus der Beteiligung an betrachteten Aktivitäten anderer Menschen Neugier und (sprachliche) Interaktion entsteht (vgl. Franz & Vollmert, 2005, S. 37). Bei den Waschräumen kann durch eine größere Scheibe Sichtkontakt zur Gruppe gehalten werden, was eher ängstlichen Kinder mehr Sicherheit vermittelt (vgl. Gralle & Port, 2002, S. 39), während bei großen Sichtfenstern zur Küche durch die Anteilnahme an dem Geschehen hinter der Glasfläche zahlreiche Lernprozesse bedingt werden können. Bei den Fenstern zur natürlichen Außenwelt sind allerdings große Glasflächen zu vermeiden, da sie den Kindern keine Geborgenheit vermitteln können (vgl. Olds, 2000, S. 198, 200f.). Hier kommen besonders Sprossenfenster den kindlichen Bedürfnissen entgegen. Sie „haben für Kinder den Vorteil, dass sie das, was draußen zu sehen ist, „addiert" sehen und sich zusammensetzen, gestalterisch zurechtrücken können" (Mahlke & Schwarte, 1997, S. 90). Des Weiteren werden die Kinder durch die Geschehnisse außerhalb weder vom Schlafen, Spielen oder anderen Beschäftigungen abgelenkt.

[17] „Schwergewichtige Türen, zum Beispiel Rauch- und Brandschutztüren in Verkehrswegen und Treppenräumen, können diese Vorgaben erfüllen, wenn sie zum Beispiel mit Magnethalterungen offen gehalten und mit einer Selbstschließfunktion ausgestattet sind" (DGU, 2009, S. 19).

Solange die Gliederung der Sprossenfenster nicht zu klein gewählt wurde und keine „Gefängniswirkung" (Walden & Schmitz, 1999, S. 91) hervorruft, steigern sie zusätzlich das Gefühl der Geborgenheit (vgl. ebd; vgl. Olds, 2000, S. 201).
Während Innenfenster der Kita besonders dunkle Innenräume mit natürlichem Licht von außen versorgen können[18] und durch die Verbindungen der einzelnen Räume Zusammenhänge stiften, stellen die Außenfenster die Hauptversorgung mit natürlichem Licht dar und können ebenso weiter in den Alltag der Kita integriert werden.
Nach Alexander, Ishikawa und Silverstein (1977) erlangt ein Raum Gemütlichkeit, indem ein Platz am Fenster im Licht zur Verfügung steht, dessen Nähe wir sehr gerne aufsuchen. Daher ist es in der Kita wichtig, diese Fensterplätze so attraktiv wie möglich zu gestalten, um den positiven Einfluss des Lichts auf den Organismus der Kinder bestmöglich auszunutzen. Funktionsbedingt sollten die Fenster auf Kinderhöhe angebracht sein, damit die Kinder möglichst viel natürliches Licht erfahren und auch hinausschauen können. Bietet sich dabei kein allzu erfreulicher Ausblick, sollte dieser beispielsweise durch Pflanzen, Reben oder Anziehungspunkte von außen aufgewertet werden (vgl. Olds, 2000, S. 198f.). Um die Fensterplätze zu einem beliebten Aufenthaltsort mit Bezug zur Außenwelt zu gestalten, werden zusätzlich tiefliegende Fensterbrüstungen empfohlen. Sie vereinfachen den Kindern die Bezugnahme zur Außenwelt, bieten durch ihre erhöhte Position eine Veränderung der Perspektive und vermeiden einen Schattenwurf auf den Fußboden. Diese Brüstungen sollten aus Sicherheitsgründen niedriger als 60 cm liegen (vgl. Gralle & Port, 2002, S. 58). Von der Beek, Buck und Rufenach (2007, S. 61) sprechen sich ohnehin im Sinne des kindlichen Maßstabs für niedrige Brüstungen aus. Diese ermöglichen durch die bessere Erreichbarkeit die eigenständige Nutzung durch die Kinder. Die Fensterbänke sollen für die Kinder ebenfalls zugänglich sein, indem Dekorationsgegenstände vermieden und so weder Platz noch Sicht versperrt werden (vgl. Franz & Henneberg, 2005, S. 21). Wenn das Fensterbrett aus Holz oder mit Teppich bezogen ist, bietet es zusätzlich einen warmen, gemütlichen Sitzplatz, der zum Treffen mit anderen Kindern oder zur Betrachtung der Außenwelt einlädt (vgl. Franz & Vollmert, 2005, S. 38).

8.4.3 Künstliche Beleuchtung

Durch den Tages- und Jahresrhythmus ist es allerdings nicht immer möglich, die Räume der Kita ausschließlich durch natürliches Licht zu beleuchten. Daher muss besonders in der Dämmer- und Winterzeit auf künstliche Beleuchtung zurückgegriffen werden (vgl. Walden & Schmitz, 1999, S. 93). Künstlich geschaffenes Licht weist im Gegensatz zum

[18] In diesem Zusammenhang schaffen so genannte Lichtbände (Innenfenster die bandartig im Oberbereich der Wand eingelassen werden) einen günstigen Lichteinfall und sorgen für Helligkeit in lichtarmen Räumlichkeiten, während die Farbgebung der Wände bewahrt wird (vgl. von der Beek et al., 2001, S. 62).

natürlichen Sonnenlicht eine Konstanz der Beleuchtung auf und nimmt daher im Normalzustand keine Rhythmisierung des Tages oder Jahres vor. Bei künstlichen Lichtquellen sind Qualitätsschwächen hinsichtlich der Farbabbildung des ganzen Spektrums zu beobachten. Daher erweist es sich als äußerst fraglich, ob künstliche Lichtquellen natürliches Licht ersetzen können. Die divergierenden Komponenten und das Fehlen eines entsprechenden Ultraviolettanteils sprechen dagegen (vgl. Rodeck et al., 2002, S. 41ff.). Untersuchungen haben ergeben, dass gerade dieses mangelnde Spektrum künstlicher Beleuchtung in Form von Glühlampen und Neonröhren als der Auslöser für Kopfschmerzen, SAD, Lerndefiziten u.a. angesehen werden kann (vgl. Ott, 1973, zitiert nach Olds, 2000, S. 189). Inadäquate Beleuchtung ist bei Kindern mit den Folgen einer Unterernährung vergleichbar (vgl. Olds, 2000, S. 189). Eine dauerhafte künstliche Beleuchtung kann bei ihnen durch das Ausschütten des Stresshormons Cortisol und anspannungsgleiche Anhäufung von dem adrenocorticotropen Hormon (ACTH) zusätzlich Hyperaktivität bedingen (vgl. Rodeck et al., 2002, S. 41ff.). Folglich ist einfach hell keinesfalls vorteilhaft. So ist in Anlehnung an Franz und Vollmert (2005, S. 111) weiterzuführen, dass auch bei künstlicher Beleuchtung Licht- und Schattenzonen benötigt werden. Dies begünstigt das dreidimensionale Wahrnehmen, ermöglicht Akzentuierungen sowie optische Variationen.

Gemäß der DIN 5035-4 (Innenraumbeleuchtung mit künstlichem Licht; Spezielle Empfehlungen für die Beleuchtung von Unterrichtsstätten) wird für Vorschulräume eine Beleuchtungsstärke von 300 lx[19] befürwortet (vgl. Deutsches Institut für Normung, 1983). Im Hinblick auf die Beleuchtung von Gruppenräumen ist es von Vorteil, sich an der Vorgabe der DIN 5035-2 (Angewandte Lichttechnik) zu orientieren, die für Spielzimmer 200 lx und für Bastelräume 300 lx veranschlagen (vgl. ebd., 1990).

Die entsprechenden Messungen werden auf einer Höhe von 0,85 m über der Bodenfläche durchgeführt (vgl. Rodeck et al., 2002, S. 39).

Auch die Lichtfarbe sollte in unterschiedlichen Tönen vorliegen und auf diese Art und Weise dem natürlichen Licht möglichst ähnlich sein (vgl. Olds, 2000, S. 189f.). Man unterscheidet zwischen „warmweiß (ww) mit einer Farbtemperatur bis 3300 K[20], neutralweiß (nw) mit einer Farbtemperatur von 3300 K bis 5300 K und tageslichtweiß (tw) mit einer Farbtemperatur größer 5300 K“ (Hentschel, 2002, S. 281). Die Farb- und Materialwahl sollte unter der beabsichtigten Beleuchtung gewählt werden (vgl. Rodeck et al., 2002, S. 41). Grundsätzlich lässt sich in Anlehnung an Hentschel (2002, S. 281) sagen, dass warmweiße Lichtfarbe bei erwünschter warmer Farbwiedergabe bei schwacher Beleuchtungsstärke eingesetzt wird, wohingegen durch die Einbindung von tageslichtweißer

[19] Lux [lx] ist die Maßeinheit der Beleuchtungsstärke. „Die Beleuchtungsstärke ist das Maß für das Licht, das auf eine Fläche oder einen Körper im Raum trifft. Es ist ein Maß für den Helligkeitseindruck“ (Rodeck et al., 2002, S. 39).

[20] Kelvin [K] bezeichnet die Maßeinheit der Lichtfarbe (vgl. Rodeck et al., 2002, S. 41).

Lichtfarbe auf hohem Beleuchtungsniveau der Eindruck von natürlichem Licht erzielt werden kann.
Bezüglich der Wirkung der unterschiedlichen Lichtfarben lässt sich weiter anführen, dass warmtöniges Licht in schwacher Beleuchtungsstärke Behagen vermittelt, während kühltoniges Licht in stärkerer Beleuchtungsstärke Aktivierung erzeugt (vgl. Franz & Vollmert, 2005, S. 114f.), die allerdings ebenso zum Wohlbefinden der Kinder beigetragen kann (vgl. von der Beek et al., 2007, S. 63).
Die DIN 5035 - 4[21] (Innenraumbeleuchtung mit künstlichem Licht) sieht hier für Räume der Kita eine Lichtfarbe von warmweiß bis neutralweiß vor (vgl. Deutsches Institut für Normung, 1983).
Neben dem Einfluss auf das menschliche Empfinden ändert sich durch die Farbe des Lichts auch die Wahrnehmung der Farbgebung. So ist zu beachten, dass Farbmischungen, die Blautöne enthalten, unter dem Licht einer Glühlampe oft grauer erscheinen als bei natürlichem Licht (Franz & Vollmert, 2005, S. 114). Bei der Bewertung der Farb-Wiedergabe-Eigenschaft reicht die Rangfolge von 1A (100-90 %), 1B (90-80 %), 2A (80-70 %), 2B (70-60 %), 3 (60-40 %) bis 4 (40-20 %) (Rodeck, et al., 2002, S. 41). Während DIN 5035-4 (Innenraumbeleuchtung mit künstlichem Licht; Spezielle Empfehlungen für die Beleuchtung von Unterrichtsstätten) eine gute Farbwiedergabeeigenschaft der Beleuchtung bei Stufe 2 erzeugt (vgl. Deutsches Institut für Normung, 1983), verlangt die Fördergemeinschaft „Gutes Licht" für Kindertagesstätten eine sehr gute Farbwiedergabeeigenschaft der Stufe 1A. Die Begründung liefert hierbei der hohe Stellenwert, den Farbe im Leben der Kinder einnimmt (vgl. Gralle & Port, 2002, S. 57).
Aus diesen Ausführungen ergibt sich besonders für Tageseinrichtungen der Einsatz von möglichst Tageslicht getreuen Lampen wie den Tageslichtröhren, die im Interesse der Kinder der Varianz des natürlichen Lichtes besonders ähnlich sind (vgl. Olds, 2000, S. 189). Im Gegenzug ist auf Leuchtstoffröhren zu verzichten. Ihr „Licht [...] entkleidet die Gegenstände ihrer Schatten. Auch Menschen werden in diesem Licht schattenlos, sie werden ausgeleuchtet, [...], und büßen ihre Plastizität [...] ein" (Mahlke & Schwarte, 1997, S. 90). Die Menschen wirken unter dieser Beleuchtung oft fahl und die Gegenstände steril, was sie den Kindern entfremdet. Während die Körperhaftigkeit durch den Einsatz verschiedener Lichtquellen hergestellt werden kann, sorgt vor allem warmes Licht für eine wahrheitsgetreue Wiedergabe der Gegenstände (vgl. Mahlke & Schwarte, 1997, S. 90; vgl. Olds, 2000, S. 190). Rodeck, Meerwein und Mahnke (2002, S. 39) warnen davor, aus Energiespargründen die Lichtausbeute zu fokussieren und dabei Qualitätsaussagen wie Farb-Wiedergabe-Eigenschaften zu vernachlässigen. Gerade diese entscheiden nämlich durch warmes oder kühles Licht über die verschiedenen Raumanmutungen. Energiesparlampen sind in diesem Zusammenhang mit Vorsicht einzusetzen. Sie verursachen Ver-

[21] In diesem Fall kann nach Gralle und Port (2002, S. 57) der Abschnitt Unterrichtsräume mit freier Sitzordnung angewendet werden, da in der Kindertagesstätte ebenfalls keine feste Sitzregelung vorherrscht.

änderungen in der Farbwahrnehmung, die teilweise interessant, doch keinesfalls durchweg wohltuend auf den kindlichen Nutzer wirken. Diese Lampen senden nur punktuell Wellen aus dem Spektrum und erzielen trotz der weißen Erscheinungsfarbe starke Veränderungen der Farbwahrnehmung. So kann sich ein orangefarbenes Ocker unter der Beleuchtung der Energiesparlampen zu einem Olivgrün entwickeln (vgl. Franz und Vollmert, 2005, S. 114).
Wenn die Wahl der Lampen getroffen wurde, sollte wie bei der natürlichen Beleuchtung auch die künstliche Beleuchtung bereichsspezifisch eingesetzt werden. Auch hier bieten sich eher schwache Beleuchtungen für ruhige Zonen des Wohlfühlens und stärkere Beleuchtungen für aktive Bereiche mit Anregungscharakter an (vgl. Olds, 2000, S. 190).
Für die gezielte Lichtführung ist die direkte und indirekte Beleuchtung von großer Bedeutung, die wie folgt zustande kommt: Die Produktion des künstlichen Lichts findet in den Lampen statt und wird durch die Leuchten in den Raum geleitet. Diese Lenkung kann auf direktem Weg durch Downlights oder Strahler geschehen oder auf indirektem Weg, indem die Strahlen erst durch Reflexion in die Räumlichkeit gelangen. Während die direkten Beleuchtungen zur klaren Erleuchtung festgelegter Bereiche eingesetzt werden können, zeigt sich das diffuse Licht der indirekten Beleuchtung als eher geeignet für fließendes Übergehen zwischen zwei Wirkungsbereichen. Bei der Lichtgestaltung ist auch der Ausfallswinkel der Leuchten zu beachten. Um beispielsweise einen speziellen Ausstellungsgegenstand der Kinder hervorzuheben, bietet sich zu dieser beabsichtigten punktuellen Akzentuierung ein kleiner Ausfallswinkel an, wohingegen er bei Leuchtmitteln der Basisbeleuchtung an Wand und Decke größer gewählt werden sollte (vgl. Franz & Vollmert, 2005, S. 114f.). Bei dieser Grundbeleuchtung ist die Wandbeleuchtung der Deckenbeleuchtung vorzuziehen. Die Wandbeleuchtung hat den Vorteil, dass sie den Raum mit Licht umgibt, statt ihn von oben auszuleuchten, außerdem lässt sie die Decke offen für andere Einsatzmöglichkeiten (vgl. Olds, 2000, S. 192). Besonders in hohen Räumen verstärkt eine beleuchtete Decke die Ungemütlichkeit des Raumes (vgl. Mahlke & Schwarte, 1997, S. 90), was zu vermeiden ist.
Im Hinblick auf die Anordnung der Lichtquellen ist der Gedanke an die Flexibilität als wesentlicher Aspekt zu nennen. Die Beleuchtung soll dadurch völlig nutzer- sowie situationsorientiert eingesetzt werden (vgl. Gralle & Port, 2002, S. 57), zum Beispiel höhen- und stärkeverstellbare Hänge- und Pendellampen (vgl. Olds, 2000, S. 190). Somit empfiehlt es sich besonders im Gruppenraum, der durch ständige Aktivitätswechsel und damit verbundene Stimmungswechsel gekennzeichnet ist, diese durch individuell anpassbare Beleuchtung zu unterstützen. Dies kann durch entsprechende, auch getrennt aktivierbare Lampenverknüpfungen oder die Dimmerfunktion verwirklicht werden. Bei der grundsätzlichen Beleuchtung des Gruppenraums sollte Blendung (Kap. 8.4.4) durch die direkte Einstrahlung der Lichtquelle vermieden werden, indem auf so genannte Sekundär-Reflektoren zurückgegriffen wird (vgl. Franz & Vollmert, 2005, S. 113).
In den Ruheräumen können Lichtdimmer, Lichtsäulen, Spiegelkugeln und andere Lichtspiele (vgl. Schönrade, 2000, S. 103) sowie Wand- oder Stehlampen (vgl. Franz & Vollmert, 2005, S. 32) für eine gemütliche, gedämpfte Anmutung sorgen. Für Bewegungs-,

Bau-, Spiel- und Kreativitätsförderung wird bei von der Beek, Buck und Rufenach (2007, S. 63f.) eine helle, indirekte Decken- und Wandbeleuchtung befürwortet, die durch Spots erweitert werden kann.
In Räumen, die die Konzentration und aufmerksames Arbeiten fördern sollen, schlagen die soeben genannten Autoren Lampen mit Tageslichtwiedergabe wie Halogen- oder Leuchtstoffstrahler vor, wohingegen in den nicht allzu konzentrationsbezogenen Räumlichkeiten wie dem Essensraum eher Warmton-Leuchten als sinnvoll erachtet werden. Im Essensraum sollte jedem Tisch eine Lampe zukommen, woraus sich für diese Räumlichkeit eine Zusammensetzung aus Wandleuchten und Hängelampen ergibt. Falls Küchenräumlichkeiten vorhanden sind, sind für Arbeitsflächen unter Schränken Unterlichter anzubringen, die das Arbeiten dort erleichtern.
Für die Flure werden Wandlichter empfohlen, die in Wölbungen liegen und damit Platz sparen (vgl. Olds, 2000, S. 193).
WC- und Waschräume sind meist mit leicht zu reinigenden Deckenrasterleuchten ausgestattet, welche durch angenehme Lichtquellen über den Waschbecken ergänzt werden sollten. Damit sich die Kinder auch in diesen Räumlichkeiten wohlfühlen und sich ihrer Körperhygiene widmen können, ist die unangenehme Wirkung von zu starkem Neonlicht durch abgehängte Decken mit Stoff zu begrenzen.
Auch in den Rückzugszonen sollte den Kindern die Möglichkeit offenstehen, die dort angebrachte Beleuchtung wie in den übrigen Bereichen im Sinne der Selbstständigkeit und Aneignung je nach Bedarf eigenständig zu nutzen oder zu löschen (vgl. von der Beek et al., 2007, S. 63f., 166).
Im Hinblick auf die Gebrauchsflexibilität der künstlichen Beleuchtungsmittel sollten elektrische Anschlüsse, Steckdosen und Lichtschalter in ausreichender Anzahl vorhanden sein (vgl. Gralle & Port, 2002, S. 30). Aus Sicherheitsgründen sind die Steckdosen mit Kindersicherungen und elektrischen Dekorationen (zum Beispiel Lichterketten) in Reichweite der Kinder mit Schutzkleinspannung zu versehen, die Lichtschalter in einer für Kinder erreichbaren Höhe anzubringen sowie das direkte Berühren von leitfähigen Teilen (zum Beispiel Beleuchtungskörper im Bereich erhöhter Spielebenen) zu verhindern (vgl. ebd.; vgl. DGU, 2009, S. 23). Diese sollten allerdings nicht wahllos im Raum verteilt sein, sondern in einer sinnvollen Anordnung an jeweiligen Wandabschnitten liegen, damit einerseits die Wand benutzbar bleibt und andererseits den Kindern der sichere Gebrauch vereinfacht wird (vgl. Olds, 2000, S. 194).

8.4.4 Blendung

Als Blendung werden Beschwerden der Sehkraft bezeichnet, die durch Beleuchtungsbedingungen herbeigeführt werden. Eintreffende Lichtstrahlen verursachen hierbei einen Schleier auf der Netzhaut (vgl. Rodeck et al., 2002, S. 42). Man spricht von einer direkten Blendung, wenn die Blendquelle sich im Sichtbereich befindet, während die durch blanke Oberflächen oder deren Anordnung zu der Lichtquelle verursachte Reflexion Re-

flexblendung genannt wird (vgl. Gralle & Port, 2002, S. 56). Zur Schonung der Augen sollten ebenso so genannte Leuchtdichte-Kontraste vermieden werden. Durch die ständig wechselnden Anpassungsprozesse des Auges ermüdet dieses schnell, und es entsteht eine Reduzierung der Sehleistung. Dies ist ebenso der Fall bei zu zart ausgeprägter Kontrastwahl. Hier leidet insbesondere die Qualität der Wahrnehmung von Dreidimensionalität (vgl. Rodeck et al., 2002, S. 42). Neben dieser physiologischen Blendung führen Gralle und Port (2002, S. 56) die psychologische Blendung an, die subjektive Störempfindungen umfasst. Bedenklich sind für die Kinder der Tagesstätte beispielsweise dunkle Flächen in der Nähe von Raumöffnungen, da sie das Interesse auf sich ziehen und damit zu einer ständigen Blickwendung verleiten. Dadurch entsteht die Blendung durch mehrmalige Angleichung an diverse Helligkeitsstufen, was bei den Betrachtern zu Unbehagen führt. Ähnliche Aufmerksamkeitsmagnete, die es wegen des Blendeffekts zu vermeiden gilt, sind helle Flächen ohne weiteren Informationsgehalt.
Da Blendung folglich insgesamt das Wohlergehen der Kinder beeinträchtigt, sind die genannten Erscheinungen zu vermeiden. Daher ist es wichtig, zu starke Sonneneinstrahlung von außen zu vermeiden. Dies kann durch Pflanzen vor den Fenstern, Dachvorsprünge oder tiefe Fensterlage und Verdunklungsmöglichkeiten umgesetzt werden (vgl. Olds, 2000, S. 192). Den Reflexionen kann im Innenraum durch höchstens halbmatte bis seidenmatte Oberflächen und hellen Wänden, die durch einen ausgeprägten Grad an Reflexion den Gesamthelligkeitseindruck steigern, entgegengetreten werden. Das Verhältnis zwischen starken und schwachen Leuchtdichtekontrasten sollte hier ausgeglichen sein, um weder durch Sehbeschwerden der Augen noch durch Einheitlichkeit Ermüdung zu verursachen (vgl. Gralle & Port, 2002, S. 57). Bei der Wahl der Beleuchtung sollte im Hinblick auf die Blendgefahr vorwiegend indirekte Beleuchtung zum Einsatz kommen. Hierbei erweisen sich besonders tiefhängende Lampen (zum Beispiel Pendellampen) mit Abschirmungen als blendfrei (vgl. Mahlke & Schwarte, 1997, S. 90).

8.5 Akustik und Lärm

> *„Nicht-Sehen trennt die Menschen von den Dingen. Nicht-Hören trennt den Menschen vom Menschen“* (Kant, Immanuel).

Während im letzten Kapitel gezeigt werden konnte, wie wichtig das Licht für die Kinder ist, wird nun der Fokus auf die Bedeutung der Akustik und des Lärms gerichtet. Die Akustik einer Räumlichkeit gibt Auskunft über dessen Größenverhältnisse, förmliche und materielle Gestalt sowie dessen Nutzer. Durch das Begehen des Bodens kann auf Grund der entstehenden Geräusche zwischen den verschiedenen Belägen unterschieden werden. Die Resonanz erlaubt hingegen Vermutungen über Größe und Höhe, während das herrschende Lautstärkeniveau Mutmaßungen über die Nutzung zulässt. Das Gesamtgefüge dieser Faktoren verleiht jedem Raum seinen ganz individuellen Klang. All diese Wahrnehmungsprozesse laufen gewöhnlich unbewusst ab. Das Bewusstsein schaltet sich erst bei

Missfallen der akustischen Verhältnisse ein. Dies ist der Fall bei schlechten Hörbedingungen durch eine zu laute Atmosphäre oder beim Eindringen ungeahnter Laute in eine stille Atmosphäre (vgl. Franz & Vollmert, 2005, S. 120f.).
Anhand des einleitenden Zitats von Immanuel Kant lässt sich allerdings herausstellen, dass diese informative Funktion des Gehörsinns für den Menschen durch eine soziale und emotionale Funktion ergänzt wird. Dies spiegelt sich nicht nur in der zwischenmenschlichen Kommunikation über das gesprochene Wort wider, sondern zeigt sich ebenso in dem starken Zusammenhang zwischen Fühlen und Hören (vgl. Lange & Stadelmann, 1999, S. 79). Diese ganzheitliche Bedeutung der akustischen Bedingungen für den Menschen und sein Wohlbefinden sowie die allgemein ansteigende Tendenz an Gehörschädigungen bei Mitgliedern von Industrienationen durch zu laute, gesundheitsbedrohliche Geräusche (vgl. Olds, 2000, S. 180), rechtfertigen eine nähere Betrachtung der Akustik der Kinderräume in der Tagesstätte.
Die folgende Übersicht zeigt unterschiedliche Geräuschquellen. Diese verursachen Schwingungen, wodurch Luftdruckschwankungen entstehen, die als Schalldruck bezeichnet werden. Großer Schalldruck wird hierbei als starke Lautstärke empfunden. Das Maß hierfür ist der Schallpegel in Dezibel (dB). Die Darstellung (Tabelle 4) soll bei der Einordnung der im Folgenden auftretenden dB-Werte verschiedene Anhaltspunktspunkte bieten (vgl. http://www.stbg.de/sich_ges/laerm/db_hz1.htm).

Tab. 4: Aufführung verschiedener Geräuschquellen mit entsprechenden dB-Werten (vgl. http://www.stbg.de/sich_ges/laerm/laerm01.htm)[22]

dB-Wert	**Geräuschquelle**
10-20	Leises Waldrauschen
30	Flüstern
40-50	Ventilatoren von Kopierern und Computern
60	Normales Gespräch
70	Vorbeifahrender PKW
90	Vorbeifahrender LKW
100	Kreissäge
130	Düsenjet beim Start

[22] Hier sind die Werte in dB (A) angegeben, weil zusätzlich der Frequenzwert berücksichtigt wird. Hohe Frequenzen und Töne werden als lauter und nicht so angenehm wahrgenommen wie niedrige. Die Proportionalität der Größen lässt bereits bei einer Erhöhung von 5-10 dB (A) in Abhängigkeit zum Frequenzwert den wahrgenommenen Lautstärkepegel verdoppeln (vgl. http://www.stbg.de/sich_ges/laerm/db_hz1.htm).

8.5.1 Auditive Wahrnehmung

Das menschliche Hörorgan besteht aus Außenohr (Ohrmuschel, äußerer Gehörgang), Mittelohr (Gehörknöchelchen) und Innenohr (Cochlea). In der Ohrschnecke oder Cochlea liegt die Basilarmembran, auf der das Cortische Organ sitzt. In diesem Cortischen Organ befinden sich die Reizempfänger der auditiven Stimuli. Diese so genannten Haarzellen sind mit feinen Zilien versehen und liegen als äußere und innere Haarzellen vor. Hierbei verstärken die äußeren Zellen durch ihre höhere Anzahl (30.000) die inneren Zellen (3000) (vgl. Hellbrück & Fischer, 1999, S. 220).
Untersuchungen von Tomatis (1991) ergaben, dass jede menschliche Zelle Schallwellen empfangen kann und der Mensch damit nicht nur mit seinem Gehör akustische Reize aufnimmt, sondern mit seinem gesamten Körper. Dies geschieht sowohl bewusst als auch unbewusst. Da das Gehör eng verbunden ist mit dem Tast-, Geruchs- und Sehsinn, nennt Tomatis ihn „major mechanism of reception and integration of perception" (Olds, 2000, S. 180).
Das Gehör ist im Vergleich zum visuellen Sinnesorgan Auge nicht „blickfeldartig" einschränkbar. Das Gehör empfängt folglich ständig akustische Reize in Form von Schallwellen aus jeder Richtung. Dadurch stellt es auch eine größere Herausforderung dar, dem Gehör den nötigen Schutz zu bieten. Der Zustand dauernder bewusster und unbewusster Empfangs- und Verarbeitungsprozesse von Geräuschen der Umwelt kostet eine Menge psychische Energie. Die eintreffenden Reize müssen gewichtet und ausgewertet werden. Dies ist bei so genannter Dauerbeschallung mit sehr großem Energieaufwand verbunden, woraus bei großer Schallbelastung Leistungs- und Dynamikdefizite resultieren, die eine adäquate Reaktion auf tatsächlich bedeutsame klangliche Informationen erschweren (vgl. Senckel, 2004, S. 62f.).
Da Kindern im Vergleich zu Erwachsenen noch wenig Mittel zur Bewältigung akustisch belastender Situationen zur Verfügung stehen und sie weniger Kontrolle über das Gehörte besitzen (vgl. Olds, 2000, S. 180), reagieren sie Studien zufolge auf akustische Störfaktoren wesentlich sensibler als Erwachsene (vgl. Klatte & Meis & Nocke & Schick, 2004, S. 38).
Dadurch, dass das Gehirn bei der Aufnahme von auditiven Stimuli nach Struktur und Sinn trachtet, benötigt es die so genannte akustische Ordnung. Eine freundlich-harmonische Basis ermöglicht ihm und dem Gehörsinn die erforderliche Ruhe, von der sich interessante Klänge, Geräusche und Stimmimpulse abheben, hervortreten und somit wahrgenommen werden können (vgl. Senckel, 2004, S. 62). So ergibt sich beispielsweise eine gute Sprachverständlichkeit bei einer Überschreitung des Geräuschpegels von wenigstens 10 dB (vgl. Gralle & Port, 2002, S. 52).[23]

[23] Dieser Wert lässt sich relativieren. Spreng (2002, S. 50) berichtet von Studien mit vierjährigen Probanden, die nachweislich eine schwächere Diskriminationsleistung liefern. Hier „benötigt [...] das vierjährige Kind ein Signal im verdeckten Rauschen, das 15 bis 22 dB höher liegt" (Hall & Grose,

8.5.2 Auswirkungen des Lärms

Lärm ist als unerwünschter Schall zu verstehen, der Tätigkeiten hemmen kann (vgl. Franz & Vollmert, 2005, S. 121) und somit auch den Alltag der Kindertagesstätten betrifft. Messungen in Kindertagesstätten in Dänemark haben eine Lärmbelastung von 80-85 dB ergeben, die normalerweise den Einsatz von Gehörschutz verlangt (vgl. Nilsson, 1998, zitiert nach von der Beek et al., 2007, S. 55). Auch in Finnland werden laut einer Studie die „Sprechbelastungen und die Anfälligkeit für Stimmstörungen bei zweihundert Erzieher/innen in fünfundzwanzig Kindertagesstätten" (Sala, Airo, Lain, Olkinuora, Pentii und Suonpää, 1998, zitiert nach von der Beek et al., 2007, S. 55) ebenfalls auf die schlechten akustischen Verhältnisse zurückgeführt (vgl. von der Beek et al., 2007, S. 51). Gralle und Port (2002, S. 52) berichten über eine Umfrage in deutschen Kitas, bei der in 48 % der Kitas die Akustik vor Ort bemängelt wurde. Bei neueren Untersuchungen von Rudow (2004) sind es bereits 50 % der Erzieher/innen, die die akustischen Bedingungen ihrer Einrichtung als belastend empfinden. Bevor im nächsten Kapitel die Maßnahmen zur Verbesserung der akustischen Bedingungen aufgezeigt werden, sollen vorab die Auswirkungen des Lärms beschrieben werden.

Bei den auftretenden Beeinträchtigungen durch den Schall werden aurale und extraaurale Auswirkungen unterschieden. Während sich aurale Folgen auf das Gehör selbst beziehen, sind extraaurale Erscheinungen in anderen Bereichen zu beobachten (vgl. Hellbrück & Fischer, 1999, S. 219).

Gralle und Port (2002, S. 52) weisen daraufhin, dass sich bereits Schalldruckpegel von 60 dB im Wachzustand sowie 30-40 dB im Schlafzustand negativ auf das vegetative Nervensystem auswirken. Diese extraauralen Auswirkungen können erhöhte Pulsfrequenzen und Blutdruckwerte, Erweiterung des Pupillenumfangs sowie Absinken der Köpertemperatur sein. Da jede menschliche Zelle für Schallwellen empfänglich ist, leiden sie folglich auch unter Lärmbelastung und stellen somit eine Gefahr für eine optimale Organ- und Gewebeentwicklung der Kinder dar (vgl. Olds, 2000, S. 180). Fortwährende Lärmbelastungen über 85 dB, die laut der einführenden Darstellung in Tabelle 4 etwa der Lautstärke eines vorbeifahrenden LKWs entsprechen, können eine Minderung der sprachlichen Interaktion, einen Anstieg der Adrenalin- sowie der Stresshormonproduktion (extraaural) oder irreparable Schäden der Hörfähigkeit (aural) zur Folge haben (vgl. Franz & Vollmert, 2005, S. 121). Die entstehenden Hörschäden resultieren aus der Sauerstoffunterversorgung der aktiven Haarzellen bei zu hoher Belastung. Dadurch erschlaffen die Zilien der äußeren Haarzellen, verkleben und führen zum Absterben der ganzen Haarzelle. Dies bedingt die Irreparabilität der Hörschädigung (vgl. Hellbrück & Fischer, 1999, S. 220).

1991, zitiert nach Spreng, 2002, S. 50). Spreng (2002, S. 49f.) schreibt dies nicht vollendeten Reifungsprozessen zu, die als Folge von Lärm durch mangelnde Differenzierung der Merkmalsdetektoren verursacht werden und zu irreversiblen Verzögerungen des Lauterwerbs und damit weiteren kognitiven Entwicklungsprozessen führen.

Im Hinblick auf die Nutzer der Kindertagesstätte sind neben diesen Folgen besonders die ungünstigen Auswirkungen auf die physiologische, motivationale, soziale und kognitive Entwicklung der Kinder bei starker und ständiger Belastung durch den Umweltstressor Lärm zu beachten.
So verändert Lärm als Umwelteinfluss die internalen Aktivierungszustände. Diese geben die jeweiligen physiologischen Erregungsniveaus wieder, die endogen oder exogen bedingt sind. Jeder Tätigkeit wird ein bestmögliches Erregungsniveau zugeschrieben. Sobald dieses nicht erreicht werden kann, zum Beispiel durch die hinderliche Einwirkung des Lärms, sinkt das Leistungspotential. Es lässt sich festhalten, dass dadurch routinierte Aktivitäten weniger lärmanfällig sind (vgl. Klatte, Meis & Schick, 2002, S. 23).
Die Einflüsse des Lärms auf die Leistungsmotivation hingegen sind nach Seligman (1979, zitiert nach Klatte et al., 2002, S. 21) auf die erlernte Hilflosigkeit gegenüber nachteiligen Umwelteinwirkungen, auf die nicht eingewirkt werden kann, zurückzuführen. Daraus resultiert bei den betroffenen Personengruppen passives, desinteressiertes Verhalten und ein schwach ausgeprägtes Vertrauen in Veränderungsoptionen. Durch die mangelnde Umweltkontrolle wird auch die Aneignung erschwert.
Lärm greift des Weiteren nachteilig in die soziale Entwicklung der Kinder ein. So konnten unter Lärmbelastung sowohl ein stärkeres Aggressionspotential als auch eine geringere Hilfsbereitschaft nachgewiesen werden. Hierbei wird nach Studien von Donnerstein & Wilson (1976) die Aggressivität dadurch verstärkt, dass die kindlichen Nutzer wenig Kontrollmöglichkeiten über die akustischen Einflüsse besitzen, was den Kontakt der Kinder untereinander erheblich erschwert. Der negative Einfluss des Lärms auf die Hilfsbereitschaft der Kinder ergibt sich soziopsychologischen Untersuchungen von Korte und Grant (1980) zufolge aus dem Missbehagen, das bei den Individuen produziert wird und die Kinder dadurch in ihren sozialen Kompetenzen hemmt (vgl. Hellbrück & Fischer, 1999, S. 228). Im Sinne des Bedürfnisses der Kinder nach Kontakt mit Anderen und Aneignung durch Umweltkontrolle ergibt sich eine starke Notwendigkeit der Verhinderung von Lärm.
Die Sprachentwicklung des Kindes erweist sich durch ihre motorische Komplexität und Wirkungsdauer besonders anfällig für Lärmstörungen. Die Beeinträchtigung durch den Lärm kommt durch die Überlagerung des Sprachschalls durch den Störschall zustande. Dadurch wird nicht nur der Sprech- und Hörvorgang gehemmt, sondern ebenso der Sprecher und die Sprache selbst (vgl. Spreng, 2002, S. 43f.). In der Zeit des Vorschulalters befinden sich die Kinder in der Entwicklung des phonematischen Hörens. Diese wichtige Erwerbsaufgabe verlangt unbedingt nach einer ungehinderten und unverfälschten sozialen Umwelt (vgl. Gathercole & Baddeley 1993; Walter 1996, zitiert nach Spreng, 2002, S. 47). So zeigt sich auch ein positiver Zusammenhang zwischen dem Abbau von physiologischen Redeflussstörungen in diesem Alter und der Verhinderung von Lärm (vgl. Schulze, 1989; Wirth, 1990; Klicpera & Gasteiger-Klicpera, 1995, zitiert nach Spreng, 2002, S. 47). Im Sinne des Lombard-Effekts, der die Veränderung der Stimme in lauter Umgebung beschreibt, erweist sich ein niedriger Geräuschpegel (35 dB) für die Sprachverständlichkeit als angemessen. Dies ergibt sich aus der Tatsache, dass Kinder

während des Sprachlernprozesses zur Erzielung und Überkompensation der im Umfeld herrschenden Lautstärke neigen und keiner situationsorientierten Modifikation der eigenen Sprechlautstärke fähig sind (vgl. Amazi & Garber, 1982, S. 581ff).
Im Hinblick auf die kognitive Entwicklung wirkt sich der Lärm besonders negativ auf die Aufmerksamkeit und die Gedächtnisleistung der Kinder aus. Da Aufmerksamkeit die Fokussierung auf eine Tätigkeit beschreibt, wird sie durch die ablenkenden Impulse des Lärms gestört. Hierbei erweisen sich neben gleichbleibendem Lärmniveau insbesondere unerwartete und unregelmäßige Lärmbelastungen als starke Störfaktoren (vgl. Hellbrück & Fischer, 1999, S. 224). Die Gedächtnisleistung leidet in Anlehnung an Klatte, Meis & Schick (2004, S. 39) bezüglich temporärer Abspeicherungs- und Verarbeitungsprozesse stark unter schlechten akustischen Bedingungen. Kinder, deren Muttersprache nicht deutsch ist oder deren Sprachentwicklung bereits verzögert ist, stoßen beim Verstehen einzelner Semantikbausteine unter der Lärmbelastung schneller an ihre Leistungsgrenzen. Der so genannte Irrelevant Speech Effect (ISE) tritt vorwiegend bei sprachlichen Hintergrundgeräuschen auf und verursacht bereits in geringer Lautstärke Aufmerksamkeitsstörungen. Er ist unabhängig vom Inhalt des Gesprochenen. Sein Einfluss ist dadurch zu erklären, dass er unmittelbar ins Kurzzeitgedächtnis dringt und sich dort mit den abzuspeichernden Inhalten überschneidet. Der Irrelevant Speech Effect (ISE) lässt sich nicht bewusst beherrschen, da sich keine Gewöhnung einstellt (vgl. Hellbrück, Kuwano & Namba., 1996, S. 239ff.).
Daraus ergibt sich eine weitere Anfälligkeit beim Erwerb der Mutter- oder Fremdsprache, die die Wichtigkeit der akustischen Bedingungen in der Kita betont. Zusätzlich fühlen sich Kinder auch während des Spielens durch unbefriedigende akustische Verhältnisse eingeschränkt (vgl. Klatte, Meis & Schick., 1999, S. 83). Besonders kleinere Kinder, die sich gerade erst in der Kita zurechtfinden müssen, empfinden eine laute Geräuschkulisse als beängstigend (vgl. Franz & Vollmert, 2005, S. 121).
Diese Gesamtheit an Auswirkungen und Belastungen durch schlechte akustische Bedingungen verlangt nach einer harmonischen, akustischen Atmosphäre für die Kita, in der Lärm kontrolliert, absorbiert und zerstreut wird (vgl. Olds, 2000, S. 181). So sieht auch die Arbeitsstättenverordnung (ArbStättV)[24] für vergleichbare Einrichtungen eine Lärmobergrenze von 55 dB (A) vor (vgl. Bundesanstalt für Arbeit, 2000). Um diesen Vorgaben gerecht zu werden und einen störungs- und stressfreien Tagesablauf zu verwirklichen, sind sowohl hinsichtlich der Bauakustik als auch im Hinblick auf die Raumakustik lärmmindernde sowie akustikverbessernde Maßnahmen zu ergreifen.

[24] Diese Gesetzesgrundlage lässt sich hier „sowohl im Interesse der Erzieher/innen als auch für die ungestörte Entwicklung der Kinder" (von der Beek et al., 2002, S. 55) anwenden.

8.5.3 Bauakustische Maßnahmen

Bei bauakustischen Überlegungen zur Verbesserung der Akustik wird zwischen Lärm von außen und Lärm innerhalb eines Gebäudes differenziert (vgl. Gralle & Port, 2002, S. 53). Um akustikverbessernde bzw. schallisolierende Maßnahmen umzusetzen, ist es notwendig, die Schallbewegung ein- und abschätzen zu können. Der Schall verbreitet sich zum einen durch Wellenbewegung in der Luft und wird folglich als Luftschall bezeichnet. Zum anderen verbreiten auch Festkörper den Schall, der dann Körperschall genannt wird. Grundsätzlich ist hierbei zwischen einmaligen Hörerlebnissen und mehrmaligen Hörerlebnissen zu unterscheiden. Während sich einmalige Hörerlebnisse durch eine direkte Schallquelle auszeichnen, treten mehrmalige Hörerlebnisse bei der Reflexion der Schallwellen auf. Über die Intensität des Schalls bestimmt die Reflexions- oder Absorptionsfähigkeit der begrenzenden Flächen. Umso härter ein Material ist, desto höher ist der Reflexionsanteil.[25] Je weicher das Material, desto mehr Schall wird absorbiert. Bezüglich der Oberflächenstruktur gilt außerdem, dass glatte Oberflächen vergleichbar mit Spiegelflächen zur Reflexion der Schallwellen führen, während raue Oberflächenstrukturen die Streuung des Schalls begünstigen (vgl. Franz & Vollmert, 2005, S. 124ff.).
Bevor diese Gesetzmäßigkeiten für bauakustische Maßnahmen heranzuziehen sind, ist bei dem Bau einer Tageseinrichtung für Kinder grundsätzlich auf ein lautes Grundstück zu verzichten. Dies ergibt sich nicht nur aus der Forderung nach angenehmen akustischen Bedingungen im Innenbereich, sondern auch im Hinblick auf den Außenbereich und dessen Nutzung. Die Innenräume sollten gegen das Eindringen des Lärms von außen durch dickes Mauerwerk geschützt werden. Bei dünnen Wandkonstruktionen besteht die Möglichkeit einer nachträglichen Lärmdämmung durch eine zweite Innenwand, wobei hierbei eine Luftschicht zwischen den beiden Wänden verbleiben sollte. Diese bauliche Maßnahme bricht den Schall und verhindert so sein Eindringen in den Raum (vgl. Olds, 2000, S. 181). Im Hinblick auf die so genannte Luftschalldämmung von Außenbauteilen sieht DIN 4109 (Schallschutz im Hochbau) für Unterrichtsräume und vergleichbare Räumlichkeiten ein Schalldämm-Maß[26] der Außenbauteile zwischen 30 dB für Lärmpegelbereich I (Außenlärmpegel bis 55 dB) sowie 50 dB für Lärmpegelbereich VI (Außenlärmpegel bis 76-80 dB) vor (vgl. Deutsches Institut für Normung, 1992). Eine wichtige Rolle spielen bei der Bauakustik, den einführenden Erläuterungen folgend, die verwendeten Baustoffe. So erweisen sich besonders poröse Materialien als geeignet, da sie eine Brechung des Schalls verursachen und damit schallisolierend wirken. In diesem Zusammen-

[25] Ein bekanntes Beispiel für eine solche Reflexion ist das Echo. Diese ausgeprägte Hallform entsteht durch die schallharten Begrenzungswände einer Schlucht und führt so zu einem mehrmaligen Hörerlebnis (vgl. Franz & Vollmert, 2005, S. 122).

[26] „Kennzeichnung der *Luftschalldämmung* von Bauteilen. Bei der Messung zwischen zwei Räumen wird das Schalldämm-Maß aus der *Schallpegeldifferenz D*, der aquivalenten *Absorptionsfläche A* des Empfangsraumes und der *Prüffläche S* des Bauteils bestimmt. R=D + 10 x lg s/A" (Wormuth & Schneider, 2000, S. 219).

hang wird es als sinnvoll erachtet, auch auf schallübertragende Elemente wie Installationsrohre zu verzichten (vgl. Franz & Vollmert, 2005, S. 124ff.).
Bezüglich der Maßnahmen der Bauakustik innerhalb des Gebäudes, sind die akustischen Verhältnisse der einzelnen Räumlichkeiten zu berücksichtigen. Die bereits angeführte DIN 4109 (Schallschutz im Hochbau) fordert hier für betreffende Räume Mindestschalldämm-Maße von trennenden Bauteilen. Empfohlen werden beispielsweise Nebenwegübertragungen durch Luftschall über Luftschächte oder Kanäle (vgl. Deutsches Institut für Normung, 1992). Bereits bei der Grundrissplanung sollte die unterschiedliche Raumnutzung beachtet werden. Räume, deren Nutzung durch die Kinder mit einer hohen Lautstärke verbunden ist, sollten von den Räumen des Rückzugs und der Stille so weit wie möglich entfernt angesiedelt werden (vgl. Franz & Vollmert, 2005, S. 124). Um diese Absicht zu verstärken, sind so genannte akustische Puffer einzuplanen. Hierzu zählen Lagerräume, Garderobe oder Küchenräume, die bei der Planung zwischen den jeweiligen Räumlichkeiten der Kita unterschiedlicher Lautstärkeniveaus angeordnet werden (vgl. Gralle & Port, 2002, S. 52).
Des Weiteren gelten gekrümmte Flächen, runde Grundrisse, tonnenartige Gewölbe oder Kuppeldächer aus akustischer Sicht eher als schwierig, da sie ungewollte Klangveränderungen oder Schallkomprimierungen hervorrufen. Durch strukturierte Oberflächengestaltung kann diesen negativen Auswirkungen entgegengetreten werden (vgl. ebd., S. 55).
Bei der Planung der Fensterflächen eines Raumes der Kita ist zu berücksichtigen, dass jede Unterbrechung der Wandfläche für diese ein Schalldämm-Maß-Verlust bedeutet. Das Ausmaß der Einflussnahme zeigt folgendes Diagramm (Abbildung 3):

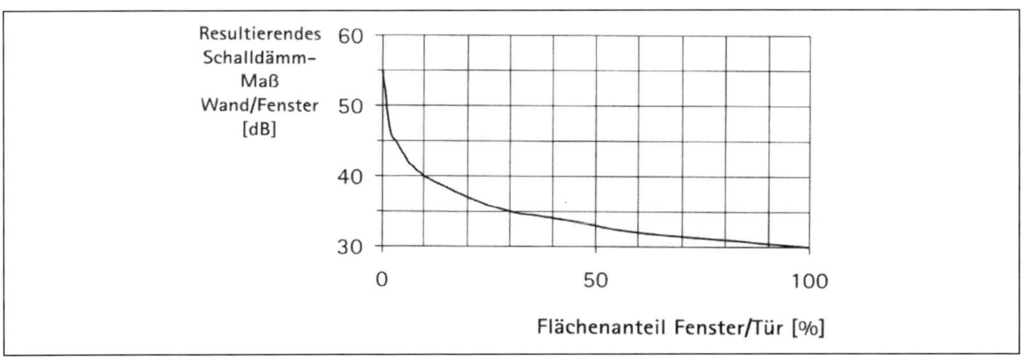

Abb. 3: Zusammenhang zwischen Unterbrechung der Wandfläche und Schalldämm-Maß (Gralle & Port, 2002, S. 54)[27]

[27] Hierbei handelt es sich um eine verputzte, einschalige Wand aus Kalksandstein mit einer Dicke von 24 cm und einem Schalldämm-Maß von 55 dB. Das betreffende Fenster, das in ansteigender Anzahl eingesetzt wird, ist ein Verbundfenster mit einer Einfachscheibe und einer Isolierscheibe (vgl. Gralle & Port, 2002, S. 54).

Dem Diagramm ist zu entnehmen, dass bei einer Wand mit 10 % Anteil an Fenstern eine Verringerung des Schalldämm-Maßes von 40 dB festzustellen ist.
Bei den verwendeten Fenstern und Türen sollte daher auf eine möglichst hohe Schallisolierung geachtet werden. Neben Gummilippen oder Dichtungsbürsten an der unteren Seite kann dies durch umschließende Dichtungen zwischen Flügel und Blendrahmen, Mehrfachverglasung aus Isolierglas (eventuell mit Gasfüllung) oder Einfachgläsern verschiedener Stärke bei möglichst großem Scheibenzwischenraum verwirklicht werden. Gerade Altbaufenster erweisen sich des Öfteren als nicht ausreichend schallisoliert. Hier kann durch Abdichten oder Austausch der Einfachverglasung oder durch Isolierverglasung entgegengewirkt werden. Einen guten Schutz gegen Schall bieten hier auch so genannte Vorsatzfenster, die vor bzw. hinter das bestehende Fenster gesetzt werden. Der so entstehende Schallschutz verhält sich proportional zum Abstand zwischen den beiden Fenstern (vgl. Franz & Vollmert, 2005, S. 124ff.).
Bezüglich der Türen sieht das „Raumbuch Kindertagesstätten der Stadt Frankfurt/Main" ein Schalldämm-Maß von 31 dB vor. Bei der Wahl der Türen sind aus Gründen der Wandschwächung Schiebetüren zu unterlassen (vgl. Gralle & Port, 2002, S. 31).

8.5.4 Raumakustische Maßnahmen

Während sich die Bauakustik mit den akustischen Beeinträchtigungen aus Fremdbereichen beschäftigt, steht im Fokus der Raumakustik die Eindämmung des Schalls in den einzelnen Innenräumen.
Ein wichtiger Aspekt der Raumakustik ist die so genannte Nachhallzeit. Hierbei handelt es sich um eine Größe, die eine Aussage darüber trifft, welche Zeitspanne ein Schallereignis beansprucht, bis es nicht mehr zu hören ist (vgl. Klatte et al., 2004, S. 38). Da diese Zeitspanne T abhängig ist von dem Volumen des Raumes V und der Fläche der Schallabsorption A, ergibt sich daraus die so genannte Sabine'sche Formel $T = 0{,}163\ V/A$ (vgl. Gralle & Port, 2002, S. 54). Da für eine gute Raumakustik eine zufriedenstellende sprachliche Interaktion sehr wichtig ist, gilt der Hörbarkeit oberste Priorität (vgl. Franz & Vollmert, 2005, S. 123). All dies ist nur eingeschränkt möglich, wenn günstige Vorgaben der Nachhallzeit übertroffen werden. Dies führt zu einem langwierigen Abklingvorgang der Sprache. Die Wörter und Silben klingen länger nach und werden überdeckt, wodurch die Verstehensprozesse beeinträchtigt werden (vgl. Klatte et al., 2004, S. 38). Als Folge versuchen die Nutzer der betreffenden Räumlichkeit diesen Missstand oft durch erhöhte Sprechlautstärke zu kompensieren, was allerdings das akustische Raumklima noch verschlechtert. Aus der DIN 18041 (Hörsamkeit in kleinen bis mittelgroßen Räumen) wird eine Nachhallzeit zwischen 0,5 s und 0,8 s als befriedigend angesehen (vgl. Deutsches Institut für Normung, 2004/2005). Um die Nachhallzeit durch raumgestaltende Maßnahmen beeinflussen zu können und ein für die Kinder und Erzieher/innen der Einrichtung befriedigendes Ergebnis der Raumakustik zu erzielen, müssen die Komponenten der Nachhallzeit betrachtet werden. Nach der Sabine'schen Formel bewirken sowohl Verklei-

nerung des Raumvolumens als auch Erhöhung der Absorptionsfläche eine Abnahme der Nachhallzeit.
Um das Raumvolumen zu verringern und damit eine geringere Nachhallzeit zu gewinnen, bietet es sich an, den Raum sowohl horizontal als auch vertikal zu untergliedern (vgl. von der Beek et al., 2007, S. 57). Dabei können gleichzeitig Bereiche unterschiedlicher Lautstärkeniveaus voneinander abgetrennt werden, und es kann somit gegenseitigen Beeinträchtigungen vorgebeugt werden. So sind Ecken ruhiger Beschäftigungen (zum Beispiel Mal- oder Bastelecken) räumlich oder durch Raumteiler[28] in Form von Regalen, Vorhängen oder Raumpflanzen akustisch von Raumabschnitten hoher Aktivität (zum Beispiel Tobezone) zu trennen (vgl. Senckel, 2004, S. 58f.). Neben Länge und Breite des Raumes stellt seine Höhe die dritte Dimension dar.
Der Zusammenhang zwischen der Höhe eines Raumes und Nachhallzeit wird in folgendem Diagramm (Abbildung 4) deutlich.
Das Diagramm[29] lässt erkennen, dass die Nachhallzeit mit steigender Raumhöhe immer länger wird und somit das akustische Raumklima in zunehmendem Maße belastet. Folglich bietet es sich an, die Nachhallzeit herabzusetzen, indem die Deckenhöhe variiert wird. Gerade weil sich die Kinder, die Erzieher/innen und die Möbel weitgehend in Bodennähe befinden, breitet sich der Lärm in den freien 50 % des Raumes oberhalb besonders gut aus, was durch verschiedene Deckenhöhen zu verhindern ist. Die unterschiedlichen

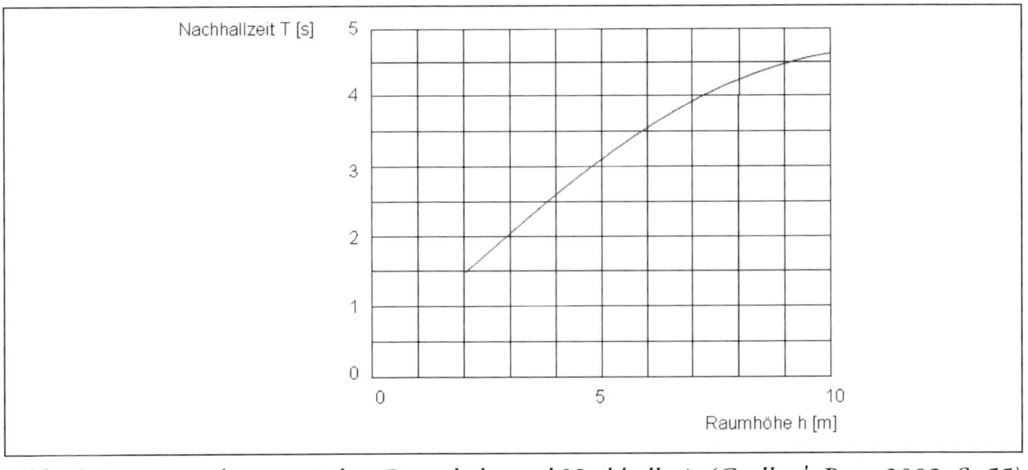

Abb. 4: Zusammenhang zwischen Raumhöhe und Nachhallzeit (Gralle & Port, 2002, S. 55)

---

[28] Hier kann bezüglich der Verringerung der Nachhallzeit die schallbrechende Eigenschaft von frei im Raum stehenden Möbelstücken beachtet werden (vgl. Franz & Vollmert, 2005, S. 125).

[29] Bei diesen Berechnungen wurden nach Gralle & Port (2002, S. 55) Schallabsorptionsgerade üblicher Materialien gemessen. Genannt werden „Linoleumfußboden (0,04), Holzbalkendecke (0,14), verputzte Wände (0,03)", die einen Raum von 50 m² begrenzen und bei den Berechnungen weder besetzt noch mit Raumöffnungen versehen sind.

Raumhöhen sind hierbei den Bedürfnissen der jeweiligen Bereiche anzupassen. Während niedrige Decken eher ruhigere Zonen herstellen und zum Rückzug einladen, schaffen Bereiche mit einer größeren Höhe einen lauteren Eindruck, der sich eher für aktivere Tätigkeiten anbietet (vgl. Olds, 2000, S. 182). Neben der variierenden Deckenhöhe besteht auch die Möglichkeit der vertikalen Untergliederung der Raumhöhe durch den Einbau von Podestlandschaften und zweiten Ebenen, um die Nachhallzeit herabzusetzen (vgl. Franz & Vollmert, 2005, S. 26f.). Ebenso wirksam zeigt sich hier das so genannte gespannte Segel (von der Beek et al., 2007, S. 59). Diese Akustik- oder Absorbersegel können durch das Herabsetzen der Deckenhöhe zu einer deutlichen Verbesserung der Akustik beitragen (vgl. Franz & Vollmert, 2005, S. 126). In den Waschräumen können für solche Maßnahmen Netze oder mehrere farbige Regenschirme benutzt werden (vgl. Lange & Stadelmann, 1999, S. 88).
Hinsichtlich der zweiten Komponente der Nachhallzeit, nämlich der Absorptionsfläche, sind sowohl die Boden-, Wand- und Deckenflächen als auch die materielle Beschaffenheit der restlichen Oberflächen des Raumes zu berücksichtigen. Zugunsten von schalldämpfenden Materialien sind hierbei auf schallharte Oberflächen, wie Glas, Stein oder Beton, zu verzichten (vgl. Franz & Vollmert, 2005, S. 124; von der Beek et al., 2007, S. 56).
Vor allem poröse Materialien (Kap. 8.5.4), wie (Wand-) Teppiche, Polstermöbel, Textilien oder Holz, zeigen eine besonders gute Schallabsorptionsleistung bei hohen Frequenzen, wie sie beispielsweise den Konsonanten der deutschen Sprache eigen sind (vgl. von der Beek et al., 2007, S. 58f.). Eingebaute Holzpodeste brechen folglich nicht nur den Schall (vgl. Gralle & Port, 2002, S. 55), sondern schlucken im unlackierten, offenporigen Zustand einen gewissen Schallanteil. Da auch Textilien zu den porösen Materialien zählen, absorbieren Brüstungen von zweiten Ebenen durch textile Gestaltung ungewünschten Schall. Hinaufführende Treppenstufen sollten in diesem Sinne wie die entstehenden Bodenflächen mit Teppich belegt werden. Kissen, Decken, Tücher und mit Textilien überzogene Schaumstoffwürfel (vgl. von der Beek et al., 2007, S. 59) sowie schwere Vorhänge (vgl. Klatte et al., 2004, S. 40) können auch unabhängig von solchen Holzeinbauten positive Auswirkungen auf die Raumakustik entfalten. So erweisen sich Tischdecken und Sets in den Essräumen als lärmdämpfend (vgl. von der Beek et al., 2007, S. 53).
Hinsichtlich der Raumbegrenzungen ist aus akustischer Sicht zu beachten, dass der Bodenbelag akustisch umso angenehmer wirkt, je weicher der Belag gewählt wird. Hier werden wegen der Geräuschdämmung aus akustischer Sicht Teppich und Kork empfohlen (vgl. von der Beek et al., 2007, S. 56), während Laminat wegen der Knack-Laute akustisch belastender ist (vgl. Franz & Vollmert, 2005, S. 15). Bei der Wandgestaltung sollten neben schallschluckender Wandgestaltung mittels Holz-, Kork- oder Wandteppichverkleidung (vgl. Klatte et al., 2004, S. 40) auch schallabsorbierende Anstriche verwendet werden. Hierfür wird sowohl Grün wegen seiner „beruhigend und lärmdämpfenden Wirkung“ (Franz & Vollmert, 2005, S. 108) als auch eine Wandbeschichtung mit Sajade[30]

[30] „Sajade ist eine aus Baumwolle, Textil-, Holz- und Pflanzenfasern bestehende und mit Zellulose gebundene Masse. Sie wird mit einer Kunststoffkelle nahtlos ca. 1,2 bis 2,5 Millimeter auf Decken und

vorgeschlagen (vgl. von der Beek et al., 2007, S. 56). Hinsichtlich der Decke sind so genannte Akustikdecken einzusetzen. Da die Schallweiterleitung vorrangig über die Decke abläuft, sollte diese in hohem Maße den Schall absorbieren. Hier reicht das Angebot von „Decken mit Akustikputzbeschichtung, Gipskartondecken mit Lochung oder Rasterung, Metalldecken mit Mikroperforation, Lochmetalldecken mit unterschiedlich stark absorbierenden Mineralwolleauflagen bis Mineralwolle- oder Schaumstoffdecken" (Franz & Vollmert, 2005, S. 125). Gerade in den WC- und Waschräumen sind Schallschutzdecken wegen der vielen reflektierenden Flächen (Fliesen, Kacheln, ...) besonders wichtig. Diese können „in Form von Stoff- oder Kunststoffbahnen" (von der Beek et al., 2007, S. 165) auftreten.

Im Zusammenhang mit diesen drei raumbegrenzenden Elementen ist des Weiteren der Trittschall zu erwähnen. Hierbei handelt es sich um eine Unterform des Körperschalls. Der Trittschall entsteht beim Gehen über den Fußboden und breitet sich weiter über Wand- und Deckenflächen aus. Als Schutzmaßnahme gilt beispielsweise der schwimmende Estrich. Dabei wird die Übertragung des Trittschalls auf die Wände verhindert. Bei Bodenbelägen wie Holz oder Laminat wird zur Vorbeugung eine dämpfende Zwischenschicht, beispielsweise aus Dämmfilz, empfohlen (vgl. Franz &Vollmert, 2005, S. 123f.).

Abgesehen von der Nachhallzeit und dem Trittschall gibt es weitere Faktoren, die das akustische Raumklima bestimmen. So nimmt die Bereitstellung von Rückzugszonen den Kindern zusätzlich den Zwang, ständig aktiv zu sein. Dieser selbständig vorgenommene Wechsel der Kinder zwischen Ruhe- und Aktivitätsphasen wirkt sich somit nicht nur positiv auf Selbstständigkeit, Aneignung und das Bedürfnis nach Ruhe aus, sondern entlastet auch die Geräuschkulisse der Kita (vgl. von der Beek et al., 2007, S. 57). Auf der sozialen Ebene kann den Kindern an dieser Stelle ein Bewusstsein vermittelt werden, wie das soziale Miteinander reizfreundlich gestaltet werden kann. Dadurch, dass die Kinder aus Rücksichtnahme auf die anderen Nutzer zur Ruhe gebeten werden, lernen sie, sich an Richtlinien und Bedürfnissen Anderer zu orientieren und ihre akustischen Äußerungen zu steuern (vgl. Senckel, 2004, S. 63f.).

Da Lärm zu den Ausdrucksmöglichkeiten und folglich auch der Kreativitätsentfaltung der Kinder dient (vgl. Klatte et al., 1999, S. 83), ist die Reduzierung als wirkungsvollste Maßnahme gegen akustische Missstände nur eingeschränkt zu verwirklichen. Daher ist es von wesentlicher Bedeutung, zumindest vermeidbare Geräuschquellen zu beseitigen. Eine ruhige Hintergrundmusik beispielsweise, kann in den Ruheräumen und -ecken die friedliche Atmosphäre unterstützen (vgl. Schönrade, 2000, S. 103), während sie in Bereichen aufmerksamer Tätigkeiten zu unterlassen ist. Hier spaltet sie die Konzentration der Kinder und untergräbt damit ihre Aufmerksamkeit (vgl. Senckel, 2004, S. 63). Zusätzlich

Wände aufgetragen. Sajade wirkt wie eine sehr grobe Raufasertapete, bleibt aber dauerhaft elastisch. [...] Sajade wirkt feuchtigkeitsregulierend und wärmedämmend, ist schwer entflammbar, farbecht und ökologisch. Sie absorbiert störende Dröhn- und Hallgeräusche ungewöhnlich gut" (von der Beek et al., 2003, S. 171).

tritt der Irrelevant Speech Effect (ISE) in Kraft (vgl. Jones & Macken, 1993; Klatte & Hellbrück, 1993; Klatte & Kilcher & Hellbrück, 1995, zitiert nach Klatte et al., 2002, S. 33), der wegen der negativen Auswirkungen auf das Kurzzeitgedächtnis der Kinder zu vermeiden ist.
Störende Nebengeräusche können auch durch unangenehme Laute beim Öffnen von Türen, Fenstern oder Schubladen, beim Rücken von Tischen und Stühlen entstehen. Filzunterlagen und Abdichten der entsprechenden Raumöffnungen können Abhilfe schaffen (vgl. Klatte et al., 2004, S. 40).
Während Lärm zu Desorientierung und Unsicherheit führt, vermittelt eine angenehme Klangatmosphäre den Kindern Geborgenheit und Sicherheit. Dies wird beispielsweise durch Windspiele, -räder, Glöckchen und Wasserspiele unterstützt (vgl. Olds, 2000, S. 184).

8.5.5 Klangräume und akustische Nischen

Wie bereits in Kapitel 8.5.1 erwähnt, stehen Sinneseindrücke des Hörens und des Fühlens in einer engen Verbindung zueinander. Dies ist auf die räumliche Nähe des Hörzentrums und des Tastsinns zurückzuführen. Die Verknüpfung der unterschiedlichen Wahrnehmungen ruft bei Kindern eine starke Erregung hervor, die sie in so genannten bespielbaren Klangräumen entfalten können. In diesen speziellen Räumlichkeiten wird den Kindern ermöglicht, eigenständig in die akustische Welt einzutauchen, indem ihnen Instrumente (Trommel, Xylophon, Becken, ...) zur Verfügung stehen, die zum freien Experimentieren einladen, ohne andere Bereiche der Gruppe zu stören (vgl. Olds, 2000, S. 184).
Des Weiteren kann der Umgang mit Glocken und Schellen für Kinder sehr erlebnisintensiv sein. Die akustische sowie optische Variationsvielfalt der Klanginstrumente regt zu spontanen Reaktionen an. Sie verleiten zum Sammeln taktiler und auditiver Wahrnehmung. Das Schlauchtelefon bietet den Kindern die Möglichkeit sich auszutauschen, ohne dass dies von allen anderen gehört werden kann. Teilweise erweist sich auch der Forschungseifer sowie das Bedürfnis nach Interaktion als Motivation, zum Schlauchtelefon zu greifen (vgl. Lange & Stadelmann, 1999, S79ff.). Wenn diese Klangräume mit unterschiedlichen Resonanzbeschlägen wie Holz, Plastik oder Metall ausgestattet sind, wird der Raum selbst zum Instrument (vgl. Olds, 2000, S. 184).
Weiter besteht die Möglichkeit für die Kinder in der Kindertagesstätte eine Gonghöhle einzurichten. Es empfiehlt sich mit Wolldecken, flauschigen Kissen, roten Tüchern und diffusem Licht, einen Höhlencharakter zu gestalten, der die Wirkung des Gongs verstärkt. Die Sensibilität des Gongs und seine entsprechend nuancierten akustischen Reaktionen können die Kinder dabei durch die entstehenden Schwingungen ganzheitlich wahrnehmen (vgl. Lange & Stadelmann, 1999, S,79).
Der Sprachförderung im Elementarbereich kommt eine immer stärkere Bedeutung zu (Kap. 6.1.3). Es besteht zunehmend der Bedarf, ungünstige sprachliche Defizite der Kinder vor dem Schuleintritt abzufangen oder den Zweitspracherwerb einzuleiten. Die Ge-

staltung der Räume sollte dieser Tendenz angepasst werden. Es wird empfohlen, stille Raumabschnitte zur Verfügung zu stellen, in denen eine Auswahl an (Bilder-) Büchern zum Ansehen und Vorlesen vorhanden ist (vgl. Petmecky, 2006, S. 93f.).

8.6 Klima

Die thermischen Bedingungen eines Raumes ergeben sich aus dem Zusammenwirken von Luftqualität, -bewegung sowie -feuchtigkeit und der Kombination mit der herrschenden Temperatur. Das Raumklima kann sich positiv, aber auch negativ, auf das Befinden der Raumbenutzer niederschlagen. Daher wird im Folgenden beschrieben, wie die klimatischen Verhältnisse der Kinderräume auf die Nutzer wirken, und wie sie zu deren Wohlbefinden optimiert werden können.

8.6.1 Luftqualität, -bewegung und -feuchtigkeit

Die Qualität der Raumluft wird durch den Geruchssinn und die Schleimhäute wahrgenommen. Der Grad der Verunreinigung der Luft richtet sich nach der Abweichung von ihrer ursprünglichen Zusammensetzung. Frische Luft besteht zu 99,9 % aus Sauerstoff, Stickstoff, Edelgasen und Wasserdampf. Je stärker der Anteil der restlichen Stoffe wie Gase, Gerüche, Keime, Staub und anderer Partikel hervortritt, umso schlechter ist die Luftqualität (vgl. Hausladen, Liedl, Nowak & Saldanha, 2003, S. 23). Auf eine zufriedenstellende Luftqualität ist in Räumen verstärkt zu achten, da sie nachweislich oft stark mit flüchtigen Substanzen und Schadstoffen[31] verschmutzt ist. Dies ist auf Bauproduktemission, mikrobielle Belastung, Lüftungsweise (vgl. Franz & Vollmert, 2005, S. 116) und den menschlichen Raumnutzer selbst zurückzuführen. Durch die Atmung setzt der Mensch Kohlendioxid und Stickstoff (79 % der menschlichen Atemluft) frei, die neben den zusätzlich abgesonderten Gerüchen, wie Ammoniak, Methan oder Fettsäuren, ebenfalls die Qualität der Raumluft verschlechtern (vgl. Hausladen et al., 2003, S. 24). Die Folgen der negativen Einflussfaktoren zeigen durch schlechte Luftqualität beim menschlichen Organismus Kopfschmerzen, Ausbildung von Überempfindlichkeit, Allergien, Atemwegsbeschwerden und Konzentrationsdefizite. Da die Ablagerung von Partikeln in der Lunge bei Kindern stärker ist als bei Erwachsenen, muss in Räumen, in denen sich Kinder lange aufhalten, wie in denen der Kita, die Luftqualität überwacht und so hoch wie möglich gehalten werden (vgl. Franz & Vollmert, 2005, S. 116). Dazu sollten Materialien, die flüchti-

[31] Es wird unterschieden zwischen biologischen Schadstoffen wie Keimen, Bakterien, Staubmilben und chemischen Schadstoffen, wie die so genannten Wohngifte: Emissionen aus Baustoffen und Einrichtungsgegenständen, Lösungsmittel wie Benzole, Tuluole, Formaldehyd, Asbest usw. (vgl. Franz & Vollmert, 2005, S. 116).

ge Substanzen in die Luft abgeben, wie auf Formaldehyd[32] basierende Farben, Klebstoffe, Teppiche und Pressspanplatten vermieden werden (vgl. Olds, 2000, S. 177). Zur Schadstoffminimierung können Schadstoffabsorber in Form von Vliesstoff auf Schafswollbasis eingesetzt werden. Sie nehmen nicht nur belastende Gerüche auf, sondern können durch ihre Flexibilität parallel zum Beispiel als Informations- oder Ausstellungsfläche benutzt werden (vgl. Franz & Vollmert, 2005, S. 116). Im Hinblick auf die Verbesserung der Luftqualität sollte der Lüftung starke Beachtung geschenkt werden. Eine fortwährende und regulierbare Lufterneuerung (vgl. Gralle und Port, 2002, S. 58) oder Stoßlüftungen von 5-10 Minuten (bei niedrigen Außentemperaturen kürzer) halten die Luft rein. Hierfür bietet sich unter Vermeidung von Zugluft die so genannte Querlüftung an, da die verbrauchte Luft auf der entgegengesetzten Seite der eindringenden entweicht. So kann die Co2-Konzentration reguliert werden, die bei den Nutzern Müdigkeit, Unkonzentriertheit und Lustlosigkeit verursacht (vgl. Franz & Vollmert, 2005, S. 117). Durch das Einströmen von Gerüchen und Geräuschen von draußen wird zusätzlich ein Bezug zur Außenwelt hergestellt, der das Gefühl der Eingeschlossenheit mindert (vgl. Hausladen et al., 2003, S. 3). Feste Richtlinien für das Lüftungsverhalten in Kindertagesstätten liegen lediglich im Bundesland Sachsen vor. Hier ist ein Luftaustausch von 20 m^3/h pro Nutzer vorgesehen. Was allerdings bei einer Gruppengröße von 20-25 Kindern und einem Raumvolumen von 150-200 m^3 den 2 ½-3 ½ -fachen Luftwechsel bedeuten würde (vgl. Gralle & Port, 2002, S. 58). DIN 1946-2 (Wärmetechnisches Verhalten von Bauprodukten und Bauteilen) fordert für vergleichbare Klassensäle einen Mindestaußenluftstrom von 30 m^3/h pro Person (vgl. Deutsches Institut für Normung, 1999).

Da in der Kindertagesstätte die Lüftung über die natürliche Luftzufuhr gewährleistet werden sollte, spielen die Verteilung und das Ausmaß der Fenster und Türen eine wichtige Rolle. Um nach Regeln der Lufttechnik einen ausgewogenen Luftwechsel zwischen alter und neuer Luft zu erzielen, ist auf Kippfenster, die dies nicht erlauben, zu verzichten. Nach GUV 16,4 ist auch von Dreh- und Schwingausführungen abzusehen, da sie Zugluft verursachen und eine potentielle Gefährdung der Kinder darstellen, weil sie in den Bewegungsbereich der Kinder hineinragen. Ebenso sind Schiebefenster wegen der zu großen Gefahren zu vermeiden. Als passende Lösung erweisen sich dreh- und kippbare Fenster oberhalb von 1,50 m, die den Raum mit ausreichend Frischluft versorgen und durch ihre Höhe die Kinder nicht gefährden. Ergänzend ist ein Oberlicht als Kippfenster zweckmäßig (vgl. Gralle & Port, 2002, S. 58).

Da die kindlichen Nutzer gerne an den Fenstern sitzen, gilt es zügige Luftströmungen zu verhindern (vgl. Olds, 2000, S. 174). Hierbei liegt der Grenzwert der Luftbewegung, die den Menschen nicht beeinträchtigen, bei etwa 0,15 m/s (vgl. Hausladen et al., 2003, S. 18). Um diesen Wert nicht zu überschreiten, sind für die Fenster Doppel- oder Dreifachverglasung einzusetzen und ebenso wie bei den Türen auf gründliche Abdichtung und Iso-

[32] Formaldehyd ist ein „farbloses, stechend riechendes, giftiges Gas, […] reizt die Schleimhäute und steht unter Krebsverdacht" (Mehling, 1999, S. 305).

lierung zu achten. Grundsätzlich können eine Vorhalle als Windfang oder eine angemessene Ausrichtung der Raumöffnungen zur vorherrschenden Windrichtung Zugluft eindämmen (vgl. Olds, 2000, S. 174).
Die eigenständige Lüftung durch funktionstüchtige Fenster und Türen stellt den Nutzern eine Möglichkeit zur Verfügung, auf die Luftqualität der Räume Einfluss zu nehmen und sie damit selbstständig ihren Bedürfnissen anzupassen. Daher ist „für das Kontrollempfinden sowohl der Erzieher/innen als auch (unter Aufsicht) der Kinder und die Aufenthaltsqualität [...] eine selbstregulierbare Belüftung von großem Vorteil. [...] Zudem kann die Belüftung auch genutzt werden, um den Kindern physikalische Effekte wie Luftströme in einem Gebäude zu demonstrieren" (Petmecky, 2006, S. 94).
In den Räumlichkeiten, in denen dieser natürliche Weg der Luftzufuhr nicht oder nur unzureichend gewährleistet ist, können Be- und Entlüftungssysteme das Raumklima verbessern. So wird von Erzieher/innen beispielsweise das Problem der Geruchsbelastung in den WC- und Waschräumen sowie den Wickelräumen beschrieben, das durch solche Luftabzugsanlagen behoben werden kann (vgl. Olds, 2000, S. 177). Obwohl Küchengerüche unter Umständen eine „heimische Atmosphäre" (vgl. Dudek, 2001, S. 104) schaffen können, sollte auch hier neben ausreichend Fenstern eine nach draußen führende Abzugshaube vorhanden sein. Bei der Installation dieser Belüftungssysteme sind wegen der Unfallgefahr auf Schutzvorrichtungen zu achten, durch deren Öffnungen keine Kinderfinger passen (vgl. Olds, 2000, S. 177).
Das Raumklima wird des Weiteren durch die Luftfeuchtigkeit bestimmt. Die Aufnahme von Wasserdampf durch die Luft ist abhängig von den Temperaturverhältnissen. Die Aufnahme wird durch höhere Temperaturgrade begünstigt. Bei der daraus resultierenden Luftfeuchtigkeit bewegt sich der für den Menschen geeignete Bereich zwischen 35 % und 65 %, wobei der bestmögliche Wert zwischen 45 % und 55 % liegt (vgl. Hausladen et al., 2003, S. 22). Gerade in der Heizsaison der Wintermonate wird für Kindereinrichtungen ein Wert von 50-55 % als wünschenswert angesehen. Dies hat den ökonomischen Vorteil, dass Raumluft bei solchen Feuchtigkeitsanteilen bereits bei niedrigeren Temperaturen wärmer wirkt und damit Brennstoff eingespart werden kann. Darüber hinaus ist diese angemessene Luftfeuchtigkeit in erster Linie für das Wohlbefinden der Nutzer von großer Bedeutung (vgl. Olds, 2000, S. 174). Zu trockene Luftverhältnisse veranlassen nämlich einen Wasserentzug, der zu Reizungen der Schleimhäute führt. Des Weiteren werden die elektrostatische Aufladung und die Staubentwicklung gefördert (unter 35 %). Die empfundene Luftfeuchtigkeit ist allerdings jahreszeitspezifisch bedingt. Werte, die in den Sommermonaten als schwül erlebt werden, können sich zur Winterzeit als belebend erweisen. Außerdem sollten die Auswirkungen der herrschenden Feuchtigkeitsverhältnisse auf die Geruchswahrnehmung berücksichtigt werden. Während Küchenausdünstungen bei hoher Luftfeuchtigkeit schwächer wahrgenommen werden, treten die Gerüche von Gummi, Farbe und Linoleum unangenehm heraus. Die natürliche Lüftung kann hier in Abhängigkeit zur natürlichen Luftfeuchte den Wert regulieren. Auch Raumpflanzen können in den Kinderräumen das Raumklima durch Befeuchtung der Raumluft verbessern (vgl. Hausladen et al., 2003, S. 22f.). Luftbefeuchtende Maßnahmen mechanischer Art

(Klimaanlage, Luftbefeuchter, ...) sind aus Rücksicht auf die Gesundheit der Kinder und Erzieher/innen allerdings gut zu überlegen. Sie sollten mit guten Filtern sowie schallisolierten Motoren ausgestattet sein (vgl. Olds, 2000, S. 177). Außerdem begünstigen sie bei unzureichender Wartung ebenso wie die einfachen Verfahren des Zimmerbrunnens oder Heizkörperverdunsters die Entstehung von Bakterienherden (vgl. Franz & Vollmert, 2005, S. 118).
Im Gegensatz dazu ist auch eine zu hohe Luftfeuchtigkeit zu vermeiden, da Werte über 70 % im Zusammenhang mit kälteren Flächen begünstigende Voraussetzung für unerwünschte Schimmelentwicklung darstellen. Auch an dieser Stelle sei auf ein regelmäßiges Lüftungsverhalten hingewiesen, da unzureichende Belüftung die Schimmelbildung zusätzlich verstärkt (vgl. Olds, 2000, S. 174).

8.6.2 Temperatur

Die Temperatur in Form von Wärme gehört zu den körperlichen Elementarbedürfnissen des Menschen, da Körperorgane wie das Gehirn nur in einem begrenzten Temperatursektor um 37°C arbeiten. Zu einer thermischen Behaglichkeit darf folglich die Hauttemperatur weder Werte über 37°C noch unter 33°C erreichen. Wärme wird entweder über die Luft oder die Infrarotstrahlung des Lichts auf die Haut transportiert (vgl. Hausladen et al., 2003, S. 15ff.). Dort liegen Thermorezeptoren, die dem Menschen Auskunft über die Außentemperatur geben (vgl. Hellbrück & Fischer, 1999, S. 187). Das so genannte Temperaturzentrum sitzt im Hypothalamus im Mittelhirn. Fällt die Oberflächentemperatur der Haut unter 33°C, beginnt der Mensch zu frieren. Übersteigt diese Temperatur 37°C, reagiert der Körper mit Schwitzen. Diese Überschreitungen können Folgen wie Erkältungssymptome (zu kühl) oder Leistungsabfall (zu warm) haben. Auf das Wärmeempfinden nehmen die bereits beschriebene Luftfeuchtigkeit, die Temperaturzustände der Raumluft und der begrenzenden Raumelemente, Oberflächen- und Innentemperatur des Körpers sowie Kleidung und Tätigkeit der Nutzer Einfluss. Die empfundene Temperatur eines Raumes ergibt sich aus dem Mittelwert zwischen den beiden ersten Faktoren. Besteht zwischen Raumluft und Raumflächen ein starkes Temperaturgefälle, verbreitet diese Situation den Nutzern durch einseitige Entwärmung des menschlichen Körpers, Kaltluftabfall oder Zugerscheinungen Unbehagen. Eine optimale Raumluft- und Oberflächentemperatur der Umschließungsflächen wird im Allgemeinen bei 20°C-22°C[33] gesehen (zur Sommerzeit bis 26°C) (vgl. Hausladen et al., 2003, S. 15ff.). Übersteigen die herrschenden Werte diese Richtlinien zu stark, können sie bei dem Raumnutzer zu psychischen und physischen Leistungsdefiziten, wie Erschöpfung, Konzentrationsschwäche, Motivations- und Kreativitätseinschränkungen führen. Dies gilt es in der Kita, im Hin-

[33] Untersuchungen von Wenzel (1993) haben bei Probanden hinsichtlich der thermischen Behaglichkeit allerdings eine Streubreite von 10°C festgestellt (vgl. Hellbrück & Fischer, 1999, S. 189).

blick auf das Explorationsverhalten und Wohlbefinden der Nutzer, zu vermeiden. „In Bereichen, in denen die Kinder sich entkleiden [...], sollte eine Mindesttemperatur von 24°C nicht unterschritten werden" (DGU, 2009, S. 13).
Da die angestrebte thermische Behaglichkeit in erster Linie durch die Infrarotstrahlung erreicht wird, ist die Ausrichtung der Räume hinsichtlich der Himmelsrichtungen und der Sonnenstände im Jahresverlauf zu beachten. In diesem Sinne bietet sich eine Südausrichtung der Gruppenräumlichkeiten von etwa 15°C an. Zur Winterzeit kann auf diese Weise die Sonneneinstrahlung zum Wärmegewinn genutzt werden (vgl. Gralle & Port, 2002, S. 57), wobei Bäume von außen zusätzlich kalte Winde abhalten. In den Sommermonaten hingegen können die Bäume helfen, abkühlende Winde in die Einrichtung zu lenken (vgl. Olds, 2000, S. 173). Die Sonnenstrahlung dringt bei Südausrichtung des Gebäudes in den Sommermonaten durch den hohen Einfallswinkel nicht allzu tief in die Räume vor und führt daher zu keiner Belastung oder Aufheizung. Gebäudeausrichtungen erweisen sich nach Westen oder Osten als nachteilig. Im ersten Fall führen diffuse Strahlungsverhältnisse zu hohen Raumtemperaturen zur Nachmittagszeit, während nach Osten orientierte Fenster in den Morgenstunden Temperaturspitzen im Innenraum verursachen können. Da der Raum zu dieser Zeit noch ausgekühlt ist, führt das entstehende Temperaturgefälle, wie bereits beschrieben, zu Unbehagen (vgl. Gralle & Port, 2002, S. 57). „Bereiche, in denen durch äußere Einflüsse eine starke Aufheizung erfolgen kann, sind in geeigneter Weise gegen übermäßige Hitzeeinwirkung abzuschirmen" (DGU, 2009, S. 13). Einem Wärmetransport in den Innenbereich kann durch hellen Anstrich der Gebäudefronten sowie ausreichend dickes Mauerwerk entgegengewirkt werden. Im Hinblick auf die Fenster sollten besonders bei ungünstiger Ausrichtung große Glasflächen vermieden werden, und im Hinblick auf zu starke Aufheizung des Raums Sonnenschutzmaßnahmen berücksichtigt werden. Dies trägt nicht nur zum Wohlbefinden der Nutzer bei, sondern spart im Hinblick auf Belüftungsanlagen Energie. So erweisen sich an dieser Stelle neben Sonnensegeln natürliche Beschattungsmaßnahmen, wie Bäume oder Büsche, architektonische Vorkehrungen, wie tiefliegende Fenster oder Dachvorsprünge, als besonders nützlich (vgl. Olds, 2000, S. 174). Bei verglasten Flächen werden „steuerbare, außen liegende Jalousien oder Lamellen"[34] (Gralle & Port, 2002, S. 58) empfohlen. Hier wird die einstrahlende Wärme bereits außen abgehalten. Neben der Verschattung der Glasfläche passen sie sich flexibel an den Sonnenstand an und verhindern durch Hinterlüftung, dass sich die Wärme staut. Bei Markisen und Rollläden kommt es hingegen zum Wärmestau. Allein durch Vorhänge im Innern, ist dies auch nicht zu verhindern. Die Wärmestrahlung tritt zwar nicht unmittelbar in den Raum ein, sammelt sich allerdings zwischen Vorhang und Scheibe.

[34] Die Farbgebung des „Sonnenschutzes" sollte nicht in allzu kräftigen Farben ausfallen, da so durch Reflexionsprozesse die Wahrnehmung der Farben im Innern modifiziert werden kann (vgl. Franz & Vollmert, 2005, S. 120).

Da das menschliche Wärmeempfinden auch von der jeweilig ausgeführten Aktivität abhängig ist und die thermische Behaglichkeit trotz allgemeiner Richtwerte subjektiv unterschiedlich empfunden wird, sollte die Temperatur nicht ständig und überall konstant gehalten werden, sondern an unterschiedlichen Tätigkeiten (zum Beispiel im Ruheraum höhere Temperaturen als im Bewegungs- und Essensraum[35]), dem Alter der Kinder sowie der jeweiligen Tageszeit angepasst werden. Während dies auf natürlichem Wege durch die Lüftung reguliert werden muss, kann dies auf technischem Wege durch die Belüftungssysteme (vgl. Olds, 2000, S. 174) und flexible Temperaturregler zur Beheizung der Kinderräume umgesetzt werden (vgl. Dudek, 2001, S. 129). Diese Nutzeroffenheit ist von großem Wert für das „Kontrollempfinden [...] und die Aufenthaltsqualität" (Petmecky, 2006, S. 94) der Kinder und Erzieher/innen.
Da für die Beheizung der Kindertagesstätte verschwenderische Systeme aus ökologischer Sicht schädlich und pädagogisch unverantwortlich sind, bieten sich neben der direkten Nutzung der Sonnenenergie vor allem ökonomische Verfahren wie die passive Nutzung der Sonnenenergie durch Sonnenkollektoren an (vgl. Olds, 2000, S. 174). Bei elektrischen Heizsystemen ist zwischen Konvektions- und Strahlungswärme zu unterscheiden. Dabei ist die Strahlungswärme der Konvektionswärme vorzuziehen, da sie schon bei schwächeren Temperaturen stärkere Behaglichkeit verbreitet (vgl. Franz & Vollmert, 2005, S. 119) und den Muskeltonus ansteigen lässt (vgl. Olds, 2000, S. 174). Die durch die Konvektionswärme von Heizkörpern entstehenden Luftkreisläufe fallen bei der Strahlungswärme weg. Stattdessen handelt es sich bei der Strahlungswärme um elektromagnetische Strahlung, die aus der Luft durch den Menschen aufgenommen wird und auf diesem Weg auch keine Staubpartikel aufwirbelt. Ein bewehrtes Beispiel dieser Strahlungswärme, die durch so genannte Flächenheizungen erzeugt wird, stellt die Fußbodenheizung dar. Sie bedeutet durch Wegfallen der Heizkörper nicht nur einen Gewinn an Raum für die Kita, sondern kann in wärmeren Jahreszeiten durch Kaltwasser in den Rohren einen Kühleffekt herbeiführen (vgl. Franz & Vollmert, 2005, S. 119). Durch die angenehme Fußwärme liefert sie zusätzlich Gemütlichkeit und Geborgenheit (vgl. Gralle & Port, 2002, S. 36), die vor allem den Boden als Spielbereich attraktiv macht, ohne trockene Luft oder akustische Belastungen zu produzieren. Die Wärme der Fußbodenheizung erreicht die Kinder auf ihrer Höhe, während durch andere Heizsysteme durch aufsteigende Warmluft in Bodennähe kältere Zugluft entstehen kann. Besonders für Wickeltische bietet sich eine beheizbare Liegefläche an, um die Kinder auch in nacktem Zustand warmzuhalten (vgl. Olds, 2000, S. 174).
Der Energiespareffekt alternativer Heizverfahren (zum Beispiel Pelletsheizung, Solarenergie) kann im Zuge der Umweltbildung bei den Kindern durch greifbare Veranschaulichung der Ersparnis, Motivation zu einer rücksichtsvollen Ressourcenhandhabung auslösen (vgl. Petmecky, 2006, S. 94).

[35] „Die Körpertemperatur eines gesättigten Menschen liegt üblicherweise höher als die eines hungrigen. So wird ein satter Mensch früher schwitzen und weniger schnell frieren" (Hausladen et al., 2003, S. 20).

8.7 Einrichtung

Da auch die Einrichtung der Kita als wichtiges Gestaltungselement in eine architekturpsychologische Betrachtung einfließen muss, werden im Folgenden sowohl das verwendete Material als auch die Möbel und Ausstattung der Kinderräume betrachtet.

8.7.1 Material

Dadurch, dass die verwendeten Materialien ganzheitlich, das heißt mit allen Sinnen wahrgenommen werden, haben sie einen bedeutenden Einfluss auf den Charakter der Kita (vgl. Rodeck et al., 2002, S. 48). Sie wirken folglich über ganz unterschiedliche Kanäle auf die Kinder und Erzieher/innen. Indem sie ästhetische Empfindungen transportieren und damit zu einem erheblichen Teil die Raumstimmung beeinflussen, können sie die Akzeptanz der Räume unterstützen (vgl. Gralle & Port, 2002, S. 29). Hierbei kommt der Wohlfühlfaktor der Wertigkeit zum Tragen. Die Wertigkeit der Materialien eines Raumes geht durch bewusste und unbewusste Wahrnehmungsprozesse auf dessen Nutzer über (vgl. Vollmert, 2005, S. 12).
Als Grundvoraussetzung sollte in erster Linie die ökologische und gesundheitliche Unbedenklichkeit des eingesetzten Materials gelten. Durch Aufgreifen ökonomischer Prinzipien (zum Beispiel Reparatur oder Aufarbeitung von Materialien) kann bei geeignetem Materialeinsatz in der Kita zusätzlich ein Beitrag zur Umweltbildung der Kinder geleistet werden (vgl. Gralle & Port, 2002, S. 29). Auch der Reinigungsaspekt ist von großer Bedeutung und sollte berücksichtigt werden (vgl. Olds, 2000, S. 232).
Während Plastik die taktile Wahrnehmung vernachlässigt und mangels Anreizen die Kreativität behindert (vgl. Barz, 1984, S. 53), wird das Naturmaterial Holz auf Grund zahlreicher Argumente als erste Wahl bezeichnet. Dies ist auf seine Natürlich-, Ursprünglich-, Lebendigkeit und Wärme zurückzuführen. Für den Einsatz sprechen ebenso der beobachtbare Alterungsprozess und seine Flexibilität. Die flexiblen Einsatzmöglichkeiten zeigen sich sowohl in den unterschiedlichen Bereichen (im Innen- und Außenbereich) als auch bei der Größe der zu gestaltenden Fläche (vgl. Voermanek, 2006, S. 52). Mahlke und Schwarte (1997, S. 95) empfehlen für eingebaute Elemente vor allem Kiefer-, Fichte- und Lärchenholz. Weichhölzer eignen sich besonders wegen ihrer leichteren Bearbeitung, der ausgeprägten Maserung und starken Eigenfarbe. Leider müssen die Naturhölzer in der Praxis der Kita oft aus hygienischen und wirtschaftlichen Gründen den steril anmutenden, klar lackierten Spanplatten mit Holzfurnieren weichen. Dabei vermitteln den Kindern gerade die heimischen Hölzer durch diverse Ausdrucksformen, ihre Farbmodifikationen und durch ihre Ursprünglichkeit starke Sinnesimpulse. Demnach sollten selbst Möbelstücke mit Holzfurnieren zumindest die holzeigene Farbe behalten. Auf diese Art und Weise tritt das betreffende Mobiliar nicht durch aufwendige Farbgebung aus seiner dienenden Rolle heraus (vgl. von der Beek et al., 2007, S. 68ff.) und stellt keine Gefahr der Reizüberflutung dar.

Gerade die natürliche Eigenfarbe von Naturmaterialien hat eine positive Wirkung. Sie weckt durch ihr abwechslungsreiches Aussehen neben der haptischen Qualität das Interesse der Kinder und aktiviert diese (vgl. Gralle & Port, 2002, S. 62). Neben der Förderung der differenzierten auditiven und taktilen Wahrnehmung der Kinder schulen vor allem naturbelassene Hölzer auch die olfaktorischen Sinnesempfindungen. Holz bewahrt lange seinen Geruch (vgl. von der Beek et al., 2007, S. 59) und nimmt auch fremde Gerüche auf (vgl. Mahlke & Schwarte, 1997, S. 96). Dem Vorwurf der Monotonie durch vermehrte Gestaltung mit Holz kann durch die Vielseitigkeit des Materials entgegengetreten werden. Diese Vielfalt kann sich durch Härte oder Weiche, grobe oder glatte Oberflächen sowie ebene oder gewundene Beschaffenheit des Holzes äußern (vgl. von der Beek et al., 2007, S. 69). Wobei die Splitterfreiheit als wichtige Bedingung an das verarbeitete Holz gelten muss (vgl. Gralle & Port, 2002, S. 29). Auch durch den Erhalt von Borke oder beibehaltenen Astlöchern an sinnvollen Stellen kann dem Mangel an Anregung vorgebeugt werden. Zusätzlich bietet das Material Holz die besten Voraussetzungen, um mit anderen stimulierenden Naturmaterialien (zum Beispiel Stricke, Wolle, Leinen) verknüpft zu werden (vgl. von der Beek et al., 2007, S. 69). Zu rötlichen Hölzern stellt besonders eine grüne Farbgebung eine interessante und anregende Verbindung dar, weil somit der Naturbezug verstärkt wird. Allerdings ist vor dem Einsatz einer Holzart und der Kombination mit Farbe und anderen Raumelementen die langfristige Farbigkeit zu beobachten. Hier vollzieht sich beispielsweise beim Ahorn der so genannte Nachdunklungsprozess. Die Maserungen der verschiedenen Hölzer treten in kleinfigurig-dezenten bis großfigurig-auffälligen Ausführungen auf. Sie sollten allerdings in beiden Fällen stets in eine Richtung zeigen. Bei der so genannten Verbretterung ist darauf zu achten, dass die Konturen der einzelnen Bretter nicht die Aufmerksamkeit auf sich lenken und so mit den beabsichtigten Anregungen der Materialien konkurrieren. Falls dieser Effekt abzusehen ist, sollte vor diesem Hintergrund von der Arbeit mit Holz auf größeren Flächen abgesehen werden (vgl. Franz & Vollmert, 2005, S. 104ff.).

Am Beispiel der im Jahre 1999 errichteten Kinderinsel Hombroich wird die Vielseitigkeit des Materials Holz deutlich. Das Naturmaterial dominiert diese Kindereinrichtung. Neben den eigens entworfenen Möbeln bestehen sowohl die Außenteile als auch die Innenverkleidung und -konstruktionen aus Holz. Die Rechtfertigung dieser Einrichtung ist in der Notwendigkeit zu sehen, den Kindern vor Ort die Möglichkeit zu geben, „Natur zu erkunden und zu erleben, wie es in der Stadt selten möglich ist“ (Voermanek, 2006, S. 53).

Die Materialwahl Holz lässt neben diesen natürlichen (zum Beispiel Birkenholzstamm als Raumteiler) auch interkulturelle Assoziationen (zum Beispiel goldener Zwiebelturm als Balkenabschluss) entstehen, die Zusammenhänge stiftet und das Gemeinschaftsgefühl stärkt (vgl. von der Beek et al., 2007, S. 35).

Des Weiteren sind bei Holzkonstruktionen Balken nicht zu verstecken, damit die Funktion der einzelnen Elemente nachvollziehbar bleibt. „Jedes Kind sollte ohne Schwierigkeiten erkennen können, wie ein Balken den anderen hält, worauf und wie Podeste und Regalbretter aufliegen“ (Mahlke & Schwarte, 1997, S. 96). Hierbei sind allerdings diagona-

le Verstrebungen zu unterlassen, weil sie den Raum unausgewogen erscheinen lassen und die Aufmerksamkeit auf sich lenken (vgl. ebd., S. 97). An stabilen Querstreben hingegen lassen sich Hängematten, Taue und Schnüre anbringen, die die Kinder zum Klettern, Emporziehen, Binden und Verknüpfen reizen und sie damit in Bewegung versetzen (vgl. Schönrade, 2000, S. 108).
Die Struktur des Holzes „verträgt sich gut mit textilen Geweben" (Mahlke & Schwarte, 1997, S. 96). Die verwendeten Textilien sollten allerdings auch mit der übrigen (farblichen) Raumgestaltung harmonisieren. Ihnen kommt neben ihrer akustischen und auditiven Bedeutung eine anregende Wirkung auf die Haut zu. Dies ist von großer Bedeutung, da die Haut das größte Sinnesorgan der Kinder ist (vgl. von der Beek et al., 2007, S. 59). Besonders Kissen bieten den Kindern durch ihre Mobilität die Möglichkeit, sich an einem ausgesuchten Ort selbstständig ihr eigenes „Nest" zu bauen (vgl. Olds, 2000, S. 261). Insbesondere in den Ruhe- und Entspannungszonen stellen gemütliche Kissen und kuschelige Decken einen großen Wohlfühlfaktor dar. Es sollten seidene Tücher und Zauberwolle (pflanzengefärbte, fein gekämmte Schafswolle) zur Verfügung stehen, die den Kindern die Möglichkeit offenstellen, sich selbstständig durch Betrachten und Betasten mit dem Stoff auseinanderzusetzen (vgl. Schönrade, 2000, S. 103). Textilien in Form von durchsichtigen Gardinen oder Vorhängen ermöglichen weiter eine horizontale Raumgliederung. Durch unterschiedliche Befestigungsmöglichkeiten kann hier ein bedürfnisorientierter, nutzeroffener Gebrauch gewährleistet werden, der die Aneignung der Kinderräume durch die Kinder unterstützt (vgl. Walden & Schmitz, 1999, 105ff.). So kann ein „roter Samtvorhang zum Theatervorhang werden" (Schönrade, 2000, S. 107), der eine Rollenspielecke abtrennt, in der die kindlichen Nutzer ihrem Bedürfnis nach Spielen nachgehen und dabei sowohl die Interaktion mit Anderen finden als auch im Sinne der Sprachförderung die eigenen kommunikativen Fähigkeiten schulen.
„Der Baustoff Papier ist nicht nur federleicht, sondern auch kinderleicht zu bearbeiten" (Lange & Stadelmann, 1999, S. 18). Dies spiegelt sich auch im mannigfaltigen Umgang mit der so genannten dritten Haut wieder. Papier kann gerissen, geknüllt, gefaltet, geklebt und geschnitten sowie für Druck- und Maltätigkeiten benutzt werden. Insbesondere das Makulaturpapier erweist sich zum Erschaffen von Papierhöhlen geeignet und gibt durch vielfältige flexible Abänderungen und Erweiterungen Gelegenheit zur Aneignung. Durch seine neutrale Farbe wirkt Makulaturpapier transparent und erschafft interessante Kontraste des Lichts, die Anregung vermitteln. Eine gemütlich anmutende Atmosphäre im Höhlenraum kann durch ergänzende Beleuchtung von außerhalb erreicht werden (vgl. ebd.).
Der Einsatz möglichst vieler unterschiedlicher Materialien ist wünschenswert, da somit nicht nur der Raum untergliedert werden kann (zum Beispiel unterschiedliche Bodenbeläge Kap. 8.2.1), sondern den Kindern ebenso eine Vielzahl an Sinneserfahrungen ermöglicht wird. Um die differenzierte Sinneswahrnehmung der Kinder gezielt zu schulen, liefert Schönrade (2000, S. 103) die Anregung, in der Kita einen Sinnesraum einzurichten. Hier besteht die Chance, viele diverse Materialien gleichzeitig einzusetzen und deren Wirkung zu nutzen. An Tastwänden oder durch Fußerfahrungsteppiche können unterschied-

liche Sinne erforscht und sinnvoll gefördert werden. Kontraste bezüglich des Materials, wie Holz oder Metall und unterschiedliche Oberflächenstrukturen, wie hart und weich oder rau und glatt, laden zum Kategorisieren ein. In der Beschreibung der entsprechenden Farb-, Form- und Materialienart, ist eine zusätzliche Förderung der sprachlichen Ausdrucksfähigkeit zu sehen (vgl. Petmecky, 2006, S. 88).

8.7.2 Mobiliar und Ausstattung

Generell sollten die eingesetzten Einrichtungsgegenstände der Kita keine Sicherheitsgefährdung darstellen. Jegliche Stolperfallen durch Fußteile, Ständer sowie instabile Schubladenfächer sind zu vermeiden, spitze Kanten abzurunden und Befestigungsmaterial, wie Schrauben, Nägel usw., als Gefahrenherde auszuschalten (vgl. Gralle & Port, 2002, S. 30). Wegen der angemessenen Größe der Tische und des Sitzmobiliars kann auf DIN ISO 5970 (Stühle und Tische für Bildungseinrichtungen; Funktionsmaße) zurückgegriffen werden, deren Vorschriften Haltungsschäden bei Kindern vorbeugen sollen (vgl. Deutsches Institut für Normung, 1983). Dafür sind folgende Richtlinien (Tabelle 5) vorgesehen.

Bei der Wahl der Tische sollte zusätzlich auf blendende und kontrastreiche Flächen verzichtet werden (vgl. Gralle & Port, 2002, S. 63). Studien konnten belegen, dass durch eine niedrige Sitzhöhe der Kinderstühle bei Erwachsenen besonders psycho-somatische Leiden heraustreten, folglich sind aus Rücksicht auf Gesundheit und Wohlbefinden der Erzieher/innen auch Sitzmöglichkeiten in Erwachsenengröße vorzusehen (vgl. Rudow, 2004).

Für den Bewegungsausgleich der kindlichen Nutzer ist neben den Stühlen noch die Bereitstellung von Sitzbällen von großem Vorteil. Hier empfiehlt sich eine Anzahl von zwei bis drei Exemplaren pro Gruppe (vgl. Schönrade, 2000, S. 108). Unter dem Individualitätsaspekt ist das einheitliche Sitzmobiliar zusätzlich durch ein Angebot an Schaukelstüh-

Tab. 5: DIN ISO 5970 (Maße in mm) (Deutsches Institut für Normung, 1983)

Kennzeichung	**Größe**	**1**	**2**	**2**
	Farbe	**weiß**	**orange**	**violett**
Bezugsgröße (durchschnittliche Körperhöhe)		900	1050	1200
Sitzflächenhöhe		220	260	300
Effektive Sitztiefe		---	260	290
Mindestsitztiefe		---	250	270
Tischhöhe		400	460	520

len, Sitzbänken, Hockern, Sofas, Sesseln oder Sitzsäcken zu erweitern. Der Einsatz höhenflexibler, mitwachsender Hocker wird nicht nur dem Wachstum der Kinder gerecht, sondern macht den Kindern Größen- und Höhenausgleich erfahrbar. Auch mobile Teppichunterlagen und Decken können als Sitzgelegenheiten eingesetzt werden (vgl. Franz & Vollmert, 2005, S. 27). Gemäß der These „Wer zuviel sitzt, dem bleibt die Welt verschlossen" (Lange und Stadelmann, 1999, S. 22) wird einmal mehr der Boden als wahres Wirkungsfeld der Kinder betont (Kap. 8.2.1). „Hier sind sie authentisch, stark und vor allem aktiv" (ebd.). Durch die Spontaneität der flexiblen Sitzunterlagen werden die Kreativität und das Spiel der Kinder gefördert.

Auch Tische und Stühle, die in ihrer Funktionalität modifiziert werden können, motivieren zu körperlichen Aktivitäten wie dem Klettern. Durch das Unterlegen von Sicherheitsmatten dient der ursprüngliche Tisch als Sprungturm. Aus mehreren Stühlen lässt sich durch einfaches Aneinanderreihen ein Tunnel erstellen, der zum Kriechen einlädt (vgl. Schönrade, 2000, S. 108). Einen ähnlichen Bewegungsanlass bieten auch die Hochebenen, die in ihrer thematischen Gestaltung der Phantasie der Kinder keine Grenzen setzen sollten (vgl. Franz & Vollmert, 2005, S. 26f.). Zum Schutz der Kinder sind in den jeweiligen Einrichtungen allgemein ab einem Meter eine kindgerechte Absicherung von mindestens ein Meter in Form von Pflanzenkübeln oder Umwehrungen, wie Geländer oder Brüstungen, vorzusehen, wobei letztere „kindersicher gestaltet sein [müssen] und nicht zum Rutschen, Klettern, Aufsitzen oder Ablegen von Gegenständen verleiten sollen" (vgl. DGU, 2009, S. 16f.). In großräumigen Treppenbereichen über mehrere Stockwerke bietet sich die Möglichkeit, Dränage- oder miteinander verbundene Heulrohre in das Geländer einzuarbeiten. Diese können von den Kindern als Murmel- oder Kugelbahn genutzt werden. Dadurch resultiert neben der Bewegung für die kindlichen Nutzer gleichzeitig eine lebendige Atmosphäre im Treppenaufgang (vgl. Schönrade, 2000, S. 108).

Um dem entgegengesetzten Bedürfnis nach Ruhe und Geborgenheit in den geschaffenen Ruheräumen gerecht zu werden, sollten diese, wie bereits erwähnt, räumlich abgetrennt sein und mittels gemütlicher Kissen, Decken und bequemer Liegen eine beruhigende und angenehme Atmosphäre vermitteln, die sich auch auf die Stimmung der Kinder auswirkt (vgl. Schönrade, 2000, S. 103). Damit die vorhandenen Einrichtungsgegenstände nicht aus der harmonischen Atmosphäre des Ruheraumes herausfallen, sollten diese auf die Farbgebung des Raumes abgestimmt sein (vgl. von der Beek et al., 2007, S. 67). Das Angebot an Schlupfwinkeln und Rückzugsmöglichkeiten im Gruppenraum kann durch spezielle Einrichtungsgegenstände erweitert werden. Alleinseinschrank oder -sessel schaffen geschützte Bereiche, in die sich die Kinder zurückziehen können. Diese sollten ähnlich wie die Ruhezonen durch Textilien und gedämpftes Licht eine wohlige, geborgene Atmosphäre vermitteln. Einen Schutz vor den Blicken Anderer können auch Zelte, Treppenverstecke, Raumteiler oder sogar einfache Regenschirme bieten (vgl. Franz & Vollmert, 2005, S. 44f.). Alleinseinkartons, die sich die Kinder durch persönliche und individuelle Gestaltung aneignen können, unterstützen das „Heimischwerden" der Kinder in der Einrichtung. Diese selbst kreierten Behausungen sind auch von großer Bedeutung für die Selbstbestimmung und das Selbstwertgefühl. Diese Bereiche gehören ihnen, hier haben

Erwachsene oft keine Einfluss- oder Zugriffberechtigung, es „gelten andere Regeln und Ordnungsprinzipien“ (Lange & Stadelmann, 1999, S. 11). So verfügen die besten Verstecke auch nur über einen kleinen Zugang, der ungewollten Besuchern den Eintritt verwehrt (vgl. ebd., S. 20).
Eine ähnliche Identifikation mit dem Erschaffenen kann bei Kindern, Erziehern/innen und Eltern auch bei Restaurierungsarbeiten alter Möbel (zum Beispiel vom Sperrmüll) beobachtet werden. Die alten Einrichtungsstücke verleihen nicht nur dem Raum einen gemütlichen Charakter, sondern stärken durch die gemeinsame Aufbereitung das Gemeinschaftsgefühl und lassen bei den Beteiligten das Gefühl von Stolz entstehen, der die Kinder auch später noch rücksichtsvoll mit den Möbelstücken umgehen lässt. Dadurch, dass sich alle Beteiligten folglich im Raum wiederfinden, verstärkt dies die Identifikation aller mit dem Raum (vgl. Heeg, 2006, S. 45).
Auch durch die Möbelstücke kann der Gruppenraum in einzelne Funktionsbereiche unterteilt werden. Um die verschiedenen Bereiche des Gruppenraums voneinander abzutrennen, sind so genannte Raumteiler in Form von Paravents, Regalen oder Schränken, die von beiden Seiten für die Einrichtung genutzt werden können (zum Beispiel als Präsentationstafel oder zur Aufbewahrung), sinnvoll (vgl. Walden & Schmitz, 1999, S. 118). Da nur eine erfolgreiche Aneignung bei den Nutzern zu Wohlbehagen führt, sollte das Mobiliar der Kita einen nutzungsoffenen Rahmen vorgeben, in dem sich die Kinder durch eigenständige, bedürfnisorientierte Veränderungen mit dieser Umwelt auseinandersetzen und sie sich aneignen können (vgl. Franz & Vollmert, 2005, S. 80f.). In diesem Sinne erweisen sich Möbelstücke mit beweglichem Charakter besonders von Vorteil, da sie sich flexibel den Bedürfnissen der Nutzer anpassen lassen. So können mobile Einrichtungsgegenstände (zum Beispiel Regale) eine bedürfnisorientierte Untergliederung des Gruppenraums ermöglichen. Die Anordnung der Möbel sollte auch durch die Kinder zu meistern sein. Dies kann durch selbst angebrachte, feststellbare Rollen und möglichst geringes Gewicht der Einrichtungsstücke umgesetzt werden. Während offene Regale in ihrer Funktion als Raumteiler trotz Rückzugsmöglichkeit weder die Kommunikation noch den Sichtkontakt innerhalb der Gruppe beeinträchtigen, sollten sie in der Funktion als Lagermöglichkeit ebenso wie die Schränke der Einrichtung für die kindlichen Nutzer zugänglich sein und durch ihre Höhe und Tiefe die Erreichbarkeit der (Spiel) Materialien gewährleisten (vgl. Walden & Schmitz, 1999, S. 105, 116ff.). Dabei verstärkt eine überschaubare Anordnung der Inhalte, die sich an den Eigenschaften der einzelnen Dinge orientiert und so den Kindern transparent bleibt, den eigenständigen Zugriff der Kinder (vgl. Senckel, 2004, S. 59ff.). Diese Überschaubarkeit lässt sich neben den Regalen und Schränken durch Büchsen, Truhen und Kommoden unterstützen, wobei der jeweilige Inhalt durch Symbole von außen kenntlich gemacht werden sollte. Der erleichterte Zugriff zeigt sich auch bei den Utensilien des Rollenspiels (zum Beispiel Kleider, Hüte, ...). Werden sie in zugänglichen Regalen, Schränken oder Kleiderständern aufbewahrt, fällt den Kindern die Auswahl leichter (vgl. Schömade, 2000, S. 105f.). Um die Zugänglichkeit der Schränke zu erhöhen, empfehlen sich praktische und kindgerechte Öffnungsmöglichkeiten wie einen „handlichen Griff oder ein Griffloch“ (Walden & Schmitz, 1999, S. 117).

In diesen Aufbewahrungsmöbeln sollte jedes Kind ein persönliches „Schatzbehältnis" (Franz & Vollmert, 2005, S. 49) besitzen. Hier kann es eigenständig persönliche Schätze vor den Blicken der Anderen schützen und verstecken, was das Selbstwertgefühl stärkt. Auch den Erziehern/innen sollten eigene Bereiche zustehen, die vor dem Zugriff der Kinder sicher sind. Dafür bieten sich höhere Fächer in den Regalen und Schränken an, die den kindlichen Nutzern nicht zugänglich sind (vgl. Walden & Schmitz, 1999, S. 116f.).
Der Spiegel als Einrichtungsgegenstand wird besonders in der Reggio-Pädagogik hervorgehoben. Er leistet durch die Selbstwahrnehmung einen entscheidenden Beitrag zur Identitätsstiftung. Kinder werden dazu angetrieben, sich mit sich selbst auseinanderzusetzen, sich zu erforschen und mit ihrer Ausdrucksfähigkeit zu experimentieren (vgl. Olds, 2000, S. 244). Lange und Stadelmann (1999, S. 32) sprechen dem Spiegel auch in Spielsituationen der Kinder eine wichtige Funktion zu. Hier können die kindlichen Nutzer ihr Agieren selbst beobachten, bewerten und das Selbstvertrauen stärken.
Da Kinder die Toilettenkabinen tendenziell als sterile Begrenzungen wahrnehmen, wird auch hier im Einsatz einer Spiegelfliese an der Tür eine spannende Auflockerung gesehen (vgl. Franz & Henneberg, 2005, S. 21). In den restlichen Sanitärräumen können Spiegel einen ungezwungenen Umgang mit dem eigenen Körper unterstützen (vgl. Petmecky, 2006, S. 93).
Bei der weiteren Ausstattung der WC- und Waschräume der Kinder werden aus reinigungstechnischen Gründen hängende Toiletten empfohlen. Bei der Sitzhöhe der Kindertoiletten gibt es Vorgaben, die sich sowohl nach der Körpergröße als auch nach dem Alter der Kinder richten. Die Tabelle 6 zeigt die jeweilige Sitzhöhe in Abhängigkeit vom Alter.
Bei den Waschbecken können unterschiedliche Größen- und Formausführungen der Wasserhähne die Wahrnehmung stimulieren (vgl. Lange & Stadelmann, 1999, S. 88). Um die Kinder vor Verbrennungen oder Verbrühungen zu bewahren, darf „die Wassertemperatur an Entnahmearmaturen, die Kinder zugänglich sind, nicht mehr als 43°[C] betragen" (DGU, 2009, S. 22).
Damit das Zähneputzen und die Körperpflege in der Gruppe im Zuge der Gesundheitserziehung zu einer Selbstverständlichkeit werden können, sind neben einer zufriedenstellenden Größe der WC- und Waschräume, eine ausreichende Anzahl und Größe der Waschbecken zu berücksichtigen. Um die Kinder zu einem aufmerksamen Umgang mit

Tab. 6: Sitzhöhe der Toiletten in Abhängigkeit von Körpergröße und Alter (Gralle & Port, 2002, S. 38)

Einrichtung	Krippe	Kindergarten	Hort
Alter	≥ 1 bis ≤ 3	≥ 3 bis ≤ 6	≥ 6 bis ≤ 9
WC-Sitzhöhe	200 bis 250 mm	250 bis 300 mm	300 bis 350 mm

Wasser zu sensibilisieren, bietet sich in Verbindung mit einer so genannten Brauchwasser-Toilettenspülung eine Veranschaulichung der eingesparten Menge an (vgl. Petmecky, 2006, S. 94).
Die Waschräume, in denen Wasserspiele stattfinden, sind von den Toiletten zu trennen. Hierfür ist ein Duschvorhang eine Möglichkeit, derer sich die Kinder auch selbstständig bedienen können (vgl. Bendt & Erler, 2010, S. 35). Für die Wasserspiele sind sowohl Waschrinnen aus Porzellan oder Plastik als auch dafür vorgesehene Tische geeignet (vgl. von der Beek et al., 2007, S. 165). Da diese Wasserspiele eine positive, beruhigende Wirkung auf die Kinder haben (vgl. Dudek, 2001, S. 111), sollten zu ihrer Durchführung notwendige Utensilien wie Messbecher, Schläuche, Schwämme, Muscheln usw. in ausreichender Menge vorhanden und zugänglich sein. Ein Regal mit Korbfächern kann zur Aufbewahrung der ausgezogenen Kleider oder der Badekleidung dienen (vgl. von der Beek et al., 2007, S. 165).
Da sich die Erzieher/innen bei der Raumausstattung der Kinderräume oft den Bedürfnissen der Kinder unterordnen müssen, sollten die Personalräume adäquat auf sie zugeschnitten sein. Ein Einbezug der Mitarbeiter/innen bei der Planung, kann für das spätere Wohlfühlen im Raum sorgen und damit das Zurückziehen und Entspannen unterstützen. Die Befriedigung der Bedürfnisse der Erwachsenen nach Ruhe und Entspannung ist auch für die kindlichen Nutzer von Interesse, da die pädagogische Arbeit der Erzieher/innen von Rückzugsmöglichkeiten und Entspannung profitiert. Die Entspannungs- und Pausenräume verlangen nach einer Arbeitsruhe für Vor- und Nachbereitung oder entspannter Atmosphäre. Dies kann vor dem Hintergrund einer abgestimmten Farb- und Lichtgestaltung sowie von guten akustischen Bedingungen, durch bequeme Stühle in Erwachsenengröße, Sofas oder Sessel unterstützt werden. Im Idealfall sorgt eine Teeküche oder eine kleine Küchenzeile für eine entsprechende Versorgung mit Getränken und Essen. Zusätzlich sollten die Personalräume, die auch oft gleichzeitig als Besprechungsräume dienen, für diesen Zweck mit genügend bequemen Stühlen in Erwachsenengröße ausgestattet sein und Medieneinsatz ermöglichen (vgl. von der Beek et al., 2007, S. 43f.). Laut Arbeitsschutzgesetz ist den Erziehern/innen zur Unterstützung ihrer Arbeit auch ein geeigneter Bildschirmplatz zu ermöglichen, der Sicherheits- und Gesundheitsgefährdungen der Nutzer ausschließt (vgl. Franz & Vollmerts, 2005, S. 58). Aus dem Recht auf Individualität und Privatheit sollte jedem Mitarbeiter des Weiteren sowohl in dem Personalraum als auch in den WC- und Waschräumen für das Personal ein persönlicher Schrank oder abschließbarer Spind zur Verfügung stehen (vgl. Petmecky, 2006, S. 89). Als äußerst erzieher/innen/freundlich haben sich in der Praxis der Kita so genannte mobile Schreibpulte sowie höhenverstellbare Stühle erwiesen. Das mobile Schreibpult lässt sich den jeweiligen Anforderungen (zum Beispiel Rednerpult, Empfang, Lagerung im unteren Bereich) flexibel anpassen. Durch zwei Rollen kann es durch einfaches Kippen leicht den Standort wechseln. Auch die höhenverstellbaren Stühle für Erzieher/innen zeichnen sich durch Benutzeroffenheit und Bedürfnisorientierung aus, da sie sich individuell auf das Geschehen der Einrichtung einstellen lassen und zusätzlich eine gesunde Haltung gewahrt bleibt (vgl. Franz & Vollmert, 2005, S. 56f.).

Da vermehrt im Eingangsbereich (wie in der Elternecke oder im Kinderrestaurant) der Kontakt der Erzieher/innen und der Kinder zu Eltern und Besuchern hergestellt wird, gilt es auch hier Erwachsenengrößen in der Ausstattung zu berücksichtigen. Der Eingangsbereich (Visitenkarte der Einrichtung) sollte durch seine Gestaltung dem Knüpfen von sozialen Beziehungen entgegenkommen und die Eltern über das aktuelle Geschehen informieren (vgl. von der Beek et al., 2007, S. 28f.). Da der Eingangsbereich folglich ein Ort der Kommunikation ist, sollten hier vor einem angenehmen Licht- und abgestimmtem Farbhintergrund bequeme Sitzmöglichkeiten für die Kinder, Eltern, Erzieher/innen und Gäste zum Verweilen einladen. Dadurch fühlen sich die Eltern in der Kita willkommen, nehmen gerne am Alltag der Einrichtung teil, suchen den gegenseitigen Austausch und betrachten ausgestellte Objekte (vgl. Franz & Vollmert, 2005, S. 35). Nach Schönrade (2000, S. 97) kann für solche Präsentationen eine Staffelei verwendet werden. Diese ist bezüglich ihres Einsatzes sehr flexibel. Neben Ausstellungsobjekten kann sie beispielsweise für die Kinder durch graphisch gestaltete Speisekarten oder den Aufruf zu einer Sammelaktion eine Orientierungshilfe bieten. Durch eine gemütliche, freundliche Anmutung des Eingangsbereichs und der Gewissheit die Eltern an einem festen Platz zu wissen, kann auf diesem Wege den Kindern die Angst genommen und die Ablösung erleichtert werden. Da die Verabschiedung wie das Wiedersehen allgemein nach einem gewissen Grad an Privatheit verlangt, sollten die Garderoben bei genügend Platzangebot möglichst halbrund konzipiert sein, um etwas Schutz vor den anderen Nutzern zu bieten (vgl. von der Beek et al., 2007, S. 37). Befinden sich die Garderoben in zu schmalen Fluren, sollten sie aus Platzgründen in der Wand versenkt werden. Die Flure sollten nämlich nicht zu eng bemessen sein, damit bei gemeinsamem Aufbruch der Kinder kein unüberschaubares Durcheinander entsteht, bei dem auf die einzelnen Kinder nicht mehr bedürfnisorientiert reagiert werden kann. Schuhe und ähnliche Platzverschwender können in rollbaren Kisten unter der Sitzbank verstaut werden. Diese Sitzbank sollte tief genug sein und die selbstständige Benutzung der Garderobe durch die Kinder ermöglichen (vgl. Gralle & Port, 2002, S. 39f.).

8.7.3 Accessoires

Dekorative Artikel wie Blumen, Mobiles und Kunstwerke sind auf die vorhandenen Farben und restlichen Einrichtungsgegenstände abzustimmen, um Reizüberflutung zu vermeiden (vgl. Olds, 2000, S. 262). In Anlehnung an Senckel (2004, S. 62) lässt sich festhalten, dass schmückende Bilder an den Wänden der Kita stets mit akzentuierender Absicht angebracht werden sollten. Insbesondere selbst angefertigte Bilder der Kinder verdienen eine gebührende Anerkennung. Dies kann dadurch umgesetzt werden, dass die Bilder durch strukturierte Vorgehensweise nach thematischen und ästhetischen Aspekten das Interesse auf sich ziehen und das Anschauen erleichtern. Hierbei ist die harmonische Ordnung dem völlig dichten Zugpflaster vorzuziehen. Bei der Wandgestaltung sollte auch eine Uhr mit Zeigern bedacht werden. Im Vergleich zu einer Digitalanzeige kann eine Ana-

loganzeige das Verstreichen der Zeit erkennbarer und damit erlebbarer machen (vgl. Bendt & Erler, 2010, S. 63).
Bei der Gestaltung der Entspannungsecken- oder -räume ist es sinnvoll, neben der entsprechenden Farbgebung, Beleuchtung, Temperatur und den passenden Möbeln auch auf kleinere Details zu achten. So sieht Schönrade (2000, S. 103) in der Bereitstellung eines Weidenkorbs mit interessanten Dingen, wie Naturgut (zum Beispiel Kieselsteinen), Murmeln oder Schüttelgläsern, die Möglichkeit, die Kinder durch den Genuss des Betrachtens und Berührens zum Verweilen einzuladen. Diese Absicht ist auch bei den Fluren zu verfolgen. Da sie als Spielraum das Angebot des Gruppenraums erweitern sollen, soll ihre Nutzung durch einladende Gestaltung gefördert werden. Leider sind die Verkehrswege meist durch künstliche Beleuchtung und seitlich angeordneten Garderobenreihen bestimmt, die einen unangenehmen Tunneleffekt provozieren, der die Kinder zum bloßen Hindurchrennen anleitet. Daher gilt es auch hier Maßnahmen zu ergreifen, die Kinder zum Verweilen einzuladen. Dazu bieten sich spannende Betrachtungsobjekte an, die regelmäßig gewechselt werden und so immer wieder zu Gesprächen und Bestaunen führen. Es kann sich hier um gesammelte Naturmaterialien (Kieselsteine, Muscheln, ...), erstellte Werke der Kinder, Fotografien der Nutzer oder Bilderbücher handeln (vgl. Franz & Vollmert, 2005, S. 35).

9. Kinderräume für Kinder von sechs Monaten bis drei Jahre

Durch den Anstieg der Familien, in denen beide Elternteile berufstätig sind, gewinnt in Deutschland seit Jahren auch die Kinderbetreuung für Kinder unter drei Jahren an Zuspruch. Auf Grund der zunehmenden Bedeutung von Krippeneinrichtungen, die Kinder vom Säuglingsalter bis drei Jahren betreuen, sollen in diesem Kapitel auch diese Institutionen architekturpsychologisch betrachtet werden. Für Gerd E. Schäfer (2005, S. 9) ist gerade dieses Alter die Zeitspanne des Lebens, in der die Kinder den größten Lernfortschritt machen. Im Folgenden beziehen wir uns auf die langjährige Erfahrung von Angelika von der Beek, die gerade der Selbstständigkeit der Kinder eine besondere Bedeutung zuschreibt. „Denn nur durch ihre eigenen Aktivitäten gewinnen sie Vertrauen in die eigenen Fähigkeiten" (von der Beek, 2008[1], S. 23). Da die Kinderräume der Krippeneinrichtung hierfür die äußeren Bedingungen darstellen, stellt sich die Frage, wie auch hierbei gerade eine adäquate Raumgestaltung die ablaufenden Entwicklungen unterstützen und fördern kann. Dies soll im Folgenden nach einer kurzen allgemeinen Einführung an den bereits bekannten raumbildenden Elementen aufgezeigt werden.
Grundsätzlich sind in vielen Bereichen der Raumgestaltung Parallelen zu den Kindertagesstätten für Kinder im Vorschulalter zu bemerken. So sind auch bei der Raumgestaltung in Kinderkrippen den elementaren Bedürfnissen der Kinder nach Geborgenheit, Freiheit und Variation Rechnung zu tragen, damit sich die Nutzer wohlfühlen. Die drei Bedürfnisse stehen in engem Zusammenhang, da sowohl das Bedürfnis nach Exploration als

auch für das Bedürfnis nach sensorischer Stimulation eine feste Bindung voraussetzt (vgl. Kap. 6.1. Sozio-emotionale Entwicklung). Denn nur aus einem „sicheren emotionalen Hafen" (Brisch, 2009, S. 145) heraus möchten die Kinder ihre Umwelt erleben und entdecken. Hierzu bedarf es feinfühliger Interaktionserfahrungen, wie Berührungen, Blickkontakt und einer emotionalen Verfügbarkeit des Interaktionspartners. Gerade in der Eingewöhnungszeit ist daher eine Konstanz der Erzieher von großer Wichtigkeit (vgl. Brisch, 1999, zitiert nach Brisch, 2009, S. 145).
Trotz der Parallelen steht von der Beek (2008[1], S. 61) einer Altersmischung von älteren Kindern und Krippenkindern auf Grund der stark divergierenden Entwicklungsniveaus beispielsweise bezüglich Schlaf und Mahlzeiten, eher kritisch gegenüber. Neben weiteren für das Leben essentiellen physiologischen Bedürfnissen, wie Sauerstoff und Wärme, die, wie Ernährung, Flüssigkeitszufuhr und Schlaf, im Krippenalter noch stark von außen reguliert werden, ist auch das Bedürfnis der Selbstwirksamkeit der Kleinkinder zu beachten. „Eine gesunde Selbstentwicklung beinhaltet, dass schon der Säugling und das Kleinkind das Gefühl erlebt, selbst handelnd und Akteur seiner Effekte und motorisch sowie affektiv-emotionalen Interaktionen zu sein" (Brisch, 2009, S. 146).
Die Raumvorstellung einer Krippeneinrichtung folgt einem anderen pädagogischen Konzept. Um einen zuverlässigen für die Bindungssicherheit wichtigen Sicht- und Hörkontakt zu den Erziehern/innen zu gewährleisten, ist für betreffende Institutionen in der Regel statt verschiedener Funktionsräume nur ein Gruppenraum vorgesehen. Von der Beek (2008[1], S. 49) nennt dies die „Basisstation". Diese steht nun vor der Aufgabe, den unterschiedlichen Entwicklungsphasen und Bedürfnissen nach Bewegung, Ruhe, Spiel, Essen, Beisammensein und Individualität der Kinder gerecht zu werden. Dem angedeuteten Multifunktionalitätsanspruch an einen zentralen Raum der Kinderkrippe wird sowohl eine waagerechte als auch eine senkrechte Gliederung gerecht. Während die senkrechte Differenzierung durch Einbauten mit unterschiedlichen Aktivitätsniveaus verwirklicht werden kann, können beispielsweise offene Regale, aneinander geschobene Hocker oder Kartons den Kinderraum waagerecht zonieren. Die so geschaffenen mehrdimensionalen Zonen bedürfen fließender Übergänge und des bereits erwähnten Bezuges zur Gruppe. Dies kann durch einfache Blickfenster in unterschiedlichen Formen und Höhen, bunten Glasflächen oder variierenden Geländern an Podesten umgesetzt werden. Brüstungen, die durch einen gespannten Segelstoff abgesichert werden, wirken nicht nur schallschluckend, sondern ermöglichen durch seitliche Freiräume ebenso den Blickkontakt zur Gruppe ohne einen Rückzug der Kinder zu behindern (vgl. ebd., S. 49ff., 74, 163ff.). Um dabei allerdings die Quetschgefahr für kindliche Nutzer zu minimieren, sollten „Öffnungsspalten [...] in keiner Stellung > 4 mm [...] und die Öffnungsweite von Absturzsicherungen und Treppen ohne Setzstufen [...] maximal 8,9 cm betragen" (DGU, 2009, S. 27).
Jedem Gruppenraum einer Krippeneinrichtung muss ein Sanitärraum zugänglich sein. Laut von der Beek (2008[1], S. 125, 166) sollte dieser über eine Fläche von mindestens 15 m^2 verfügen und den unmittelbaren Sichtkontakt zur Gruppe ermöglichen. Dies kann durch Sichtfenster oder verglaste Türen erreicht werden. Auf diese Weise ist es auf der einen Seite den Erziehern/innen möglich, während des Wickelns einzelner Kinder die rest-

liche Gruppe nicht aus dem Auge zu verlieren, auf der anderen Seite können Kinder auch die Pflege anderer beobachten. Neben der Verglasung ganzer Türen, hat sich besonders die Halbverglasung der Tür in der unteren Hälfte als positiv erwiesen (vgl. von der Beek et al., 2007, S. 62). Während dadurch auch die kleinsten Nutzer in die anderen Räume blicken können, wird Erwachsenen und anderen Nutzern dadurch ein Einblick in den nächsten Raum ermöglicht, wodurch diese rücksichtsvoller auf krabbelnde oder auf dem Boden spielende Kinder reagieren können (vgl. Olds, 2000, S. 207f.).
Da das Bewusstsein der frühen Kindheit auch stark von der ästhetischen Empfindung geprägt ist (Schäfer, 2005, S. 65), wird bei der Fokussierung der einzelnen raumbildenden Elemente einer Kinderkrippe auch auf die Sinneswahrnehmungen der Nutzer Wert gelegt.

9.1 Kindlicher Maßstab

Ähnlich wie in Kindertageseinrichtungen für Vorschulkinder, wird auch in Kinderkrippen im Hinblick auf die Selbstständigkeit der kleinen Nutzer der kindliche Maßstab beachtet. Für den Sanitätsbereich sind in diesem Sinne ab Mitte des dritten Lebensjahres kindgerechte Toiletten vorzusehen, die mit einer Höhe von 26 cm ohne Zutun der Erzieher/innen eigenständig benutzt werden können. Dies unterstützt nicht nur das „Sauberwerden" der Kinder, indem sie einfach voneinander profitieren können, sondern bedeutet auch eine Entlastung für das Personal (vgl. von der Beek, 2008[1], S. 123f.). Für Krippenkinder sind auch so genannte Schnabeltoiletten sinnvoll, da sie den noch schwächeren Gleichgewichtssinn ausgleichen. Im Durchschnitt ist für zehn Kinder eine Toilette vorgesehen (vgl. Gralle & Port, 2002, S. 38f.).
Im Unterschied zu den Garderoben in Einrichtungen für Vorschulkinder, muss in Kinderkrippen bedacht werden, dass Krippenkinder gerade in der Eingewöhnungsphase noch von ihren Eltern gebracht und aus- bzw. umgezogen werden. Hierfür ist es sinnvoll, dass auch genügend Raum eingeplant wird, damit eine Sitzmöglichkeit für Eltern und Kind gegeben ist. Auch zusätzliche Ablagemöglichkeit oder einen einklappbaren Tisch kann das Entkleiden der Kinder, besonders für schwangere Mütter, sehr erleichtern (vgl. von der Beek, 2008[1], S. 38). Angelika von der Beek (ebd.) beschreibt eine Konstruktion von Matthias Buck, die eigens für diesen Zweck als Anziehhilfe entwickelt wurde. Das Grundgerüst ist gleich einer Treppe, deren obersten Tritt man mechanisch nach oben fahren kann. Auf diese Weise können die Kinder eigenständig hochklettern, und die Rücken der Eltern und Erzieher/innen werden geschont.

9.2 Raumbegrenzungen

In ihren Anregungen zur Raumgestaltung von Kinderkrippen gibt Angelika von der Beek (2008[1], S. 52, 66) als wichtige Prinzipien sowohl das Bewahren von Freiraum als auch die

Ausnutzung der Höhe des Raumes bis unter die Decke an. Auf die Umsetzung dieser Prinzipien wird im anschließenden Abschnitt durch Aufzeigen von Möglichkeiten der Modellierung des Bodens eingegangen, bevor ebenso nähere Ausführungen zu Wand- und Raumhöhe bzw. Deckengestaltung folgen.

9.2.1 Bodenfläche

Nachdem die Kleinkinder die erste Phase der motorischen Entwicklung, in der sie sich liegend von einer Seite auf die andere drehen können, überwunden haben und sich krabbelnd oder robbend fortbewegen können, sollte die direkte Erfahrungswelt, also die Bodenfläche, eine Vielzahl an Endeckungen bereit halten. Eine große Anziehungskraft geht hierbei von der Überwindung von Höhenunterschieden aus. Nicht nur, dass die Kinder durch den Gewinn an Höhe auf Podesten einen Überblick über ihre Einrichtung erhalten, sondern auch die variantenreiche Gestaltung der Aufstiege, wie unregelmäßige Stufen, Sprossenleitern, Treppenwellen kombiniert mit unterschiedlichem Materialeinsatz, wie Kork oder Metall, ermöglichen verschiedene Sinneserfahrungen und damit einen Anreiz, diese Bewegungsanlässe wiederholt zu nutzen. Dadurch entsteht eine so genannte „Rückkopplungsschleife", indem die Lust, diese Bewegungsabläufe zu üben, aus ihrem Zweck hervorgeht. Neben den differenzierten Bewegungsanlässen können die Podeste auch als Bühnen oder Treffpunkte benutzt werden, während Verkehrswege zwischen zwei Erhöhungen das Treiben in der Einrichtung regulieren (vgl. von der Beek, 2008[1], S. 52, 66ff.).
„Im Aufenthaltsbereich der Kinder sind Stolperstellen und grundsätzlich auch Einzelstufen zu vermeiden. Lassen sich Einzelstufen [...] nicht vermeiden, müssen sie von angrenzenden Flächen deutlich unterschieden werden können" (DGU, 2009, S. 14). Dies kann durch kontrastierende Farbgebung oder Beleuchtung geschehen (vgl. ebd.). „Für Krippenkinder sind an Treppen zusätzlich gut erreichbare Handläufe in mindestens 60 cm Höhe anzubringen. Diese dürfen bei Umwehrungen mit Absturzgefahr nicht zum Klettern verleiten (z. B. wandseitige Handläufe)" (DGU, 2009, S. 27). Für Krippenkinder nicht permanent zugängige Treppen sind nach DIN EN 1930 (Artikel für Säuglinge und Kleinkinder – Kinderschutzgitter) durch Türchen oder Kinderschutzgitter mit einer Mindesthöhe von 65 cm zu sichern (vgl. Deutsches Institut für Normung, 2006).
Laut der Deutschen Gesetzlichen Unfallversicherung (2009, S. 28) haben sich sowohl Verbundverläge als Bahnenware mit einer elastischen Schicht von > 5 mm als auch Kork oder andere nachgiebige Beläge in einer Schicht von > 5 mm bewährt. Speziell für den Boden im Schlafbereich werden sowohl schallschluckende als auch weiche Materialien wie Kork oder Teppich empfohlen (vgl. von der Beek, 2008[1], S. 154).

9.2.2 Deckenfläche

Da auf die Farbgebung der Deckenflächen in Kap. 9.3 eingegangen wird, sollen an dieser Stelle schwerpunktmäßig Konstruktionen zur Förderung des Gleichgewichts (Vestibularapparates) dargestellt werden, die ihre Befestigung weitgehend in der Decke finden. Möglichkeiten zu bieten, diesen Sinn zu trainieren, sind von entscheidender Bedeutung, da der Vestibularapparat früh ausgebildet wird und die Entwicklung anderer sensorischer und motorischer Sinne bedingt und damit ebenso die emotionale wie die geistige Entwicklung beeinflusst. Da das Gleichgewicht in erster Linie durch Schwing-, Dreh- oder Wiegebewegungen geschult wird, sollte in einer Krippeneinrichtung durch Fender, Hängematten oder Sprossenschaukeln auch vielen Kindern gleichzeitig die Chance geboten werden, zu schaukeln, zu drehen oder zu wiegen. Die Befestigung in der Decke sollte dabei sicheren Halt und einfache Bedienung versprechen. Wenn die Decke keine Möglichkeit der sicheren Aufhängung gibt, kann auf Balkengestelle zurückgegriffen werden. Bei einer Höhe von 2,20 m ist nicht nur die Erreichbarkeit durch die erwachsenen Nutzer gewährleistet, sondern auch die Pendelbewegung eingeschränkt. Favorisiert wird ebenfalls eine Mehrpunktaufhängung, da diese eher zum gemütlichen Wiegen einlädt als zum ausgelassenen Schaukeln (vgl. von der Beek, 2008[1], S. 68ff.).

9.2.3 Wandflächen

Hinsichtlich der Farbgebung der Wandflächen werden in Kap. 9.3 verschiedene Anregungen geliefert. Warum in den Sanitärräumen auf eine Verkleidung der vollständigen Wandfläche mit Fliesen aus Schallschutzgründen verzichtet werden soll, wird unter Kap. 9.5 näher ausgeführt.
„Die Idee, Räume durch Öffnungen zu verbinden, ist spezifisch für die Krippe. Auf Grund des erhöhten Lärmpegels in Gruppen älterer Kinder müssen Erzieher/innen schauen, wo es Räume gibt, in denen man durch eine Öffnung in die Wand nicht zusätzliche Lärmbelastung schafft“ (von der Beek, 2008[1], S. 166). Hier hat sich eine Art Katzenklappe zur Verbindung der Räumlichkeiten bewährt, da durch ihre Größe keine Störung der akustischen Atmosphäre der Krippenräumlichkeiten besteht (vgl. ebd.).

9.3 Farbgebung

Was die Farbwirkung betrifft, gilt, wie bereits unter Kap. 8.3.2 Farbwirkung und einflussnehmende Faktoren beschrieben, dass für kleine eher dunkel wirkende Räume wegen der Größenkompensation vorzugsweise helle Farben benutzt werden sollten, während helle Räume auch satte Farben vertragen können. Als Deckenfarbe wird Weiß präferiert, da dadurch das künstliche Licht besser reflektiert wird. Eine adäquate Farbgebung soll auch in Krippeneinrichtungen stets die Funktion des Kinderraumes unterstreichen. Da Kinderkrippen unterschiedliche Funktionsbereiche meist in einem Gruppenraum vereinen, sollte eine einheitliche Farbgebung möglichst allen Zonen zuträglich sein. Dies erfüllt die weiße Farbe, wobei farbliche Betonungen vorgenommen werden können. Allgemein abzusehen ist von großflächigen Wandbildern, die durch ihre Dauerhaftigkeit der Flexibilität von Kinderräumen nicht gerecht werden. Als Farbempfehlung für den Schlafbereich wird ein warmes Aubergine befürwortet, während von einem Mustermix abgeraten wird. Für den Essbereich hingegen scheinen aprikosen- bis orangefarbene Töne passend, wobei hier auch durch die Beleuchtung, farblich abgestimmtes Geschirr und Unterlagen akzentuiert werden kann (vgl. von der Beek, 2008[1], S. 86f., 144, 154). Bewährt haben sich auch warme Naturtöne (Orange-Oliv-Braun, Country-Farben, Herbstfarben). „Damit [...] (Krippe) Kinder neugierig ihre Welt in den (Krippe) Räumen erobern, muss die positive Grundstimmung, die der Raum erzeugt, gewährleistet sein“ (Bendt & Erler, 2010, S. 24).

9.4 Licht

Die eindeutige Zuträglichkeit von natürlicher Beleuchtung gegenüber künstlicher für unseren Körper sowie unsere Wahrnehmung wurde bereits unter Kap. 8.4.1 ausführlich dargelegt. Umso wichtiger ist es nun auch, in Krippeneinrichtungen für möglichst viel Tageslicht zu sorgen. Es ist grundsätzlich zu verhindern, dass die Tageslichteinstrahlung weder durch die Außenbepflanzung noch durch Fensterbilder reduziert wird. Mehr natürliches Licht in der Einrichtung kann durch eingebaute Innenfenster und verglaste Türen erreicht werden, wobei diese Transparenz der Durchgänge, wie bereits erwähnt, besonders im unteren Bereich auch zum Schutz der krabbelnden Kinder dient, die gleichzeitig in den angrenzenden Raum blicken können (vgl. von der Beek, 2008[1], S. 88ff.). „Um Verletzungsgefahren zu vermeiden sind für Verglasungen bis zu einer Höhe von 2,00 m bruchsichere Werkstoffe zu verwenden oder die Verglasungen sind ausreichend abzuschirmen“ (DGU, 2009, S. 15). Des Weiteren sind „Verglasungen und andere lichtdurchlässige Flächen [...] für Kinder leicht und deutlich erkennbar“ (DGU, 2009, S. 16) zu gestalten, wie beispielsweise durch Aufkleber (vgl. ebd.).
Viele Bereiche, wie der Essbereich oder das Miniatelier, sollten am Fenster eingeplant werden, wo möglichst viel natürliches Licht einfällt. Falls dies nicht umzusetzen ist, sollte dafür Sorge getragen werden, dass jeder Tisch eine eigene Lichtquelle hat. Da der Essbereich mittels Klapptischen oft nach den Mahlzeiten umfunktioniert wird, bieten sich flexible Leuchten an, die sowohl in der Höhe verstellbar sind als auch mit Wandlichtern kombiniert werden können (vgl. von der Beek, 2008[1], S. 141).
Durch die Multifunktionalität des Gruppenraums in Kinderkrippen braucht es allgemein noch vielseitigere Beleuchtungsmöglichkeiten als in Kindertagestätten mit verschiedenen Funktionsräumen. So kann eine Hängelampe mit Glühbirne für eine angenehme Atmosphäre im Essbereich sorgen, während Halogenstrahler wegen ihrer Tageslichtwiedergabe eher für das Ausleuchten der Arbeitsfläche beim künstlerischen Arbeiten im Miniatelier

eingesetzt werden. Dabei sollten diese vorzugsweise den Arbeitsplatz von oben und unten ausleuchten (vgl. ebd., S. 90, 109).
Eine Orientierung bei der Beleuchtung von Gruppenräumen liefert die Vorgabe der DIN 5035-2 (Angewandte Lichttechnik), die für Krippenräume 200 lx veranschlagt (vgl. Deutsches Institut für Normung, 1990).
Im Sanitärraum wird ebenfalls eine natürliche Beleuchtung bevorzugt. Bei Rückgriff auf eine künstliche Beleuchtung sollte diese Tageslichtqualität haben, um einer zu starken Grelle vorzubeugen. An den Wickeltischen ist generell für blendfreie Beleuchtung zu sorgen (vgl. von der Beek, 2008[1], S. 123ff.).
Auch in Ruhephasen ist es nicht empfehlenswert, die Schlafbereiche vollständig zu verdunkeln. Allerdings sollte die Beleuchtung im Vergleich zu Phasen höherer Aktivität variieren. Dies kann beispielsweise durch Lichterketten erreicht werden (vgl. ebd., S. 154).

9.5 Akustik

In der Regel ist festzuhalten, dass Nutzer einer Krippeneinrichtung ohne Altersmischung geringerer Lärmbelastung ausgesetzt sind als Nutzer einer Betreuungsinstitution für Kinder im Vorschulalter. Daher sind auch vergleichsweise weniger bau- oder raumakustische Maßnahmen zur Herabsetzung der Nachhallzeit (vgl. 8.5.3 und 8.5.4) vorzunehmen. Von der Beek (2008[1], S. 91ff.) formuliert die angestrebten akustischen Bedingungen für den Gruppenraum einer Kinderkrippe als „gute akustische Atmosphäre“. Diese kann geschaffen werden, indem allgemein auf glatte Flächen, die den Schall besonders gut reflektieren und damit verstärken, verzichtet wird. Mit solchen Flächen sind beispielsweise lackierte Wände oder Möbelstücke aller Art anzuführen. Vorzuziehen sind offene Regale, Raufasertapete, Sajadeanstrich, unbehandelte Möbel sowie schwere Gardinen. Auf Grund der Großporigkeit der Materialien kann durch diese Elemente der Raumgestaltung eine größere Schallabsorption und damit eine Lärmreduzierung erreicht werden.
In Sanitärräumen gestaltet sich die Vermeidung von schallreflektierenden Wandverkleidungen durch die Fliesen eher schwierig. Hier wird empfohlen, diese Fliesenflächen so gering wie möglich zu halten, das heißt beispielsweise nur bis auf halbe Höhe zu fliesen. Weitere akustische Maßnahmen, wie Schallschutzdecken, sollten zusätzlich herangezogen werden (vgl. ebd., S. 125).
Die Schlafbereiche der Krippe sind grundsätzlich in die akustisch unbelastetsten Zonen der Einrichtung zu legen, da eine Geräuschbelastung den Kindern einen erholsamen Schlaf verwehrt. Auch hier können poröse, schallschluckende Materialien, wie Teppich, Matratzen, Decken, Kissen und eine vielfältige textile Ausstattung die akustische Atmosphäre verbessern. Zum Thema Einschlafmusik ist festzuhalten, dass darauf zugunsten des Miteinanders der anderen Kinder bei einer gemeinsamen Ruhepause verzichtet werden kann. Da diese gute akustische Atmosphäre auch von den Kindern selbst nicht gefährdet werden sollte, sind Utensilien, die zum Produzieren von Lärm einladen, für die Kinder unzugänglich aufzubewahren (vgl. ebd., S. 154f., 159).

9.6 Klima

Besonders in den Schlaf- und Sanitärbereichen einer Krippeneinrichtung ist es wichtig, dass die herrschende Temperatur mittels angebrachter Thermometer regelmäßig kontrolliert und reguliert wird. Im Schlafbereich sollte die Temperatur nicht über 18°C liegen und die Räume immer ausreichend gelüftet werden. Auch bei der Schlafkleidung ist darauf zu achten, dass durch den Verzicht auf Schlafsack, Strumpfhosen oder Strümpfe ein Hitzestau bei den Kindern vermieden wird. Im Sommer reicht daher Unterwäsche und ein dünnes Laken (vgl. von der Beek, 2008[1], S. 155). „In Bereichen, in denen die Kinder sich entkleiden bzw. entkleidet werden, um gewaschen oder gewickelt zu werden, sollte eine Mindesttemperatur von 24°C nicht unterschritten werden“ (DGU, 2009, S. 13).
Zur Heizung der Sanitärräume wird eine schlangenförmig im Boden verlegte Rücklaufheizung empfohlen. Die Wickeltische sollten in diesen Räumen bzw. allgemein nicht in Durchgängen platziert werden. Im Hinblick auf das vorherrschende Geruchsklima einer Kinderkrippe ist es wichtig, dass die Geruchswahrnehmung der Nutzer nicht überreizt wird. Eine wichtige Maßnahme, die daher zu treffen ist, ist die räumliche Trennung von Sanitär- und Gruppenraum (vgl. von der Beek, 2008[1], S. 123ff.). Neben ausreichender Belüftung bzw. einem Belüftungssystem ist es wichtig, dass Windelabfälle für Kinder unzugänglich aufbewahrt werden, beispielsweise in einem gesondert verschließbaren Behälter (vgl. DGU, 2009, S. 25).
Aber auch für Erwachsende wohlriechende Gerüche, wie beispielsweise Duftkerzen, nehmen Kinder anders wahr, da ihnen die Erfahrungen fehlen, die Erwachsene mit diesen Dufteindrücken verbinden. Gerüche, die auf die Kinder angenehmer sowie aktivierender wirken, sind Spielsachen aus Zedern- oder Rosenholz, Schafsfelle und unbehandelte Möbel (vgl. von der Beek, 2008[1], S. 93).

9.7 Einrichtung

Auch die Einrichtung der Kinderräume, wie eingesetztes Material, Mobiliar und Ausstattung, nimmt starken Einfluss auf die Entwicklungs- und Interaktionsprozesse der kindlichen Nutzer.

9.7.1 Material

Ebenso wie bei der Raumgestaltung von Betreuungsinstitutionen für Vorschulkinder sollte der Materialeinsatz auch in Krippeneinrichtungen vielseitig sein und auf diese Weise eine Vielfalt von Sinneswahrnehmungen ermöglichen. Gerade Naturmaterialien aktivieren dabei die Sinne der Nutzer besonders. Blätter, frische Kastanien, Sand, weiche Schafsfelle und unbehandeltes Holz beispielsweise, laden zum Anfassen ein und verströmen einen angenehmen Geruch, besonders Zedern- oder Rosenholz, aus dem vorzugsweise Spielsachen gefertigt werden. Durch das Betasten der Naturmaterialien wird die Differenzierungsfähigkeit geschult, indem Unterschiede beispielsweise zwischen rau und glatt oder nass und trocken wahrgenommen werden (vgl. von der Beek, 2008[1], S.18 f., 77ff., 108). Mit dem so genannten Bohnenbad stellt Angelika von der Beek (2008[1], S. 81) eine krippenspezifische Möglichkeit vor, mittels Naturmaterialien die Sinne der kindlichen Nutzer zu schärfen. Um eine Art Wanne zu schaffen, wurde in eine 20 cm Erhöhung eine viereckige Vertiefung eingelassen, die durch einen passenden Deckel zu verschließen ist. Diese Wanne kann nun mit roten Bohnen gefüllt werden, in denen die Kinder ein wahres Bad der Sinneserfahrungen nehmen können. Die Bohnen haben den Vorteil, dass sie durch ihre Größe nicht zum wilden Toben animieren, wie beispielsweise Bälle, die durch ihre Größe ohnehin nicht zur Schulung der differenzierten Wahrnehmung geeignet sind. Als Füllmaterialien können eventuell noch Kastanien oder Wattebausche eingesetzt werden (vgl. Bendt & Erler, 2010, S. 58).

9.7.2 Mobiliar und Ausstattung

Möchte man die motorische Entwicklung fördern, sollte bei der Ausstattung der Kinderräume im Hinblick auf die motorische Entwicklung grundsächlich der Bewegungsdrang der kindlichen Nutzer berücksichtigt werden. Hier sollen freie Bereiche, erhöhte Flächen und Haltestangen zu Krabbel- und Gehunternehmungen anleiten, während Ruhezonen mit bequemen Liegemöglichkeiten der Erholung dienen (vgl. Göhlich, 1997, S. 194). Da gerade durch das gemeinsame Spiel besonders gut voneinander gelernt werden kann, sollten die räumliche sowie materielle Ausstattung diese Interaktion ermöglichen und fördern. Da Kinder zwischen sechs Monaten und drei Jahren im Vergleich zu Kindern im Vorschulalter gerne für sich spielen, sollten sowohl die räumlichen als auch die materiellen Rahmenbedingungen in Krippeneinrichtungen das Gruppen- wie auch das Individualspiel ermöglichen. Dadurch, dass in der früheren Kindheit die Spielphasen harmonisch ineinander übergehen, sind gerade Spielutensilien, die multifunktional eingesetzt werden können, sinnvoll (vgl. von der Beek, 2008[1], S. 18ff., 79 f).
„Gerade kleine Kinder brauchen weniger Spielzeug, dafür aber umso mehr Zeug zum Spielen" (ebd., S. 65). Denn „Kinder wollen sich mit der realen Welt auseinandersetzen, nicht mit einer Scheinwelt, einer harmlosen Kindervariante" (Bendt & Erler, 2010, S. 50). Daher sollten den Kindern in erster Linie Alltagsmaterialien, wie Decken, Tücher, Taschen, Behälter, Kartons, Töpfe, Kochlöffel sowie Modeschmuck, Hüte oder Spiegel zur Verfügung stehen, die oftmals variantenreich zum Einsatz kommen können, ob zum Liegen, Einwickeln oder Höhlenbauen oder für Rollenspiele (vgl. von der Beek, 2008[1], S. 77). Aus Sicherheitsgründen sollte hier darauf geachtet werden, dass weder gesundheitsschädliche Substanzen noch Gegenstände, bei denen die Gefahr des Verschluckens besteht, ausgewählt werden (vgl. DGU, 2009, S. 22).
Betrachtet man die Kreativitätsentwicklung, beispielsweise das bildnerische Gestalten der Kinder, zeigt sich in dem Alter zwischen sechs Monaten und drei Jahren das so genannte

graphische Plappern, indem die Kinder große Freude daran haben, Spuren zu hinterlassen, die im Gegensatz zu der produzierten Sprache von Dauer sind. Dies gilt es zu unterstützen, indem man den kleinen Künstlern in einem Miniatelier eine vorbereitete Umgebung mit Farben, Pinseln in verschiedenen Ausführungen, weichen Stiften, Maluntergründen, Gläser mit Schraubverschluss, Malkittel usw. bereitstellt, in dem sie ihre Fertig- und Fähigkeiten selbstständig ausprobieren und schulen können. Neben der Ausstattung mit unterschiedlichen Malutensilien, die für die Kinder leicht erreichbar in einem offenen Regal zu verwahren sind, bedarf ein Miniatelier auch mobiliarer Ausstattung. Der Tisch zum Malen und Werken sollte auf Grund der natürlichen Beleuchtung vorzugsweise am Fenster platziert werden, wo zusätzlich eine tiefe und niedrige Fensterbank als Stauraum oder Sitzplatz zum Malen genutzt werden kann. Ist dies nicht umsetzbar, sollte die Arbeitsfläche zumindest extra von unten und oben beleuchtbar sein. Grundsätzlich sollten sich die kleinen Künstler ihre Malposition frei aussuchen dürfen. Kinder im Krippenalter wählen dabei selten das Sitzen, da sie mit den Füßen nicht den Boden erreichen und dies als unbehaglich empfinden. Daher sind Sitzgelegenheiten, wie Stühle, in einem Minitatelier eher unangebracht (vgl. von der Beek, 2008[1], S. 95ff., 109f., 107). Als Unterlagen beim Malen haben sich laut von der Beek (2008[2], S. 24) die so genannten Malbretter bewährt, die im Malbretterturm nicht nur praktisch verwahrt, sondern dort auch als Trockenvorrichtung für die Kunstwerke eingesetzt werden können. Zur Präsentation der Kunstwerke ist eine aufgestellte Pinnwand sinnvoll, die die nötige Aufmerksamkeit und Wertschätzung verspricht. Des Weiteren darf in einem Miniatelier kein Waschbecken fehlen. Diese sollten dem erwachsenen Maßstab entsprechen und für die Kinder eine Erhöhung vorsehen, auf die sie sich bei Nutzung des Beckens stellen können. Ein Ablaufbrett und ein Lattenrost unterhalb des Beckens sorgen für schnelles Ablaufen des Wassers und verhindern somit größere Überschwemmungen (vgl. von der Beek, 2008[1], S. 109).

Da Kinder im Krippenalter beim kreativen Gestalten oft ihren ganzen Körper mit einbeziehen, empfiehlt es sich, das Miniatelier in den *Sanitärraum* zu verlegen. Mittels einem Tisch, einem Ablauf im Boden und einem Regal mit der nötigen „Ausrüstung" können die Kinder mit Kleister, Ton, Farbe und Wasser gemeinsam experimentieren und das Gestalten mit ihrem ganzen Körper erfahren. An erster Stelle stehen bei der Auswahl der Gestaltungsmaterialien die so genannten handhabbaren Materialien wie Papier, Tapetenkleister und Ton, mit denen die Kinder ohne äußere Hilfestellung werken und experimentieren können (von der Beek, 2008[1], S. 101ff.). Da das Material Papier bereits in Kap. 8.7.1 ausführlich thematisiert wurde, werden an dieser Stelle lediglich die beiden anderen aufgegriffen. Gerade Kleister kann man auf Grund seiner Konsistenz besonders gut ganzheitlich erleben. Kinder können ihn walken, matschen, verschmieren und auch mit anderen Materialien, wie Wolle, Stofffetzen, Sägespänen oder Sand vielseitig verarbeiten. Besonders mit Naturmaterialien, wie Steinen, Muscheln oder Federn, lässt sich auch das Naturprodukt Ton in Krippeneinrichtungen vielfältig einsetzen. Es ist für alle Nutzer besonders gut verträglich und mit wenigen Alltagsmaterialien, wie Gabeln, Kämmen oder Holzstücken, zu bearbeiten. Hier haben die Kinder Gelegenheit, im kreativen Gestalten in Form von Walzen oder Kugeln erste dreidimensionale Figuren für sich zu entdecken. Beim Wer-

ken sollten die Kinder durch die Höhe und Beschaffenheit des Tisches stehen können. Die Endergebnisse haben letztlich auch die angestrebte Dauerhaftigkeit (vgl. von der Beek, 2008², S.13ff.).
Der *Sanitärraum* übernimmt allerdings in erster Linie eine wichtige Funktion bei der Gesundheits- bzw. Hygieneerziehung. Zur Körperpflege sind für die Kleinsten Säuglingsbadewannen und Wickeltische, für Kinder ab zweieinhalb Jahren kindgerechte Toiletten (26 cm hoch) vorgesehen, die zur Erhaltung der Intimsphäre durch Trennwände voneinander zu separieren sind (vgl. von der Beek, 2008¹, S. 121ff., 101). Für Krippenkinder sind die bereits genannten Schnabeltoiletten sinnvoll, da sie den Vestibularapparat fördern. Im Durchschnitt ist für zehn Kinder eine Toilette vorgesehen (vgl. Gralle & Port, 2002, S. 38f.). Durch die Einhaltung des kindlichen Maßstabs bei den Toiletten wird die Eigenständigkeit der kindlichen Nutzer gefördert, indem die Kinder ohne das Zutun Erwachsener durch Beobachten und Imitieren lernen können, was auch mit einer weiteren Entlastung des Personals einher geht (vgl. von der Beek, 2008¹, S. 124).
Die Entlastung der Erzieher/innen ist auch bei den Wickeltischen ein wichtiges Thema. Wickelplätze für Krippenkinder sollten daher höhenverstellbar sein. Durch eine zusätzliche Steigekonstruktion für das Kind, können diese selbstständig die Wickelfläche erklimmen. Das ist rückenschonender für die Erzieher/innen und das Kind wird außerdem in Bewegung versetzt (vgl. Gralle & Port, 2002, S. 38f.).
In erster Linie sollten Wickeltische so beschaffen sein, dass ein Herunterfallen des Kindes ausgeschlossen werden kann. „Als geeignete Ausführungen werden z. B. seitlich und rückwärtige Aufkantungen von mindestens 20 cm Höhe angesehen" (DGU, 2009, S. 28). Die Wickelfläche sollte flächenmäßig allerdings auch größeren Kindern gerecht werden und ein angenehmes Liegen ermöglichen. Eine integrierte Beheizung des Tisches sorgt für stärkeres Wohlbefinden. Eine unmittelbare Anbindung an ein Waschbecken ist ebenso wie Aufbewahrungsfächer direkt unter dem Wickeltisch eine Arbeitserleichterung für die Erzieher/innen, da diese sich auf Grund der kurzen Wege ganz auf das Kind konzentrieren können. Da auch ein ständiger Sichtkontakt zur Gruppe nicht nur dem zu wickelnden Kind Wohlbefinden vermittelt, sondern auch dem Personal Entspannung verspricht, kann ein Sichtfenster zum Gruppenraum für die nötige Transparenz sorgen (vgl. von der Beek, 2008¹, S. 123ff.). Des Weiteren konnte beobachtet werden, dass manchen Kindern gerade das Liegen auf dem Rücken beim Wickeln Unbehagen bereitet, weil es eine gewisse Hilflosigkeit vermittelt. Abhilfe kann hier bei etwas älteren Kindern das Wickeln im Stehen schaffen. Bei Kleinkindern, die beim Wickeln liegen müssen, sorgen Mobile, Greifspiele oder kleine Figuren für die nötige Abwechslung (vgl. Bendt & Erler, 2010, S. 34).
Da die normalen Waschbecken in den Sanitärräumen meist nicht genügend Raum für Experimente, Köperpflege, Plantschen und gemeinsame oder individuelle Wasserspiele bieten, sollte nach von der Beek (2008, S. 125) ein krippengerechter Sanitärraum auf der Höhe von 53 cm über eine Wasserrinne mit Einhandmischbatterie (Warm- und Kaltwasser) sowie über eine Überlaufvorrichtung verfügen. Durch einen zusätzlichen Ablauf und einen Schieber in Besengröße können die Räume nicht nur vor Überschwemmung be-

wahrt werden, sondern auch noch leicht gereinigt werden. Aus Sicherheitsgründen ist darauf zu achten, dass die Wassertemperatur der Wasserhähne, die für Kinder erreichbar sind, nicht über 43°C liegt, da es sonst zu Verbrühungen kommen kann (vgl. DGU, 2009, S. 22).

Das Experimentieren mit Wasser, das die Kinder mit besonderer Ausdauer und Konzentration vollziehen, lässt die Kinder allerlei Wahrnehmungen der Haut spüren. Sie erlangen durch das Schütten in verschiedene Gefäße gewisse Grundlagen der Physik. Dazu benötigen sie lediglich Alltagsgeräte, wie Becher, Trichter, Kellen, Schneebesen, die ihnen zur freien Verfügung dargeboten werden und ein bisschen Seife, um das Wasser aufzuschäumen (vgl. von der Beek, 2008[2], S. 18f.).

Zum Wohlbefinden der Nutzer in Sanitärräumen kann des Weiteren eine Gummimatte beitragen, die die Füße vor der Kälte schützt. Die Krippenkinder sollten nach dem Plantschen auch direkt abgetrocknet werden. Dabei sieht man weitgehend von den so genannten „Handtuch-Batterien“ ab, die für jedes Kind ein gleich aussehendes Handtuch bereithielten. Dies vermittelte einen zu starken „Anstaltscharakter“ (vgl. von der Beek, 2008[1], S. 119f.).

Essbereiche oder -räume von Krippeneinrichtungen stellen einen ganz eigenen Anspruch an das Einrichtungsmobiliar und sollten daher von Essbreichen älterer Kinder separiert werden. Das Sitzmobiliar und die Tische sind an die Körpergröße der kindlichen Nutzer zwischen sechs Monaten und drei Jahren anzupassen (vgl. ebd., S. 135). Gerade die oft für Kinder in diesem Alter verwendeten Hochstühle empfindet von der Beek (2008, S. 76) weniger kindgerecht, da weder die Rücken- noch die Armlehne wirklich Sinn machen. Im Gegenteil begrenzen sie eher den Bewegungsspielraum der Kinder stark und resultieren in einer „passiven Haltung“, indem das Kind nahezu fixiert im Kinderstuhl festsitzt. Hinsichtlich der Unsinnigkeit der Rückenlehne ist festzuhalten, dass die kindlichen Nutzer in dem Alter des Einsatzes bereits sitzen können und daher eine zusätzliche Stütze eher kontraproduktiv wirken kann. Durch ihre Größe und ihr Gewicht sind Hochstühle des Weiteren weder flexibel einsetzbar, noch an Krippentische, die etwa eine Höhe von 42 cm haben sollten, zu stellen oder von den Kindern eigenständig zu erreichen (vgl. ebd., S. 135ff.). Sollten Hochstühle zum Einsatz kommen, sollen sie stand- und kippsicher sein und der DIN EN 14988-1 (Kinderhochstühle) entsprechen (vgl. DGU, 2009, S. 28; Deutsches Institut für Normung, 2006).

Alle diese Vorteile birgt im Vergleich dazu die Sitzmöglichkeit des Hockers. Hier ist es bei einer Höhe von 18 cm möglich, dass die Kinder ihre Füße auf den Boden stellen können – bei Kindern zwischen zwei und drei Jahren – können dies 22 cm sein. Hier sollte die Höhe besser zu tief als zu hoch angesetzt werden. Hocker sind ferner multifunktional einsetzbar. Sie können gestapelt oder gereiht werden, wodurch sie als Bank, Bett, Spielutensil, Tisch, Verwahrungsraum oder zur Zonierung des Gruppenraums benutzt werden können (vgl. von der Beek, 2008[1], S. 76), 135).

Bei einem Essbereich, der außerhalb der Esszeiten anderweitig genutzt wird, macht es Sinn, zum Raumgewinn Klapptische zu verwenden. Diese sollten maximal 1,40 m lang sein. Durch das Anbringen von Spielmöglichkeiten an der Unterseite der Tische sind diese auch in der hochgeklappten Stellung für die kindlichen Nutzer interessant und wertvoll. Im Hinblick auf die Geschirrausstattung einer Kinderkrippe sollte auf nicht allzu leichtes Geschirr geachtet werden, am besten sollte es aus Porzellan sein. Damit sich die Kinder bei der selbstständigen Bedienung nicht grenzenlos viel Essen auf die Teller geben, kann kindgerechtes Schöpfbesteck die Einschätzung der Kinder unterstützen. Die Unterlagen sollten gut zu reinigen sein, wie Tischsets oder Wachstuch. Damit auch die Kinder sich selbst bei dem Essen nicht allzu sehr beschmutzen, sind Lätzchen empfehlenswert, die bis zu den Knien reichen. Wird der Essbereich auf einer Erhöhung eingerichtet, kann dies eine große Entlastung für die erwachsenen Nutzer darstellen (vgl. von der Beek, 2008[1], S. 73, 140; 137). Höhere Stühle mit einer Fußstütze in mittlerer Höhe für die Kinder können auch von Erwachsenen genutzt werden.

Die *Schlafbereiche* sollten bezüglich Platz und Ausstattung sowohl gemeinsame Ruhephasen, in denen die Kinder sich durch die gegenseitige Nähe beruhigen, als auch individuelle Schlafplätze ermöglichen. Dies kann am besten in einer „Schlaf-Spiel-Podest-Ebene" umgesetzt werden. Zusätzlich können ebenso Höhlen und Kartons für einzelne Kinder zum Schlaflager umfunktioniert werden. Gerade bei dem Herrichten der Schlafplätze sind die kindlichen Nutzer im Sinne der Selbstständigkeit und Partizipation zu beteiligen, auch wenn nur Kissen und Decken herangetragen werden. Besonders flexibel einsetzbar sind für diesen Zweck auch Schaffelle. Diese können entweder selbst als Schlafunterlage dienen oder ein Hundekörbchen in ein gemütliches Schlaflager verwandeln. Ähnlich gemütlich sind auch Hängekörbe. Absehen sollte man wegen der schlechteren Liegequalität allerdings von Hängematten (vgl. von der Beek, 2008[1], S.149ff.). Gerade die angesprochenen Hundkörbchen tragen wegen ihrer organischen und vertrauten Form durch die Ähnlichkeit zum Mutterleib nachweislich zu einem erholsamen Schlaf bei. Dadurch, dass das schlafende Kleinkind die Wände des Körbchens während des Schlafens berühren kann, spürt es sich selbst, was im Gegenteil dazu in einem 1,40 m großen Gitterbett nicht möglich ist (vgl. Bendt & Erler, 2010, S. 48). Naturgefärbte Seidentücher oder Chiffon vermitteln als Baldachine bei Schlafgelegenheiten für Krippenkinder Geborgenheit und verhindern das Abschweifen der Kinderblicke (vgl. Franz & Vollmert, 2005, S. 32). Aus Sicherheitsgründen ist darauf zu achten, dass die schlafenden Kinder weder aus größeren Höhen herunterfallen können noch der Zugluft ausgesetzt sind (vgl. DGU, 2009, S. 26). Für die Matratzen, die außerhalb der Schlafzeiten aus Platzgründen weggeräumt werden sollten, bieten sich Matratzenschränke an, die durch die Einteilung in Fächer eine Verstauung einzelner Matratzen ermöglichen, ohne die Rücken der Erzieher/innen stark zu belasten (vgl. von der Beek, 2008[1], S.149ff.). Wie bereits auch in Kap. 8.7.2 ausführlich dargelegt, haben Spiegel in Kindereinrichtungen einen ganz besonderen Stellenwert. Die Kinder können sich selbst und andere beobachten, ihre Gestik und Mimik testen und variieren. So sollten diese auch zu der Ausstattung von jedem Krippenraum gehören. Gemäß dem kindlichen Maßstab sind Spiegel hier für krabbelnde Kinder in Bodenhöhe (vgl. Göhlich, 1997, S. 194) oder als Spiegelkachel unter den Tisch zu platzieren. Für größere Kinder bietet sich die Höhe des Türgriffes oder eine verspiegelte Tischplatte an. Wobei zu beachten ist, dass auch Spiegel vorhanden sein sollten, in denen sich die Kinder ganz se-

hen können. Vor allem im Sanitärbereich über der Wasserrinne oder beim Eincremen, regt die Betrachtung in einem Spiegel zu einer Auseinandersetzung mit dem eigenen Körper an. Die Reggio-Pädagogik, die sehr großen Wert auf den Einsatz von Spiegeln legt, regt selbst zu einem Spiegel neben der Toilette oder über dem Wickeltisch an. Während der Toilettengang damit zu etwas ganz Selbstverständlichem und Natürlichem gemacht werden soll, können die zu wickelnden Kinder auf dem Wickeltisch den Vorgang beobachten (vgl. von der Beek, 2008¹, S.77, 117ff.).
Neben den kindlichen Nutzern sind die erwachsenen Nutzer der Krippeneinrichtungen nicht zu vernachlässigen. Ähnlich wie auch in anderen Kindertagesstätten ist insbesondere aus gesundheitlichen Gründen auf erwachsenengerechtes Sitzmobiliar zu achten. Dabei muss Entgegenkommen zwischen geeigneter Sitzhöhe der Erzieher/innen und Höhe der Krippentische stattfinden. Die Sitzfläche sollte etwa 40 cm breit und tief sein. Diesen Ansprüchen kann ein höhenverstellbarer Schreibtischstuhl gerecht werden. Werden Kinder im Säuglingsalter betreut, die von den Betreuern individuell gefüttert werden, ist es von Vorteil, wenn eine weitere bequeme Sitzmöglichkeit, wie ein Schaukelstuhl, ein Sessel oder ein Sitzsack vorhanden ist. Zum Erledigen von kleinen Schreibarbeiten oder zum Aufbewahren von Ordnern oder privaten Sachen wird oftmals ein Stehpult empfohlen. Dieses nimmt nicht viel Platz weg und kann in der Nähe der Tür auch als Empfangspult dienen (vgl. ebd., S. 138f., 160).

9.7.3 Accessoires

Allgemein gilt hier: Weniger ist oft mehr. Von der Beek (2008, S. 155ff.) empfiehlt Kunstdrucke, selbstgemachte Fotos von den Kindern und Alltagsgegenstände für den eigenständigen Gebrauch der Kinder zu laminieren und in kleinen Kisten für die Kinder zugänglich aufzubewahren. Zur Erleichterung der Eingewöhnung in der Krippeneinrichtung besteht die Möglichkeit, dass die Kinder ein so genanntes Übergangsobjekt[36] mitbringen. Dieses sollte so platziert werden, dass das Kind jederzeit darauf zurückgreifen kann.

10. Die Außenanlage

Die Übergänge von Innen- und Außenbereich der Kita sollten beispielsweise durch Stege aus Holz, Terrassen und Pflanzen einen nahtlosen Wechsel von den Innenräumen ins Freigelände ermöglichen (vgl. Gralle & Port, 2002, S. 35). Auf diese Weise kann Raum ent-

[36] „Im Laufe des ersten Lebensjahres entwickeln sich die Objekt- und Selbstrepräsentanzen, die sich weiter stabilisieren. Diese können auch ohne die reale Anwesenheit der Mutter intrapsychisch aktiviert werden und alle Erinnerungen an die Interaktionen und Gefühle mit der Mutter wachrufen" (Brisch, 2009, S. 150).

stehen, der auch zur Erweiterung des Gruppenraumes benutzt werden kann (vgl. Walden & Schmitz, 1999, S. 137).
Die Gestaltung des Außengeländes ist von entscheidender Bedeutung für das Gesamtkonzept der Kindertageseinrichtung, folglich soll es der pädagogischen Arbeit der Einrichtung gerecht werden (vgl. Ministerium für Kultur, Jugend, Familie und Frauen, 1998, S. 5). Im Hinblick auf den Flächenbedarf der Kinder im Außenbereich existieren in den meisten Bundesländern keine festen Vorgaben. Die bestehenden Richtlinien bewegen sich zwischen 5 m^2 und 10 m^2 pro Kind. Wobei dem Bewegungsbedürfnis bei Horteinrichtungen durch einen zusätzlichen Spiel- oder Bolzplatz gerecht werden sollte. Grundsätzlich lässt sich das Außengelände in den externen Bereich und den internen Bereich unterteilen. Der externe Bereich umfasst neben den Parkplätzen und dem Kontaktbereich, in dem Eltern die Kinder Abliefern oder Mitnehmen, auch das so genannte Abstandsgrün.[37] Dieses dient nicht nur als Schutz vor zu vielen Blicken, sondern stellt als Absorptionsfläche einen zusätzlichen Lärmschutz dar. Während der Kontaktbereich durch Regen- und Sonnenschutz sowie Sitzmöglichkeiten einladend gestaltet werden sollte, um die Eltern in das Leben der Kita einzubeziehen, dürfen die Parkplätze das Interesse und die Neugier der Kinder nicht allzu stark wecken. Die Gestaltung des internen Bereichs ist hauptsächlich an den motorischen, psychologischen, sinnlichen und gesundheitlichen Bedürfnissen der kleinen Nutzer zu orientieren (vgl. Beltzig, 2002, S. 43f.). In diesem Sinne soll er genügend Spielraum, Erlebnis- und Erfahrungsmöglichkeiten zur Verfügung stellen, wie auch Einfluss und Rückzug der Nutzer zulassen. Damit kann die Grundlage für handlungsorientierte und soziale Lernprozesse gelegt werden (vgl. Ministerium für Kultur, Jugend, Familie und Frauen, 1998, S. 5). Da hierbei die Bedeutung der Natur für die Kinder eine grundlegende Rolle spielt, wird diese im Folgenden näher beschrieben.

10.1 Die Bedeutung der Natur

> *„Fragt mich aber jemand nach meinen Kindheitserinnerungen, da gilt mein erster Gedanke, trotz allem nicht den Menschen, sondern der Natur. Sie umschloss all meine Tage und erfüllte sie so intensiv, dass man es als Erwachsener gar nicht mehr fassen kann. [...]. Steine und Bäume, sie standen uns nahe, fast wie lebende Wesen, und die Natur war es auch, die unsere Spiele und Träume hegte und nährte“* (Lindgren, 1977, S. 62f.).

[37] „Türen und Tore, die direkt in den öffentlichen Verkehrsraum führen sind so zu sichern, dass Kinder die Einrichtung nicht unerlaubt verlassen können. Unerlaubtes oder unbemerktes Verlassen kann dadurch verhindert werden, dass zum Beispiel die betreffenden Türen durch ein elektrisches System verriegelt sind [...] [oder] durch eine Türklinke außerhalb der Reichweite der Kinder gesichert sind“ (DGU, 2009, S. 32).

Nach Österreicher (2005, S. 30) ist die Vorstellung, dass Lernvorgänge und Bildungsprozesse an gebaute Umwelten gebunden sind, eine Erscheinung der Schultradition, dessen Begründung darin liegt, dass feste Räumlichkeiten den entsprechenden Anforderungen und Pflichten am besten gerecht werden. Durch die Verlagerung in die freie Umgebung ändern sich sowohl die sinnlichen Empfindungen, die Verarbeitungsprozesse als auch die Inhaltsstrukturen. Dies wird an den folgenden Gesichtspunkten deutlich:
Erstens werden durch die direkte Konfrontation mit der Natur und ihren Bestandteilen Zusammenhänge transparenter und leichter verinnerlicht. Bei der Auseinandersetzung mit der Natur werden deren unterschiedliche Gerüche, ihre jahreszeitspezifische Farbgebung, ihre Phänomene, wie Wolkenbildung oder Regen, differenziert wahrgenommen. Mit Unterstützung können diese gemeinsam mit den Kindern in Sinnzusammenhänge eingeordnet werden. Basierend auf ihren gesammelten Erlebnissen und Empfindungen gewinnen die Kinder einen Wissensbestand über Naturzusammenhänge, der durch den Erwerbsvorgang und seine Vernetzung besondere Tiefe besitzt. Folglich wird „über das sinnliche Erleben" (Senckel, 2004, S. 183f.) Bedeutung vermittelt. Wobei dies auch unabhängig von der aktuellen Situation durch Folgerungen und Transferleistungen der Kinder vollzogen wird. Zweitens beeinflussen sich der physische und psychische Zustand gegenseitig. In diesem Sinne wirkt sich das vielfältige Bewegungsangebot der Natur positiv auf Aufmerksamkeitsverhalten und Motivation der Kinder aus. Drittens ist festzuhalten, dass das Naturerlebnis einen Grundstein für abstrakte Denkprozesse wie die Vorstellung von Variation, Kausalität, Wirkungsrichtung und Intensität von Kraft usw. legt (vgl. Österreicher, 2005, S. 30).
Durch die Erkenntnis, dass auch sie ein Bestandteil dieser Natureinheit sind, wird durch die sozialen Empfindungen der Kinder eine starke Verankerung mit der heimischen Natur und dem Leben unterstützt. Daraus resultiert Respekt und Verantwortung für die natürliche Umwelt. Ebenso kommt auch der Aspekt der Ästhetik in der Natur besonders stark zum Tragen. Mit allen Sinnen können hier die Wünsche des Menschen nach Schönheit zufrieden gestellt werden. Zusammenfassend lässt sich festhalten, dass die Natur den Menschen ganzheitlich formt, „weil sie den ganzen Menschen anspricht, seine Phantasie, sein moralisches und ästhetisches Bewusstsein ebenso wie sein Körperempfinden, seine Bewegungslust und sein Bedürfnis nach Aktivität" (Senckel, 2004, S. 186f.). Aus dieser Bedeutung der Natur für den Menschen, seiner Entwicklung und seiner Bedürfnisbefriedigung ist die Rechtfertigung eines möglichst naturnahen Außenbereichs abzuleiten.

10.2 Die Gestaltungselemente des Außenbereichs

Naturnahe Freigelände sind durch unterschiedliche natürliche Elemente zu gestalten. Grundsätzlich gilt: „Natürliche Entwicklungen werden zugelassen und nicht unterbunden. Spontanvegetation wird geduldet und nicht bekämpft, sondern gefördert. Heimische Pflanzen werden verwendet, Insekten und andere Tierarten sollen Lebensraum finden. Umweltverträgliche Baustoffe und Bauweisen werden eingesetzt" (Simonis, 2001, S. 33).

Bezüglich der Umweltbildung kann so „durch eine ökologische Bauweise bei entsprechender Aufbereitung eine nachhaltige Ressourcennutzung für die Kinder erfahrbar gemacht werden" (Petmecky, 2006, S. 94).
Für Gründler (2000, S. 37) steht allerdings vorrangig die Spielfreude und Selbstbestimmung der Kinder im Vordergrund, zu dessen Gunsten nicht von Anfang an gewisse Materialien auszuschließen sind.
Da die Natur den Kindern einen weiten Experimentier- und Spielraum zur Verfügung stellt, wobei sich das Experimentierverhalten in Konstruktions-, Funktions-, Rollen- und Bewegungsspielen entfaltet (vgl. Senckel, 2004, S. 186), sollen diese Spielmöglichkeiten auch in einem naturnahen Außenbereich ermöglicht werden. Da allerdings ebenso die Bedürfnisse nach Ruhe und Rückzug berücksichtigt werden sollten, bietet sich bei der Gestaltung des Geländes vergleichbar mit der Raumgliederung im Innenraum eine bedürfnisorientierte Einteilung an. Es werden Räume der Ruhe und Kommunikation, der Naturerlebnisse, der Kreativität sowie des Spiels und der Bewegung unterschieden (vgl. Pappler & Witt, 2001, S. 36ff.). Diese können in „offenen Aktions- und Bewegungsräumen, Nischen und Rückzugsräumen, befestigten Flächen und Fahrstrecken, Versteckbereichen und exponierten Stellen" (Ministerium für Kultur, Jugend, Familie und Frauen, 1998, S. 6) verwirklicht werden, wobei die unterschiedlichen Tätigkeiten sich nicht gegenseitig beeinträchtigen dürfen (vgl. Walden & Schmitz, 1999, S. 135). Die verschiedenen Bereiche sollten auf möglichst kurzem Wege vom Innenbereich der Tagesstätte die aktuellen Bedürfnisse und Regenerationswünsche der Nutzer befriedigen (vgl. Pappler & Witt, 2001, S. 36ff.). Diese Bereiche werden durch die folgenden Gestaltungselemente geschaffen und voneinander abgetrennt.

10.2.1 Erde, Sand, Stein und Holz

Erde gilt als das vorrangige Element in der Gestaltung naturnaher Außenbereiche von Kindertagesstätten. Dadurch wird dem aktuellen Kontaktmangel der Kinder zu diesem wichtigen Naturmaterial begegnet, und es werden ihnen Spielwerte naturnaher Erscheinungen unterbreitet. Die Erde stellt die Grundlage der Gliederung und Strukturierung des Spielgeländes dar. Durch flache und höhere Bereiche sowie unterschiedliche Bepflanzungen verleiht sie ihm seine Gestalt (vgl. Gründler, 2000, S. 35). Diese Gestalt sollte einer organischen Form folgen, in denen sich die strukturierenden Elemente, wie Wege und Plätze, einfinden. Da auch in der Natur kaum gerade Linien auftreten, sollen geometrische Formen auch in dem naturnahen Außengelände eher vermieden werden. Kinder treten solchen eckigen Formen oft mit Ratlosigkeit gegenüber oder behandeln sie wie runde, indem sie sie einfach abkürzen. Folglich sind für die Wegführung Ausbuchtungen und Rundungen vorzusehen (vgl. Pappler & Witt, 2001, S. 146f.).
In der vertikalen Ebene bevorzugen Kinder eine dominante Erhöhung, von wo der Über blick über das Gelände möglich ist. Ebenso muss das Bedürfnis des kindlichen Nutzers nach Rückzugsmöglichkeiten, wie kleinen Mulden und Nischen, berücksichtigt werden.

Durch Erdhügel können hier auf naturnahe Weise Abgrenzungen in Form von Plätzen der Ruhe und Kommunikation geschaffen werden, wo speziell im Sommer gleichzeitig Schatten gespendet wird (vgl. ebd., S. 34f.). Zugleich kann eine variantenreiche Hügellandschaft die Kinder zu Bewegung und Erforschung der Schwerkraft stimulieren. Dadurch wird ihr Gleichgewichtssinn geschult, der die grundsätzliche Beziehung des Individuums zur Schwerkraft und seinem körperlichen und gegenständlichen Umfeld beeinflusst und in enger Verbindung zur visuellen und auditiven Wahrnehmung steht. Hinzu kommt ein Gewinn an kinästhetischen Erfahrungen bezüglich der Körperkraft, -spannung und -bewegung, die größtenteils unbewusst ablaufen (vgl. Gründler, 2000, S. 35). Folglich kann eine abwechslungsreiche Modellierung des Außenbereichs eine Vielfalt an Spiel- und Bewegungsanreizen bieten. Selbst im Winter ist die Möglichkeit gegeben, die Abhänge zum Schlittenfahren zu nutzen (vgl. Pappler & Witt, 2001, S. 221).
Auf größere Betonflächen ist im Sinne der Naturnähe grundsätzlich zu verzichten. Bei hohen Temperaturen wirken sie sich negativ auf das Mikroklima der Einrichtung aus. Sie bedingen vermehrte Staubbildung und verhindern das Versickern des Wassers, was den Wasserkreislauf belastet. Als Folgeerscheinung wird eine zufrieden stellende Vegetation verhindert, da diese klimatischen Bedingungen vorwiegend kleinblättrige Vegetation begünstigen, die weder genügend Schatten spenden noch eine klimatische Besserung bringen. Die Argumentation, dass Asphalt eine Einsatzerleichterung für Fahrzeuge der Kinder darstellt, kann durch den Einsatz von Wegedecken außer Kraft gesetzt werden. Sie führen darüber hinaus zu einer niedrigeren akustischen Belastung (vgl. Simonis, 2001, S. 33f.). Durch den Einsatz unterschiedlicher Bodenbeläge, wie diesen Wegedecken, der Erde, Kies, Schotter oder Mulch, kann eine Vielzahl von Oberflächen entstehen, die neben der natürlichen Begrünung den jeweiligen Ansprüchen der Kinder und ihrer Fahrzeuge oder Spielutensilien gerecht werden kann. Darüber hinaus werden durch die variierenden Oberflächen die unterschiedlichen Sinne der Kinder angesprochen (vgl. Walden & Schmitz, 1999, S. 137).
Sand und Kies sind neben der Erde für naturnahe Außengelände bestens geeignet. Sie bilden für die Wildpflanzen den besten Untergrund und ermöglichen Spielvielfalt für alle Altersstufen (vgl. Pappler & Witt, 2001, S. 117). Bei der Art des verwendeten Sandes sind wichtige Unterschiede herauszustellen. So erweist sich der gewaschene Flusssand, der oft wegen seiner geringen Haftung an Kleidung in Kindertagesstätten benutzt wird, für die Kinder weniger geeignet, da er sich nur begrenzt formen lässt. Dadurch werden die Kinder in ihrer Kreativität und ihren Ausdrucksmöglichkeiten gehemmt. Von Vorteil ist deshalb gelbfarbener, lehmhaltiger Sand, der eine gute Formbarkeit besitzt und damit mehr Gestaltungsfreiheit bietet (vgl. Gründler, 2000, S. 35). Sandkästen empfiehlt Beltzig (2002, S. 49) ungefähr 20 cm in den Boden einzulassen, so dass sie eine Mulde oder Kuhle bilden. Auf diese Art und Weise geht nicht so viel Sand verloren, und die Abstufung bietet eine geeignete Sitzmöglichkeit.

Eine Mischung aus Schotter und Steinen[38] bietet im naturnahen Außenbereich ebenfalls einen guten Untergrund für Wildpflanzen. Durch Mauern aus Naturstein lassen sich einladende Räume und Nischen sowie ansprechende Höhenunterschiede schaffen. Für Rollenspiele und Lieder kann beispielsweise ein Amphitheater entstehen. Eine umpflanzte Begegnungsinsel aus Naturstein erzielt neben der stillen sprachlichen Interaktion, eine Unterbrechung der Betriebsamkeit auf großen Flächenanteilen (vgl. Pappler & Witt, 2001, S. 36, 220).
Steine besitzen für Kinder allgemein eine starke Faszination. Sie können nicht nur als Bau- und Spielmaterialien, sondern in großer Ausführung auch für Kletteranlässe[39] genutzt werden. Gesammeltes Steingut kann durch einen Sammelplatz mit Ausstellungscharakter im Außen- oder Innenbereich (zum Beispiel Eingangsbereich) gewürdigt werden. Auch Weiterverarbeitungsmöglichkeiten (zum Beispiel Erstellung eines Mosaiks) können an einer eigens dafür vorgesehenen Stelle im Außengelände angeboten werden (vgl. Österreicher & Prokop, 2006, S. 124ff.).
Bei einer naturnahen Gestaltung ist auf den Einsatz des Naturmaterials Holz nicht zu verzichten. Durch seine Multifunktionalität und lokalen Bezugsquellen stellt es ein wichtiges Gestaltungselement dar. Hierbei sind wegen der chemischen Belastung nicht imprägnierte Ausführungen wie heimisches Hartholz zu wählen. Dies zeichnet sich darüber hinaus durch eine lange Lebensdauer und Beständigkeit aus. Die Rinde und das Holz lassen sich auf unterschiedliche Weise benutzen. Der Mulch sowie kleinere Holzstücke eigenen sich für Pfade, Plätze und Fallschutzbereiche. Kanthölzer, Palisaden und Schwellen werden für Beschränkungen, Brücken und Geländer herangezogen. Baumstämme werden selbst als Kletterstämme eingesetzt, in Klettergerüsten verarbeitet (vgl. Pappler & Witt, 2001, S. 129f.) oder in Form von Rundholzstücken als Sitzmöglichkeiten benutzt (vgl. Österreicher & Prokop, 2006, S. 114).

[38] Nach den Empfehlungen der bayrischen Gemeinde (GUV) ist vorgesehen, dass neben dem Einsatz von Steinmaterial ein ausgeglichenes Angebot an Lauf- und Spielaktivitäten gewährleistet ist. Aus Sicherheitsgründen sind Standfestigkeit und abgerundete Kanten der verwendeten Steine zu gewährleisten, freie Fallhöhen von 60 cm nicht zu überschreiten. Die Rillen zwischen dem Steingut sollen größer als 3 cm sein. *Für Wege* ist die Einschränkung der Rutschgefahr vorgesehen. Durch Kantensteine sind bündige Abschlüsse zu der sich anschließenden Fläche zu gewährleisten. *Für Treppen* gelten folgende Stufenabmessungen: Auftritt 32-30 cm, Steigung 14-16 cm, wobei einzelne Treppenstufen wegen der Gefahr des Übersehens durch Rampen ersetzt werden sollten. *Für Sitzstufen und Mauern* gilt es, eine obere Absicherung einzuhalten oder auf Wege und Spielbereiche zu verzichten (vgl. Ruhsam, 2000, zitiert nach Pappler & Witt, 2001, S. 23).

[39] Kletterwände und -anlagen aus Natursteinen werden in den Randbereichen empfohlen, wobei eine Steigung von 45°C nicht überschritten werden soll (vgl. Ruhsam, 2000, zitiert nach Pappler & Witt, 2001, S. 23).

10.2.2 Wasser

Das Element Wasser kann im Außenbereich seine beruhigende Wirkung entfalten und in allen Aggregatzuständen erlebt werden (vgl. Beltzig, 2002, S. 49). Durch das Zusammenspiel von Wasser, Erde und Sand lassen sich im Freigelände der Kita die Spiel- und Gestaltungsvariationen vervielfältigen. Für Wassergräben haben sich eingelegte Trittsteine als ansprechende Bewegungsanlässe herausgestellt, da sie die Kinder zum Springen anregen (vgl. Pappler & Witt, 2001, S. 222). Besonders selbst angelegte Wasserläufe aus gesammeltem Steingut, Holzstücken, Sand und Erde erweisen sich als am Interessantesten. Sie werden in ständig sich wiederholenden Tätigkeiten umgestaltet oder neu erbaut (vgl. Gründler, 2000, S. 36). Dabei ist gerade der Aspekt der eigenständigen Erneuerung und Wiederaufnahme eines Vorhabens verbunden mit Fehlschlägen wichtig für die Kreativitäts-, Ausdauer- und Verantwortungsentwicklung sowie die Problemlösekompetenz der Kinder. Die Wirkung der erreichten Erfolge ist von großer Bedeutung für die Entwicklung von intrinsischer Motivation (vgl. Österreicher, 2005, S. 31). An vorgefertigten Wasserlaufkonstruktionen verlieren die Kinder hingegen schnell das Interesse, da sie in ihrer Funktionalität zu festgelegt sind und weniger Gestaltungsfreiheit lassen (vgl. Gründler, 2000, S. 36).

Für weitere Spiele mit dem feuchten Element reichen schon einfachste Utensilien, wie Eimer, verschiedene Gefäße oder Kannen, der Wasserschlauch oder Gartensprenger. Bei Wasser-Matsch-Anlagen sollte wegen alltäglicher Benutzung auf die Installation von Waschbecken und Dusche nicht verzichtet werden (vgl. Beltzig, 2002, S. 49).

Für den Wassergewinn bieten sich verschiedene Möglichkeiten an. Es kann eine Zisterne oder ein Brunnen angelegt werden, aus welchen mittels einer Pumpe das Wasser gewonnen wird. Diese Pumpe hat den Vorteil, dass sie von den Kindern bei Bedarf selbstständig bedient werden kann (vgl. Gründler, 2000, S. 37). Bei etwas flacheren Wasserbehältnissen kann das Wasser auch durch eine archimedische Spirale nach oben befördert werden. Sie wirkt auf die Kinder äußerst spannend und faszinierend. Bei Bedarf kann das geschöpfte Wasser direkt über geschlagene Holzrinnen in die Sandbereiche geleitet werden (vgl. Pappler & Witt, 2001, S. 224).

Allerdings ist durch das Auffangen des Regenwassers in einer Zisterne nicht das ganze Jahr über eine ausreichende Wasserversorgung zu gewährleisten. Dies muss nicht zwingend als Nachteil verstanden werden, sondern kann den Kindern die Verbindung zwischen Regenfall und Spielmöglichkeit verdeutlichen, wobei auch die Begrenztheit gewisser Ressourcen erfahrbar wird (vgl. Gründler, 2000, S. 37). Die jeweiligen Sammelbehälter für das Wasser müssen aus Sicherheitsgründen gegen Hineinfallen gesichert sein. Die stehenden Gewässer des Außenbereichs der Kita sollten eine Tiefe von 20 cm bei Kindergärten und -krippen oder 40 cm in Horten nicht übersteigen. Vorhandene Teiche sind mindestens 1 m hoch stabil zu umzäunen, ohne dass die Umfriedung zum Klettern verleitet (vgl. ebd., S. 77; vgl. Deutsche Gesetzliche Unfallkasse, 2009, S. 28, 35). Die jeweiligen Uferbereiche sollten nicht zu steil abfallen (vgl. Beltzig, 2002, S. 45).

Bei der Wasserqualität wird prinzipiell Trinkwasserqualität gefordert (vgl. Beltzig, 2002, S. 49), während nach Gründler (2000, S. 36) Badegewässerqualität ausreicht, da bei ständiger Bereitstellung von Getränken in der Kita die Schützlinge schnell begreifen, dass das Wasser aus dem Außenbereich nicht zum Trinken gedacht ist.

10.2.3 Bepflanzung

Das Gestaltungselement Bepflanzung bietet vielfältige Spielanreize und kann Grundlage vielseitiger Erfahrungen sein. Da es sich durch das Wachsen der Pflanzen und den Jahresrhythmus ständig modifiziert, bleibt es für die Kinder stets interessant (vgl. Ministerium für Kultur, Jugend, Familie und Frauen, 1998, S. 10).
Bei einer naturnahen Bepflanzung sind überwiegend weniger anfällige, heimische Wildpflanzen einzusetzen. Während Wildblumen, Gräser oder Farne eher Raum ausfüllen, übernehmen größere Gehölze wie Sträucher die strukturierende Funktion (vgl. Pappler & Witt, 2001, S. 136). Sie bieten eine jahreszeitspezifische Möglichkeit den Außenbereich zu untergliedern. Die „natürlichen Raumteiler" werden, ähnlich wie eine bewachsene Mauer, trotz ihrer abgrenzenden Funktion weniger als Beschränkung wahrgenommen (vgl. Gründler, 2000, S. 38ff., 80). Um nicht zu betretende oder gefährliche Stellen vor dem Zugang oder -griff der Kinder zu bewahren, kann im Sinne der Naturnähe auf die Wirkung von Pflanzenarten mit kleinen Stacheln zurückgegriffen werden (vgl. Pappler & Witt, 2001, S. 140f.). Der Erfahrungszuwachs der Schützlinge wird auf diese Weise auch vor unangenehmen Sinneswahrnehmungen nicht verschlossen (vgl. Ministerium für Kultur, Jugend, Familie und Frauen, 1998, S. 7).
Neben der abgrenzenden Funktion eignen sich besonders Holunder- und Haselsträucher auf Grund ihres starken Wachstums für die Gestaltung von Buschwerken oder Irrgärten (vgl. Gründler, 2000, S. 38ff.). Letztere führen die Kinder an die Auseinandersetzung mit der Thematik des Problemlösens heran. Eine besondere Spannung geht bei Irrgärten von der Unüberschaubarkeit aus. Dafür werden Sträucher in Körperhöhe empfohlen. Die auf diese Weise erzielte Abschirmung von den Erzieher/innen und Gleichaltrigen unterstützt die Eigenständigkeit der Problembewältigung. Dabei ist für das Erlebnis nicht in erster Linie die Flächengröße ausschlaggebend, sondern eher die Gestaltung des Wegemusters ist interessant. Daher sind Labyrinthe wegen ihrer festen Muster für die Kinder weniger aufregend. Diese können allerdings durch ihre geschwungenen, festgelegten Gehwege eine Erhöhung der Konzentration sowie eine meditative Wirkung erzielen. Ähnlich wie bei Balanceakten haben die Kinder das Ziel vor Augen, allerdings wissen sie nicht genau, wann sie es erreichen (vgl. Österreicher & Prokop, 2006, S. 85ff.).
Sträucher und (Obst-) Bäume schaffen des Weiteren vielseitige Erfahrungs- und Erlebnisräume für die Nutzer. Sie machen Luftbewegungen erfahrbar (vgl. Ministerium für Kultur, Jugend, Familie und Frauen, 1998, S. 8), dienen als Verstecke sowie zum Klettern, und sie stimulieren die Kinder ganzheitlich durch ihre Vielfalt an Sinnesanregungen (vgl. Gründler, S. 38ff.). Pappler und Witt (2001, S. 137) raten den dichten Pflanzenplan, der

bis zu einem halben Meter Abstand zwischen den einzelnen Bäumen und Sträuchern verlangt, öfters auf 1,5 m zu erhöhen. Diese Variation sorgt dafür, dass schon die Bepflanzung selbst zum Raum für Spielaktivitäten wird. Dies kann durch Ausbuchtungen und Höhlenbildung verstärkt werden, in die sich die Kinder zurückziehen und Ruhe und Gespräche untereinander finden können. Gleichzeitig spenden (Obst-) Bäume und Sträucher Schatten an sonnigen Tagen und bieten Schutz vor schlechten Witterungsbedingungen (vgl. Gründler, 2000, S. 38ff.).
Kinder entfalten im spielerischen Umgang mit Pflanzen sehr viel Kreativität. Sie eröffnen den Kindern stets neue Möglichkeiten, da nahezu jeder Bestandteil einer Pflanze Wege ins Spielgeschehen findet (vgl. Pappler & Witt, 2001, S. 137). Dabei werden die Pflanzen aus pragmatischer Sicht als Spielutensilien und Arbeitsmaterial gesehen. Durch den Reichtum der natürlichen Umwelt stimuliert, legen Kinder beispielsweise Bilder aus Blütenblättern. Hier oder bei ähnlichen Tätigkeiten kann das Kind Erlebnisse auf symbolischer Ebene verarbeiten. Durch die Bereitstellung von ausreichend Zeit und Raum für Experimentiertätigkeiten, können sie beispielsweise Symmetrien in der Form der Blätter oder Früchten nachvollziehen (vgl. Österreicher & Prokop, 2006, S. 141ff.).
Aus der Nutzerorientierung ergibt sich eine Bepflanzung, die den Kindern das Toben erlaubt, ohne große Schäden anzurichten. Dafür bietet sich sowohl eine zweireihige Bepflanzung als auch eine robuste Pflanzenart an (vgl. Ministerium für Kultur, Jugend, Familie und Frauen, 1998, S. 15). Neben den bereits erwähnten Haselnuss- und Holundersträuchern sind auch Weiden geeignet. Sie besitzen einen äußerst beständigen Charakter und können ebenso für Zelte, Lauben und Hütten benutzt werden. Für die Kinder bietet diese Bepflanzung zusätzlich eine direkte Quelle an Bastel- und Bauutensilien (vgl. Pappler & Witt, 2001, S. 138).
Durch die Obstbäume und die Anlage eines Nutzgartens können für die Kinder Erträge der Natur erlebbar werden. Insbesondere durch den Nutzgarten erhalten sie Gelegenheit, Wachstumsprozessen von Pflanzen, die Welt der heimischen Insektenarten und kleinere Lebewesen unmittelbar zu beobachten. Hierfür sind Hochbeete sowie Kräuterspiralen sinnvoll. Das Erkennen und Benennen von verschiedenen Pflanzen stärkt zusätzlich den Bezug. Dies lässt sich auch auf die beobachteten Tiere übertragen. Durch das Verfolgen und Betrachten natürlicher Abläufe und Regelmäßigkeiten werden die Wahrnehmungen und Lernprozesse gefördert. Neben Erstaunen, Faszination und Interesse entwickeln die Kinder Vorstellungen über den vielschichtigen Gesamtzusammenhang des Lebens (vgl. Senckel, 2004, S. 185). Hinsichtlich der Anordnung der Hochbeete und Kräuterschnecken sollte ein ausreichender Abstand zu den Sandkästen und den stärker genutzten Spielbereichen eingehalten werden. Sinnvoll ist ein Stellplatz zu wählen, der auch in direktem Sichtkontakt zum Innenbereich der Kindertagestätte steht. Dadurch können die Vorgänge im Beet auch von der Gruppe aus beobachtet werden. Da an solchen Plätzen des Außengeländes gerade wegen des Kontrollempfindens durch den Sichtkontakt zum Innenbereich selten freie Spieltätigkeiten der Kinder stattfinden, bleiben sie durch den Nutzgarten und Beete nicht ungenutzt (vgl. Gründler, 2000, S. 40). Gemüseanpflanzungen erweisen sich besonders unter dem Aspekt der Gesundheitsbildung als sehr sinnvoll. Den

Kindern kann die Bedeutung von qualitativ hochwertiger und gesunder Nahrung vermittelt werden. Auch hierfür ist die direkte Anbindung an den Innenbereich von Vorteil, da das geerntete Gemüse unmittelbar in die Küche gebracht werden kann (vgl. Petmecky, 2006, S. 94). Als Beetbefestigung kann zugunsten von Kokosrollen hier auf Stein- oder Holzbegrenzungen verzichtet werden. Das Kokosmaterial hat den Vorteil, dass es den Kindern auch bei Kälte und Nässe eine angenehm warme und trockene Sitzgelegenheiten bietet (vgl. Pappler & Witt, 2001, S. 130).
Obwohl im Umgang mit dornigen und „leicht gefährlichen Pflanzen“ (Ministerium für Kultur, Jugend, Familie und Frauen, 1998, S. 13) wichtige Erfahrungen gemacht werden können, sind auch „Sträucher mit langen und spitzen Dornen“ (DGU, 2009, S. 35) sowie der Anbau von Pfaffenhütchen (Euonymus europaea), Seidelbast (Daphne mezereum), Stechpalme (Illex aquifolium) und Goldregen (Laburnum anagyroides) wegen den giftigen Substanzen nach DIN 18034 (Spielplätze und Freiräume zum Spielen) zu unterlassen (vgl. Deutsches Institut für Normung, 1999).
In engem Zusammenhang mit der Bepflanzung steht die Kleintier- und Insektenvielfalt auf dem Außengelände. Laut einer ökologischen Faustregel sind von jeder Wildpflanze zehn unterschiedliche Tierarten abhängig. Dies führt im Außenbereich bereits bei zehn Sträuchern zu einer großen Population an zu untersuchenden Insekten, anderen Kleinst- und Kleintieren (vgl. Pappler & Witt, 2001, S. 110). Damit wird den Kindern die Möglichkeit gegeben auch die heimischen Insekten im Jahres- und Tagesrhythmus zu verfolgen. Hier können in den Wintermonaten im Schnee Spuren gelesen werden, und die charakteristische Atmosphäre des Frühjahrs durch den dann einsetzenden Vogelgesang erlebt werden (vgl. Österreicher & Prokop, 2006, S. 159ff.). Eine weitere Gelegenheit, kleinere Tiere wie Igel oder Mäuse zu beobachten, bietet die Benjeshecke. Hier wird durch Aufschütten von Astwerk im Randbereich des Geländes das Ansiedeln von Kleintieren begünstigt (vgl. Gründler, 2000, S. 40).
In Anlehnung an die Anregungen zur kindgerechten und naturnahen Gestaltung des Außengeländes in Kindertagesstätten des Landes Rheinland-Pfalz befindet sich im Anhang des Buches eine tabellarische Zusammenstellung (Tabelle 9) von Bäumen und Sträuchern, die sowohl dem Kriterium „besonders empfohlen“ als auch „heimisches Gehölz“ entsprechen (vgl. Ministerium für Kultur, Jugend, Familie und Frauen, 1998, S. 16f.).
Ein gezieltes Zusammenspiel der genannten natürlichen Gestaltungselemente und ihrer Bedeutung für die sinnliche Wahrnehmung der Kinder lässt sich in der Gestaltung von „Sensopfaden“ (vgl. Walden & Schmitz, 1999, S. 139) verwirklichen. Sie können durch heimische Hölzer und Blumen den Geruchs- und Geschmackssinn ansprechen oder in der taktilen Variante verschiedene Oberflächenstrukturen (zum Beispiel Sand, Kiesel, glatte Steine) erfahrbar machen.

10.3 Spielplatz und Geräte

Wenn im Außengelände Platzmangel herrscht, ist auf die klassische Bereitstellung der Spielgeräte im Zentrum des Außenbereichs zu verzichten. Durch die einzuhaltenden Abstände zwischen den Geräten (2 m) wird viel Platz verschenkt. Die Randorientierung des Spielplatzes bietet hingegen mehr Freiraum (vgl. Beltzig, 2002, S. 49f.). Dieser Freiraum kann Streitereien und Verletzungen vorbeugen (vgl. Walden, 1999, S. 143). Damit ist diese Randorientierung für die Kinder und Erzieher/innen sinnvoller. Da die aktivierende Wirkung der Spielgeräte nicht platzgebunden ist, bedeutet dies auch keinen Verlust ihrer Funktion (vgl. Beltzig, 2002, S. 49f.).
„Es gibt keine wissenschaftlichen Untersuchungen, die als Grundlage für die Entwicklung von Spielgeräten herangezogen werden könnten“ (ebd., S. 46). Trotzdem muss bei der Zielsetzung eines naturnahen Außenbereichs nicht vollständig auf vorgefertigte Spielgeräte verzichtet werden. Traditionelle Geräte, wie Rutsche oder Schaukel, und faszinierende Elemente, wie archimedische Spirale oder Kletternetz, lassen sich nur schwer naturnah ersetzen. Daher sollen sie ebenso wie flexibel einsetzbare Spielutensilien, wie Bälle, Pedalo, Roller oder Kriechtunnel, „harmonisch in den Spielfluß“ (Ministerium für Kultur, Jugend, Familie und Frauen, 1998, S. 9) eingebunden werden, ohne dass sie zu stark überwiegen. Besonders die erwähnten flexiblen Spielutensilien bieten offene Spielmöglichkeiten, die den Kindern Gelegenheit zur Aneignung des Geländes geben (vgl. Walden & Schmitz, 1999, S. 144).
Die eingesetzten Spielgeräte können Spielvorgänge anleiten oder katalysieren. Sie entwickeln ihren Spielwert in Wechselwirkung mit ihrer Funktionalität und den Gegebenheiten der Umgebung (vgl. Beltzig, 2002, S. 47). Daher wird es als sinnvoll erachtet, die natürliche Beschaffenheit des Geländes in die Anordnung der Spielgeräte einfließen zu lassen. Als Beispiel wäre hier die Bereitstellung von Reifen[40] an einem Hang zum Klettern und Besteigen zu nennen, wobei sich zum „Abstieg“ auf der entgegengesetzten Seite eine Rutsche empfiehlt. Durch Abwasserrohre und Seile lassen sich bei leicht abschüssigem Gelände weitere Kletteranlässe schaffen (vgl. Gründler, 2000, S. 41).
Bei der Planung der Ausstattung des Außenbereichs sind Schaukeln, Rutsch- und Klettermöglichkeiten, Brücken, Hochplateaus sowie verschiedenste Behausungen zu berücksichtigen, wobei der kommunikative Aspekt, die Veränderbarkeit und die Multifunktionalität der Geräte eine wichtige Rolle spielen.

Kommunikativer Aspekt
Bei der Auswahl der Spielgeräte sollten kommunikative Gesichtspunkte einbezogen werden. So werden sowohl Mehrfachrutschen, Doppelschaukeln und großflächige Trampoli-

[40] Durch die Wiederverwertung von solchen Materialien wird den Kindern zusätzlich im Zuge der Umweltbildung, das Schätzen der Ressourcen vermittelt (vgl. Ministerium für Kultur, Jugend, Familie und Frauen, 1998, S. 14).

ne empfohlen, die gemeinsames Spielen und Bewegen unterstützen (vgl. Gründler, 2000, S. 41). Im gleichen Maße lässt sich dies auch durch Hängematten und Schwingnetze, Schwing- und Hüpfmembrane oder einem Karussell mit möglichst großem Radius verwirklichen. Auf Grund der zentralen Bedeutung der gemeinsamen Benutzung ist auf Federtiere zu verzichten (vgl. Beltzig, 2002, S. 47). Bei der gemeinsamen Benutzung verschiedener Geräte durch die Kinder können darüber hinaus soziale Kompetenzen wie Rücksicht und Nachsicht gegenüber Unterlegenen gefördert werden (vgl. Walden & Schmitz, 1999, S. 142).

Multifunktionalität und Veränderbarkeit
Das Interesse der Kinder an Spielgeräten kann über einen längeren Zeitraum erhalten werden, indem die Aspekte der Multifunktionalität und Veränderbarkeit berücksichtigt werden. Ein Gerät, das auf vielen verschiedenen Wegen genutzt werden kann, bietet den Kindern immer neue Anreize, selbstständig unerforschte Nutzungsformen zu erproben sowie zu entwickeln, und kann flexibel an aktuelle Bedürfnisse angepasst werden. Ähnlich verhält es sich mit der Veränderbarkeit. Durch bewegliche Teile einer Spielkonstruktion kann dem Kind Kontrolle über das Geschehen verliehen werden. Sie können die Ausstattung nach den jeweiligen Ansprüchen und Wünschen modifizieren. Durch diese Befriedigung des Bedürfnisses nach Umweltkontrolle kann durch die Veränderbarkeit der Spielgeräte den Kindern Gelegenheit zur Aneignung des Außenbereichs gegeben werden (vgl. Laris, 2005, S. 15ff.).

Klettern
Besonders naturnahe Kletteranlässe bieten Baumstämme und Wurzelwerk (vgl. Gründler, 2000, S. 41). Auch naturnahe Kletterberge aus Natursteinen haben sich durch ihre Differenzierungsmöglichkeiten auf Grund der altersbedingten motorischen Fähigkeiten bewährt. Die Kinder lernen ihre Fähigkeiten realistisch abzuwägen und sich entsprechend zu verhalten (vgl. Pappler & Witt, 2001, S. 220).
Bei den eingesetzten Spielgeräten ist es wichtig zu bedenken, dass Klettern für die Kinder mit einem zu erreichenden Zielpunkt verknüpft werden muss, um den nötigen Anreiz zu liefern. Daher sollten eingesetzte Kletterkonstruktionen stets zu einer Anhöhe, einem Baumhaus, einer Rutsche, einer zweiten Ebene oder ähnlichen Zielen führen. Für ein erhöhtes Bewegungsangebot gibt es Kletterseilkonstruktionen, die Schwing-, Kletter- und Sitzsituationen verbinden. Ähnlich sinngebunden erweisen sich die Rutschen des Außengeländes (vgl. Beltzig, 2002, S. 47f.).

Rutschen
Sie werden nur als sinnvoll erachtet, wenn durch sie ein Ortswechsel vorgenommen werden kann. Dazu können Zusammenspiele zwischen Klettermöglichkeiten, Hängebrücken, Türmen oder Abhängen hergestellt werden. Bei dem Einbau in eine Erhebung werden Breitrutschen befürwortet, deren Erreichbarkeit durch vielfältige Zugangsmöglichkei-

ten und Fortbewegungsarten (zum Beispiel Laufen, Kriechen, Klettern) gestaltet werden kann (vgl. ebd.).

Brücken/Hochplateaus/Türme

Brücken, Hochebenen und Türme verschaffen dem kindlichen Nutzer einen Überblick über den Außenbereich und bieten dadurch differenzierte Sinneseindrücke. Gefahren können eingeschätzt, Abstimmungen der Körperbewegungen und -kräfte geschult werden. Bei den Überführungen wie Brücken lassen sich durch Höhendifferenzen, Balustrade und verschiedene Schwingungsgrade variierende Anspruchsniveaus schaffen. Abwandlungen einer herkömmlichen Brücke wie Hängebrücke, Netz- und Seilbücken kombiniert mit einfachen Tauen erweitern das Spielangebot. Neben dem Erlebnisgewinn der Höhe stellen Hochebenen, Türme und Häuschen auch Versteckmöglichkeiten, viel Platz für gemeinsame Spiele und die besten Anbau- und Kombinationsvoraussetzungen dar (vgl. Beltzig, 2002, S. 48). Beobachtungen von Laris (2005, S. 16) zufolge erweisen sich bei solchen Spielgeräten möglichst abstrakt gestaltete Konstruktionen besonders förderlich für die kindliche Vorstellungskraft, da ihrer Fantasie keine vorgefertigten Grenzen gesetzt sind. Die Kinder können somit die Geräte beispielsweise als Schiff oder Schloss immer neu in ihre jeweiligen (Rollen) Spiele einbeziehen.

Behausungen

Besonders naturnah sind auf Grund ihres Materials Weidenflechthäuser. Bei schattiger Platzierung und guter Bewässerung wirken sie durch die Austriebe der Weiden lebendig, wobei der Innenbereich gleichzeitig von äußeren Blicken geschützt wird. Kies oder Sand bietet sich als Bodenbelag an, während Rundholzstämme als Sitzgelegenheiten dienen können (vgl. Pappler &Witt, 2001, S. 225). Österreicher und Prokop (2006, S. 116) erachten es wegen des Konfliktpotentials als sinnvoll, zugunsten einer Gruppe kleinerer Weidentipis auf eine große Spielbehausung zu verzichten.

Da das Bedürfnis nach Autonomie, Privatsphäre und Sicherheit auch den Wunsch nach einem eigenen Raum umfasst, sollte den Kindern durch die Bereitstellung von ausreichend Platz und verwendbaren, nutzungsoffenen Materialien die Möglichkeit gegeben werden, auch selbständig Behausungen zu schaffen (vgl. Österreicher, 2005, S. 32). Die Kinder entwickeln auf diese Weise sowohl Eigenverantwortung als auch Konfliktlösekompetenz bei Interessensüberschneidungen mit Gleichaltrigen (vgl. Österreicher & Prokop, 2006, S. 108ff.).

Die nutzungsoffenen Materialien für den Bau der Behausung sind auch für andere Bereiche sehr sinnvoll. An einem festen Platz gelagert, sind sie ständig für alle Kinder zugänglich. Auf diese Weise können unterschiedliche Naturmaterialien wie Holzstücke oder Steine, alte Reifen oder Gartengeräte die Kinder beim Entwerfen neuer Spielwelten bei Wasser-, Rollen- und Konstruktionsspielen unterstützen. Sie werden angeregt, selbstständig ihre Spieltätigkeiten zu variieren oder auszuweiten. Durch den festen Lagerplatz bleiben die Utensilien für die Kinder interessant (vgl. Gründler, 2000, S. 42).

10.4 Kinder brauchen (kalkulierbares) Risiko

„Den besten Schutz gegen Unfälle bietet Geschicklichkeit und Beweglichkeit der Kinder sowie Übung im Umgang mit Gefahren“ (Gründler, 2000, S. 74).
Auch an dieser Stelle ist auf den Bewegungsmangel der heutigen Kinder einzugehen. Neben dem Neuerwerb grob- und feinmotorischer Bewegungsabläufe kann Bewegung die Unfallgefahr senken. Kinder, die ihre motorischen Fähig- und Fertigkeiten regelmäßig anwenden und fördern, sind weniger durch Unfälle gefährdet (vgl. ebd.). Kinder suchen stets herausfordernde Situationen, um sich selbst zu testen. Auf diese Weise können sie ihre Fähigkeiten erfahren und ihr Selbstbewusstsein steigern (vgl. Pappler & Witt, 2001, S. 17). DIN 18034 (Spielplätze und Freiräume zum Spielen) sieht für Spielplätze und Freiräume vor: „[...] Freude am Abenteuer und Bestehen eines Risikos als Bestandteil des Spielwertes sind im Rahmen kalkulierter spielerisch-sportlicher Betätigung erwünscht. Für Kinder nicht erkennbare Gefahren sind zu vermeiden“ (vgl. Deutsches Institut für Normung, 1999). Denn erkennbare Gefahren einer Situation lernen Kinder selbstständig und adäquat zu meistern (vgl. Pappler & Witt, 2001, S. 20). Als Konsequenz aus dem Umgang mit gefährlicheren Situationen wächst aus den gesammelten Erfahrungen der Schützlinge ein Gefahrenbewusstsein, das ein Unfallrisiko herabsetzt (vgl. Österreicher & Prokop, 2006, S. 121).
Durch den Versuch jeglicher Risikobeseitigung besteht die Gefahr Eigenständigkeit und Selbstbestimmung der Kinder zu hemmen. „Die Kindertagesstätte darf kein Elfenbeinturm sein“ (Bendt & Erler, 2010, S. 40). Die Kinder wollen Grenzerfahrungen machen, wobei Unfälle passieren können. Schlimmere Folgeerscheinungen sind allerdings einzuschränken. Der interne Bereich des Außengeländes unterliegt daher wie das Gebäude der Kita selbst den Sicherheitsvorschriften der Gemeindeunfallversicherung (GUV 16,4) sowie der DIN EN 1176 (Spielgeräte und Spielplatzböden: Teil 1 bis Teil 4) und DIN EN 1177 (Stoßdämpfende Spielplatzböden) (vgl. Beltzig, 2002, S. 43f.; vgl. Deutsches Institut für Normung, 2008). Auf diese Weise sollte auch im Freigelände der kindliche Maßstab, beispielsweise bezüglich der Hügelhöhe, berücksichtigt werden. Die Neigung eines Hügels sollte wegen der Sturzgefahr nicht steiler sein 1:2. Die statische Sicherheit der Spielgeräte soll gewährleistet und Befestigungen jeglicher Bauteile und Materialien sollen zuverlässig sein. Das Untergrundmaterial unter Fallhöhen über einem Meter ist dämpfend zu wählen, wie etwa Sand oder Mulch. Dies gilt auch für eingebaute Röhren in dieser Höhe. Hierbei sind des Weiteren gefährliche Kanten zu entschärfen oder mit einem schützenden Material zu beschichten (zum Beispiel Holz). Auf Nägel sollte aus Sicherheitsgründen zugunsten von versenkbaren Schrauben verzichtet werden (vgl. Gründler, 2000, S. 75ff.). Auch die Gefahrenherde wie spitz zulaufende oder scharfe Objekte und Materialien sind auszuschließen. Des Weiteren sollten die Durchmesser der Öffnungen aus Sicherheitsgründen bezüglich des Kopfes nicht zwischen 120 und 200 mm und hinsichtlich der Finger nicht zwischen 8 und 25 mm liegen (vgl. Beltzig, 2002, S. 44f.). Bei Spielhäusern jeder Art sind ab zwei Metern Tiefe mindestens zwei Fluchtöffnungen vorgesehen,

die der Prüfkugel (Durchmesser: 50 cm) Durchlass gewähren (vgl. Österreicher & Prokop, 2006, S. 108ff.).
Die Tatsache, dass aus einem geübten Umgang eine Unfallprophylaxe entsteht, zeigt sich auch bei der Beschäftigung mit Feuer. Von Feuer geht für Kinder naturgemäß eine magische Anziehungskraft aus. Es kann eine geborgene, abenteuerliche und natürliche Atmosphäre entfalten. Dadurch, dass jeder dritte Brand aus versrecktem und unerfahrenem Zündeln von Kindern über drei Jahren hervorgeht, sprechen sich Brandschutzexperten für die Notwendigkeit aus, Kindern Experimente mit Feuer zu ermöglichen. Dadurch, dass in der Kita diesem Interesse der Kinder unter Beaufsichtigung Raum gegeben wird, kann ein sicherer Umgang mit Feuer geschult werden (vgl. Beltzig, 2001, S. 49). Zu diesem Zweck haben sich verschiedene Möglichkeiten bewährt, den Schützlingen Kompetenzen und Erfahrungen beim Entfachen und Umgang mit Feuer zu vermitteln. So können alte Öfen, Aschekästen oder Feuerstellen das Feuermachen zum gewohnten Spielangebot hinzufügen (vgl. Gründler, 2000, S. 44). Wobei solche Feuerstellen und Grillmulden stets seitlich abgesichert werden müssen und ein unmittelbares Eingreifen der Aufsichtspersonen nicht behindern dürfen (vgl. Beltzig, 2001, S. 49). Eine Kombinationsmöglichkeit mit dem Feueraspekt und Back- und Grillaktivitäten bietet der Lehmofen. Allerdings erweist sich die Bestandsdauer solcher Anschaffungen oftmals als nicht besonders lang (vgl. Gründler, 2000, S. 44).
Durch die aufgezeigten Vorteile und Angebote eines naturnahen Außenbereichs bei ständiger Versorgung mit Frischluft und genügend natürlichem Licht, wäre die Nutzung während des ganzen Jahres anzustreben. Dafür sollten für schlechtere Wetterlagen bei der Planung Überdachungen und Gebäudenähe der Spielzonen, Sitzgelegenheiten und Tische berücksichtigt werden (vgl. Petmecky, 2006, S. 92; 94).
Abschließend ist festzuhalten, dass sowohl bei der Planung, bei der Gestaltung als auch bei der späteren Pflege des naturnahen Außenbereichs die Partizipation der Erzieher/innen, der Eltern sowie der Kinder von großer Bedeutung ist. Dadurch wird die Voraussetzung geschaffen, dass das Ergebnis den einzelnen Vorstellungen entspricht und Verantwortung für die Erhaltung übernommen wird. Dies unterstützt die Aneignung des Freigeländes durch die Kinder, vermittelt ihnen Selbstvertrauen durch eigenständige Entscheidungen, bietet diverse Wissensinhalte und stärkt das Gemeinschaftsgefühl (vgl. Ministerium für Kultur, Jugend, Familie und Frauen, 1998, S. 11f.). Während Erwachsene hierbei allerdings vorwiegend auf ein fertiges Produkt abzielen, erweist sich insbesondere für die Kinder ein immer fortwährender Entstehungsprozess des Freigeländes als besonders reizvoll (vgl. Pappler & Witt, 2001, S. 42f.).

> *„Auf einem solchen Gelände finden alle Bewohner immer wieder auch offenen Boden vor, freie Flächen, auf denen sie mit einer eigenen Idee kreativ und konstruktiv Wurzel schlagen können. Kinder gleichen eigentlich Mohnblumen. Ebenso wie diese Pionierpflanzen lieben auch sie den offenen Boden. Sie gedeihen nicht in künstlicher oder versiegelter Umgebung. Beraubt man sie der Möglichkeit, auf natürliche Weise Wurzeln zu schlagen, verwelken und verderben sie…"* (ebd., 2001, S. 43).

Fazit IV in Form einer zusammenfassenden Tabelle

An der Stelle eines Fazits fasst im Folgenden die Tabelle 7 die Ergebnisse des Kapitels über die Gestaltung der Kinderräume im Innen- und Außenbereich zusammen. In Anlehnung an Walden & Borrelbach (2010, S. 107ff.) werden in einem Schema positive Aspekte einer bedürfnisorientierten Raumgestaltung zusammengetragen. Die verschiedenen Säulen der Tabelle umfassen die zentralen Räumlichkeiten der Kindertagesstätte: Eingangsbereich, Flure/Garderoben/Treppen, WC- und Waschräume, Küche/Essbereich, Gruppenraum, Mehrzweckraum, Ruheraum, Personalräume und Außengelände. In den Zeilen werden die Erkenntnisse des Kapitels für diese Räume unter fünf Kriterien zusammengefasst. Unter dem Kriterium „funktional" finden sich alle Ergebnisse, die den Gebrauchswert sowie zeit- und energiesparende Aspekte der jeweiligen Räume betreffen. Unter „ästhetisch-gestalterisch" sind alle innen- und außenarchitektonischen Gesichtspunkte, die die Ästhetik der unterschiedlichen Innen- und Außenräume unterstützen, aufgeführt. Die Bedeutung der verschiedenen Gestaltungsmaßnahmen für die Kommunikation der Nutzer wird unter dem Kriterium „sozial-physisch" zusammengefasst. Das Kriterium „ökologisch" erfasst hingegen alle Aspekte, die für das physische Wohlbefinden des Einzelnen in den jeweiligen Räumen von Bedeutung sind. Abschließend werden unter „Organisatorisch" Gesichtspunkte zusammengetragen, die für die Planung und Verwaltung der Kinderräume zu beachten sind.

→

Tab. 7: Schema zur Beurteilung der Qualität von Kindertagesstätten-Gebäuden

Stufen der Kita-umwelt / Kriterien	Eingangsbereich	Flure, Garderobe, Treppen	WC- und Wasch-Räume	Küche und Essbereich	Gruppenraum
Funktional	- großzügig geschnitten - behindertengerecht - Visitenkarte der Einrichtung - überdachter Eingangsbereich - Windfang - elektrisch öffnende Türen - große Keramikfliesen - Staffelei oder Glasvitrinen für Ausstellungen - größerer Flächenbedarf → Sitzmöglichkeit für Eltern, Ablagemöglichkeiten, Klapptische, Anziehhilfekonstruktion	- sicher und kindgerecht - Fluchtplan - Windfang - indirektes Licht - doppelte Geländer - Garderobe in der Wand versenken - Sitzgelegenheiten - rollbare Container für Schuhe usw.	- behindertengerecht - direkt an Gruppenraum angeschlossen → kurze Wege - kindlicher Maßstab - hell - Lichtquellen über Waschbecken - Stauraum für Unterbringung der privaten Hygieneartikel - Sichtfenster zur Gruppe - Belüftung - Brauch-Wasser-Toilettenspülung - Treppe zu Toiletten - eigener U3-Bereich - mind. 15 m^2 - Windelabfälle in verschließbaren Behältern, unzugänglich für Kinder	- große Küche - direkte Verbindung zwischen Küche und Essraum - großer Lagerraum - Unterlichter für Arbeitsplatten - im Kinderrestaurant erhält jeder Tisch eine Lampe - Mikrowelle - gute Ausstattung - Porzellangeschirr	- nach Süden ausgerichtet - quadratischer Grundriss - groß, genügend Platz für die Nutzer - direkte Anbindung an den Außenbereich, WC- und Waschräume - Multifunktionalität - vertikale und horizontale Gliederung (Boden-, Deckenniveaus, Raumteiler, Textilien, flexible Möbel, Hochebenen) - funktionsorientierte Farbgebung - bereichsspezifische Beleuchtung - natürliches Licht - regulierbare Thermostate - natürliche Belüftung oder Be- und Entlüftungssysteme - angemessene Luftfeuchtigkeit in der Heizsaison →spart Energie

Kriterien / Stufen der Kita-umwelt	Eingangsbereich	Flure, Garderobe, Treppen	WC- und Wasch-Räume	Küche und Essbe-reich	Gruppenraum
					- Strahlungswärme - Basisstation - Einteilung in verschiedene Funktionsbereiche → multifunktionale Einrichtung (z. B. Hocker, hochklappbare Tische) - verschiedene Aufstiegsmöglichkeiten zu den Hochebenen - Sichtfenster in unterem Teil der Türen
Ästhetisch-gestalterisch	- offen und freundlich - geschwungene Wandflächen - abgestimmte Farbgebung - einladend und hell - Ausstellungsstücke (allerdings nicht zu viel)	- großzügig und freundlich - durch Farbe räumliche Defizite kompensieren - andere Bodenbeläge (Holz und Teppich) - Betrachtungsgegenstände - Fotos - Musik	- Spiegel - helle Farbgebung: wasser- und sonnenähnliche Farben - Mosaike - Sichtfenster zur Gruppe - verschiedene Farben und Formen der Wasserhähne	- abgestimmte Farbgebung, - orange regt den Appetit an - modern eingerichtet - aprikosen- bis orangefarbene Töne - abgestimmte Beleuchtung und Geschirr	- schöner Ausblick - große Fensterfront - harmonische Farbgebung (Farben der Natur, mediterran, gelb/sonnig) - neutrale Wand- und Bodenfarben - farbliche Akzente und Zusammenhänge - Türme/Empore/Galerie - restaurierte Möbel - gute Ausstattung und Dekoration - Naturmaterialien - Bilder der Kinder

Stufen der Kita-umwelt Kriterien	Eingangsbereich	Flure, Garderobe, Treppen	WC- und Wasch-Räume	Küche und Essbe-reich	Gruppenraum
Sozial-physisch	- Treffpunkt für Eltern, Erzieher/innen und Kinder - Sitzgelegenheiten - Information über pädagogische Arbeit	- als Spielraum nutzen - Ausstellungen - halbrunde Garderoben - Rückzugsmöglichkeit (z. B. Türme)	- sauber - gemeinsame Wasserspiele Gesundheitsbildung in der Gruppe - Sichtkontakt zur Gruppe	- Kinderrestaurant - Knüpfen sozialer Kontakte - Ort der Begegnung auch für Erzieher/innen und Eltern - großes Sichtfenster zur Küche	- kleine Gruppengröße - durch Untergliederung können Räume für gemeinsame (Rollen-) Spiele geschaffen werden - Rückzugsmöglichkeiten in Kleingruppen/Kuschelecke - verbindende Sichtfenster - gemütliche Fensterplätze/Fensterfront - gemeinsame Restauration alter Möbel als sozialer Prozess - kindgerechte Spielmaterialien - Einsatz mobiler Teppiche - Wandzeitung - ständiger Blickkontakt zur Gruppe (z. B. Sichtfenster)
	- natürliches Licht - gute Akustik - angenehme Raumtemperatur - Betrachtungs-	- keine zu engen Flure - halbrunde Garderoben - kindlicher Maß-	- Ausrichtung nach Norden - kindlicher Maßstab - für Kinder leicht zu öffnende Tür	- geräumig - möglichst kurze Wege zwischen Küche und Essbereich - kindlicher Maßstab	- Ausrichtung nach Süden - kindlicher und erwachsener Maßstab - harmonische Farbgebung (Farben der Natur)

Stufen der Kita-umwelt / Kriterien	Eingangsbereich	Flure, Garderobe, Treppen	WC- und Wasch-Räume	Küche und Essbereich	Gruppenraum
Ökologisch	gegenstände, - Kinder wissen Eltern an einem bestimmten Platz - Ablöseproblematik wird erleichtert	stab - Holz als Baumaterial - bei der Garderobe tiefe Sitzflächen - bewegtes Treppenhaus	- rutschhemmender Bodenbelag - natürliches Licht - vertikale Untergliederung und Schallschutzdecken für bessere Akustik - Sichtfenster - gutes Raumklima - Fußbodenheizung - ausreichend Toiletten und Waschbecken - hängende Toiletten - Schnabeltoilette für Krippenkinder - Personal-WC (warmes Wasser) - Brauchwasser- Toilettenspülung - beheizbare Wickelplatte - Abzug - Spiegel - ständiger Blickkontakt zur Gruppe - kindgerechte Toiletten (26 cm, ab 2. Lebensjahr)	- Stellflächen für Geräte - variable Bodenhöhen - gute Beleuchtung (Warmton-Leuchte für jeden Tisch) - Schallschutzdecken - Sajadeanstrich - Abzugshaube in der Küche - angemessene Temperatur - Herdsicherung	- natürliches Licht - flexible Beleuchtung - Abdunklungsmöglichkeiten - Fensterfronten untergliedern - gute Akustik (abgehängte/variierende Decken, Sajade, poröse Materialien) - gutes Raumklima durch regulierbare Thermostate und Belüftung, bedeutet auch Energieersparnis - Querlüftung - Verschattung von Glasflächen - Schadstoffabsorber - Wärmedämmung - Fußbodenheizung - Rückzugsmöglichkeiten - gemütliche Fensterplätze (Sprossenfenster) - nutzungsoffene Einrichtung - Naturmaterialien - viel Holz

Stufen der Kita-umwelt / Kriterien	Eingangsbereich	Flure, Garderobe, Treppen	WC- und Wasch-Räume	Küche und Essbe-reich	Gruppenraum
			- Schnabeltoiletten - blendfreies Licht über den Wickeltischen - Wickeltische nicht im Durchzug - schlangenförmig verlegte Rücklaufheizung im Boden - nur bis zur halben Höhe kacheln - Windelabfälle in verschließbaren Behältern, unzugänglich für Kinder		- mobile Teppiche - ständiger Blickkontakt zur Gruppe - Möglichkeiten zum Schaukeln, Schwingen, Drehen - Sichtfenster im unteren Teil der Türen - Spielsachen aus Zedern- oder Rosenholz, Schafsfelle und unbehandelte Möbel
Organisatorisch	- Windfang - Platz für Kinderwagen	- Flure nicht zu eng bemessen	- direkte Anbindung an Gruppenraum - von überall schnell zu erreichen - Sichtkontakt zur Gruppe - schlangenförmig verlegte Rücklaufheizung im Boden	- möglichst kurze Wege zwischen Küche und Essbereich - Feuerlöscher/Erste-Hilfe-Kasten gut erreichbar - am Fenster einplanen	- direkte Anbindung an Außenbereich, WC- und Waschräume - ausreichend Lichtschalter und Steckdosen - separate Heizkörper - altersgerechtes Mobiliar - Reduktion der Möbel - Trennung vom Sanitärbereich

Stufen der Kita-umwelt / Kriterien	Mehrzweck- oder Nebenraum	Ruheraum	Personalräume	Außengelände
Funktional	- zentrale Lage - multifunktionale Erweiterung des Gruppenraums - Schiebetüren - Aufschlag der Türen nach außen - Turnhallenbeschläge, - helle, indirekte Wand- und Deckenbeleuchtung - natürliche Beleuchtung und Lüftung - angemessene Raumtemperatur - Waschmaschine und Trockner - Gummistiefelwaschanlage	- ruhige Lage, abgelegen von der Gruppe und entfernt vom Eingang - reizarm - harmonische Ton-in-Ton-Farbgebung - farbliche Untergliederung der Wand (horizontal) → Kleinräumigkeit - gedämpfte Lichtverhältnisse - Abdunklungsmöglichkeiten - Schallschutz - angenehme Raumtemperatur - Geborgenheit - kindgerechte Raumeinrichtung - bei Bedarf Gitterbettchen vorhanden - Matratzenlager - Einsicht durch Plexiglas möglich	- möglichst groß - zentrale Lage am Eingangsbereich - harmonische Farbgebung - natürliches Licht und Belüftung - Ausstattung in Erwachsenengröße - möglichst viele Sitzplätze - Küchenzeile - eigene Spinde und Fächer - Möglichkeit des Medien-/ und Materialeinsatzes - Bildschirmplatz - Spielecke	- große Fläche - fließende Übergänge zum Innenbereich - feste Wege ins Gebäude - Einteilung in bedürfnisorientierte Bereiche durch Hügellandschaft und Bepflanzung - kurze Wege zu den Bereichen, anforderungsspezifische Bodenbeläge (Wegedecken, Wiese, Mulch, …) - robuste Bepflanzung (Haselnuss, Holunder, Weiden) - Hochbeete - Sinnespfad - Spielgeräte am Rand - überhängende Dächer als Witterungsschutz - bei Regen befüllbare Brunnen - Baumstämme und Naturberge zum Klettern - Feuerstellen
Ästhetisch-gestalterisch	- entsprechende Farbgebung (z. B. grüne Farbgebung für Bewegungsräume, Kombination mit Naturmaterialien)	- runde Raumformen - warme Farben - freundliche Lichtgebung - Lichtspiele	- abgestimmte Farbgebung - helle, offene, freundliche Farbgebung - persönliche Gestaltung und Gegenstände	- schön gestaltet Übergänge zum Gebäude - organische Formen - naturnahe Gestaltung - natürliche Vielfalt

Stufen der Kita-umwelt / Kriterien	Mehrzweck- oder Nebenraum	Ruheraum	Personalräume	Außengelände
		- gemütliche Atmosphäre/ Design - Einsatz von Textilien - Schüttelgläser - Wassersäulen - aubergine - kein Mustermix - Lichterketten	- Glas/Transparenz - moderne Einrichtung	- Hügel
Sozial-physisch	- gemeinsame Nutzung als Bewegungsraum - Rückzugsmöglichkeit - mehr Angebote - altersgerechtes Material	- Matratzenlager	- ruhige Atmosphäre - runder Tisch	- Modellierung schafft Kommunikationsplätze - Sitzgelegenheiten sowie Sonnen- und Regenschutz für Elternbereiche - viele Spielangebote - gemeinsame Nutzung der Spielgeräte - Amphitheater für Rollenspiele - Spielhäuschen und Hochplateaus - gemeinsame Gestaltung und Pflege - Feuerstelle - mehrere Weidentipis - sauber, ordentlich

Stufen der Kita-umwelt / Kriterien	Mehrzweck- oder Nebenraum	Ruheraum	Personalräume	Außengelände
Ökologisch	- grüne Farbe entlastet die Augen - Schallschutzmaßnahmen (Schallschutzdecken, weiche Materialien, Teppichboden) - gutes Raumklima - Rückzugsmöglichkeit - runde Ecken von Möbeln und Spielzeugen (Unfallsicherheit) - Stauraum	- räumlich von lauten Räumen getrennt - harmonische Farbgebung - gedämpfte Lichtverhältnisse - Lichtspiele - Schallschutz - angemessene Raumtemperatur - Einsatz weicher Materialien und Textilien - Schüttelgläser - nicht ganz abdunkeln - keine Einschlafmusik	- harmonische Farbgebung - angenehme Lichtverhältnisse und Akustik - zufriedenstellendes Raumklima - Entspann- und Rückzugsmöglichkeit - bequeme Möbel für Erwachsene - persönliche Fotos	- natürliches Licht - Bepflanzung wirkt schalldämpfend/spendet Schatten - frische Luft - eine dominante Erhöhung - Mulden und Nischen zum Rückzug - keine Asphaltflächen - natürlicher Boden - Wiese - Wasserläufe mit Trittsteinen - Wasserbehälter und Teiche absichern, veränderbare & nutzungsoffene Spielgeräte und -materialien - kalkulierbares Risiko - durch naturnahe Gestaltung erkennen und verstehen Kinder Zusammenhänge - Hochbeete - Obst der Obstbäume kann geerntet werden - Rückzugsbereiche gut beaufsichtigbar (Schutz vor Kriminalität) - Bepflanzung sehr natürlich gehalten - Sinneserfahrungsmöglichkeiten

Stufen der Kita-umwelt / Kriterien	Mehrzweck- oder Nebenraum	Ruheraum	Personalräume	Außengelände
Organisatorisch	- direkte Anbindung an Küche, WC und Gruppenraum → mögliche Erweiterung des Gruppenraums (Schiebetür: akustisch eher bedenklich) - abschließbar - nicht zugänglich für Kinder - Gummistiefel-waschanlage	- möglichst große Distanz zu Räumen - deren Nutzung mit höheren Lautstärken verbunden ist (Zwischenschaltung von akustischen Puffern) - gemeinsames Bettenlager	- Glasfront verschafft guten Überblick nach draußen	- flaches Gelände - überschaubar - gut zugänglich - abgetrenntes Außengelände/Zaun - Überdachung und Gebäudenähe der Spielzonen berücksichtigen → ganzjährige Nutzung - Zisterne für Wassergewinnung - eigener U3-Bereich/ eigenes U3-Spielzeug, an Gruppenräume anschließende Terrassen

V. Abschließende Bemerkungen

In diesem abschließenden Kapitel werden die wesentlichen Ergebnisse unserer Erkenntnisse zusammengetragen und ein Blick auf zukünftige Tendenzen gerichtet.

11. Zusammenfassung

Unsere Untersuchungen haben gezeigt, dass sich die Architekturpsychologie mit der Wechselbeziehung zwischen dem Menschen sowie seinem Verhalten und gebauten Umwelten beschäftigt. Dies geschieht mit dem Ziel, durch die Architektur dem Nutzer, seinen jeweiligen Bedürfnissen und seinem Wohlbefinden gerecht zu werden. Dieses interdisziplinäre Vorhaben ist in der Kita geprägt durch die Zusammenarbeit von Erziehern/innen und Architekten sowie dem Einbezug der kindlichen Nutzer. Äußere Vorgaben an die Architektur werden nicht nur durch die rechtlichen Richtlinien, sondern auch durch die pädagogische Konzeption der Einrichtung herangetragen. Besonders die Reggio-Pädagogik zeigt hierbei einen starken Einbezug der räumlich-materiellen Umwelt in ihre pädagogische Arbeit.

Es wurde deutlich, dass die Raumgestaltung sowohl die sozio-emotionale und kognitive als auch die motorische Entwicklung des Vorschulkindes positiv beeinflussen kann. Dies ist eng mit den elementaren Bedürfnissen des Vorschulkindes nach Sicherheit und Geborgenheit, Kontakt zu anderen Kindern, Ruhe und Rückzug, Selbstständigkeit, Bewegung sowie Spiel und Aneignung von Umwelt in den Innen- und Außenräumen der Kita verbunden. Die Untersuchung der raumbildenden Elemente im Innenbereich und die Betrachtung des Außengeländes haben ergeben, dass die Orientierung an diesen Bedürfnissen und dem Wohlbefinden der Nutzer nach einer Untergliederung der Großbereiche wie Gruppenraum oder Außengelände verlangt (zum Beispiel durch Niveauunterschiede der Decken oder Böden, zweite Ebenen, Raumteiler, Bepflanzung), damit diese gleichzeitig den einzelnen Bedürfnissen gerecht werden können. Die Einteilung und Nutzung der Bereiche oder Zonen kann im Innenbereich vor allem durch unterschiedliche Farbgebung und Lichtverhältnisse, Schallschutzmaßnahmen und eine angemessene Temperatur unterstützt werden. Besonders die individuelle Mitbestimmung bei den Licht- und Temperaturverhältnissen (zum Beispiel flexibel einsetzbare Beleuchtung und Lichtführung, regulierbare Thermostate, eigenständige Lüftung) sowie die nutzungsoffene Ausstattung (zum Beispiel mobile Möbelstücke) der Kita begünstigen die Aneignung der Räume durch die Nutzer. Gleichermaßen hat sich dies auch im Außenbereich durch flexible, multifunktionale und veränderbare Spielgeräte gezeigt. Eine naturnahe Gestaltung des Außengeländes kann vor dem Hintergrund eines weiten Erfahrungs- und Erlebnisfeldes des Weiteren die Bedürfnisse nach Bewegung, Rückzug, Selbstständigkeit, Spiel und Kontakt befriedigen, wobei frische Luft und natürliches Licht das Wohlbefinden der Kinder und Erzieher/innen zusätzlich unterstützen.

12. Ausblick

Während in diesem Buch in erster Linie das Vorschulkind betrachtet wurde, richtet sich abschließend der Fokus auf die beiden anderen Formen der Tagesbetreuung.
In Kapitel 4.5 wurden hierzu Tendenzen hinsichtlich der Versorgungsrate beschrieben. Durch das Tagesbetreuungsausbaugesetz (TAG) und das Kinderförderungsgesetz (KiFöG) werden für Krippenkinder bis 2011 bzw. 2013 zur Förderung der Vereinbarkeit von Familie und Beruf eine bedarfsgerechte Versorgungsquote angestrebt. Da diese gegenwärtig etwa bei etwa 3 % liegt, ist in Deutschland zukünftig ein Anstieg von Krippeneinrichtungen sowie altersgemischten Institutionen zu erwarten. Aus architekturpsychologischer Sicht sind damit auch die Bedürfnisse des Kleinkindes stärker zu berücksichtigen. In dem vorliegenden Buch konnten in Kapitel 10 hierfür bereits Ansätze, wie multifunktionale Nutzung eines Gruppenraums, Bedeutung des Sanitärraums für hygienische und kreative Bildung sowie krippenspezifische Einrichtungsgegenstände (zum Beispiel höhenverstellbare Wickeltische) aufgezeigt werden. Wie diesen Ansprüchen allerdings Gruppen mit größerer Altersmischung gerecht werden können, gilt es zu beobachten.
Im Gegensatz zum Anstieg an Krippenplätzen ist im Zuge der Verbreitung von Ganztagsschulen, ein Rückgang der Horteinrichtungen oder Einrichtungen breiter Altersmischung zu erwarten.

13. Verzeichnis der Abbildungen und Tabellen

14. Literaturverzeichnis

Aden-Grossmann, Wilma (2002). Kindergarten - Eine Einführung in seine Entwicklung und Pädagogik. Weinheim und Basel: Beltz.

Ainsworth, M.; Blehar, E.; Waters, E. & Wall, S. Patterns of Attachment. A Psychological Study of the Strange Situation. Hillsdale: NJ (Erlbaum).

Arbinger, Roland (2005). Entwicklung des Denkens (4. Aufl.). Landau: Verlag Empirischer Pädagogik.

Alexander, C.; Ishikawa, S. & Silverstein, M. (1977). A Pattern Language: Towns, Buildings, Construction. New York: Oxford University Press.

Amazi, Deborah K. & Garber, Sharon R. (1982). The Lombard sign as a function of age and task. Journal of Speech and Hearing, 25, 581-585.

Barz, Heiner (1984). Der Waldorfkindergarten - Geistesgeschichtliche Ursprünge und entwicklungspsychologische Begründung seiner Praxis. Weinheim: Beltz.

Beck-Texte im dtv (Hrsg.) (2005). Sozialgesetzbuch (32. Aufl.). München: Deutscher Taschenbuch Verlag.

Beek, Angelika von der, Buck, Mathias & Rufenach, Annelie (2007). Kinderräume bilden - Ein Ideenbuch für Raumgestaltung in Kitas - Ein Werkstattbuch (2. Aufl.). Berlin, Düsseldorf, Mannheim: Cornelsen Verlag Scriptor GmbH & Co. KG.

Beek, Angelika von der (2008[1]). Bildungsräume für Kinder von null bis drei (4. Aufl.). Weimar, Berlin: Verlag das netz.

Beek, Angelika von der (2008[2]). Pampers, Pinsel und Pigmente - Ästhetische Bildung von Kindern unter drei Jahren (2. Aufl.). Weimar, Berlin: Verlag das netz

Beltzig, Günter (2002). Außenbereich. In: Gralle, Horst & Port, Christian (Hrsg.), Bauten für Kinder - Ein Leitfaden zur Kindergartenplanung (S. 43-51). Stuttgart: Verlag W. Kohlhammer.

Bendt, Ute & Erler, Claudia (2010). Spielbudenzauber – Sinnvolle Raumgestaltung in Kita und Krippe. Mülheim an der Ruhr: Verlag an der Ruhr.

Blandine-Merten-Haus in Bad Neuenahr-Ahrweiler: <http://www.blandine-merten-haus.city-map.de/3.html>, Abruf: 03.08.2010, 12.22 Uhr.

Bodenburg, Inga (2000). Zur Lebensweltaneignung von Vorschulkindern in Kindertagesstätten. Frankfurt/Main: Peter Lang.

Boesch, E. E. (1998). Sehnsucht. Von der Suche nach Glück und Sinn. Bern: Hans Huber Verlag.

Braun, Daniela (2006). Ästhetik, Kreativität und Bildung. Remagen: ibus-Verlag.

Brisch, Karl Heinz (1999). Bindungsstörungen. Von der Bindungstheorie zur Therapie (9. Aufl. 2009). Stuttgart: Klett-Cotta.

Brisch, Karl Heinz (2009). Die frühkindliche außerfamiliäre Betreuung von Säuglingen und Kleinstkindern aus der Perspektive der Säuglingsforschung. In: Aichele, Klaus; Arp-Trojan, Anneliese; Burchartz, Arne; Dammasch, Frank; Einnolf, Uta; Gekeler, Wolfram; Häußler, Gabriele; Höhfeld, Renate; Hopf, Hans; Kunze, Beate; Löffler, Martin; Lorenz-Franzen, Franziska; Oelsner, Wolfgang; Pilz, Ingrid; Raue, Jochen; Schmid-Boß, Susanne; Staehle, Angelika; Weiler, Margarete; Wiesler, Christiane; Wolff, Angelika (Hrsg.), Analytische Kinder- und Jugendlichen-Psychotherapie – Zeitschrift für Theorie und Praxis der Kinder- und Jugendlichen-Psychoanalyse und der tiefenpsychologisch fundierten Psychotherapie, 146, XL.Jg. 2/2009, 143-158. Brandes & Apsel Verlag.

Brockschnieder, Franz-Josef & Ullrich, Wolfgang (1997). Praxisfeld Erziehung. Didaktik/Methodik für die Fachschule für Sozialpädagogik. Köln: Stam Verlag GmbH.

Bundesanstalt für Arbeit (Hrsg.) (2000). Blätter zur Berufskunde. Erzieher/Erzieherin (8. Aufl.). Bielefeld: W. Bertelsmann.

Bundesministerium für Familie, Senioren, Frauen und Jugend (2010). Das Kinderförderungsgesetz (KiFöG): <http://www.vorteil-kinderbetreuung.de/was_politik_leistet/kinderfoerderungsgesetz/dok/72.php>, Abruf: 03.08.2010, 12.22 Uhr.

Busmann, Peter (2005). Die Wirkung von Räumen. Welt des Kindes, 2, 8-13.

Coopersmith, Stanley (1967). The antencedents of self-esteem. San Francisco: W.H. Freeman and Company.

Charlesworth, Rosalind (2003). Understanding Child Development (6. Aufl.). Clifton Park: Thomson Delmar Learning.

Dahinden, Justus (2005). Man and Space. Stuttgart; Zürich: Karl Krämer Verlag.

Das Entdeckerhaus in Bremen: <http://www.entdeckerhaus-bremen.de/main/index.php?option=com_content&task=view&id=25&Itemid=55>, Abruf: 03.08.2010, 12.23 Uhr.

Deutsche Gesetzliche Unfallversicherung (DGU) (Hrsg.) (2009). Regel Kindertageseinrichtungen. Berlin.

Deutsches Institut für Normung (Hrsg.)

DIN 18024-1: Barrierefreies Bauen: Straßen, Plätze, Wege, öffentliche Verkehrs- und Grünanlagen sowie Spielplätze; Planungsgrundlagen (1998),

DIN 18024-2: Barrierefreies Bauen: Öffentlich zugängige Gebäude und Arbeitsstätten, Planungsgrundlagen (1998),

DIN 18034: Spielplätze und Freiräume zum Spielen - Anforderungen und Hinweise für die Planung und den Betrieb (1999),

DIN 18041: Hörsamkeit in kleinen bis mittelgroßen Räumen (2004/2005),

DIN 1946-2: Wärmetechnisches Verhalten von Bauprodukten und Bauteilen. Technische Kriterien zur Begutachtung von Laboratorien bei der Durchführung der Messungen von Wärmeübertragungseigenschaften - Teil 2: Messung nach Verfahren mit dem Plattengerät (1999),

DIN 4109: Schallschutz im Hochbau (1992),

DIN 5035-2: Beleuchtung mit künstlichem Licht - Richtwerte für Arbeitsstätten in Innenräumen und im Freien (1990),

DIN 5035-4: Beleuchtung mit künstlichem Licht - Beleuchtung von Unterrichtsstätten (1983),

DIN EN 1176: Spielplatzgeräte und Spielplatzböden (2008),

DIN EN 1177: Stoßdämpfende Spielplatzböden - Bestimmung der kritischen Fallhöhe (2008),

DIN EN 1930: Artikel für Säuglinge und Kleinkinder - Kinderschutzgitter - Sicherheitstechnische Anforderungen und Prüfverfahren (2006),

DIN EN 14988-1: Kinderhochstühle - Teil 1: Sicherheitstechnische Anforderungen (2006),

DIN ISO 5970: Stühle und Tische für Bildungseinrichtungen, Funktionsmaße (1983). Berlin: Beuth.

Donnerstein, Edward & Wilson, David W. (1976). Effects of noise and perceived control on ongoing and subsequent aggressive behavior. Journal of Personality and Social Psychology, 34, 774-781.

Dornes, Martin (2001). Die emotionale Welt des Kindes (2. Aufl.). Frankfurt/Main: Fischer Taschenbuch Verlag GmbH.

Dreier, Anette (1993). Was tut der Wind, wenn er nicht weht? Begegnungen mit der Kleinkindpädagogik in Reggio Emilia. Berlin: Fipp-Verlag.

Dreisbach-Olsen, Jutta; Haas-Krumm, Sibylle & Philipps-Prenzel, Marianne (1998). Nischen, Höhlen, Hängematten: Kita-Räume verändern sich. Neuwied, Kriftel, Berlin: Luchterhand.

Dudek, Mark (2001). Kindergarten Architecture Space For The Imagination (2. ed.). New York, London: Spon Press.

Fatke, Reinhard (Hrsg.) (2003). Piaget, Jean - Meine Theorie der geistigen Entwicklung. Weinheim, Basel, Berlin: Beltz.

Fischer, Reinhard (2000). Sensible Phasen. In: Winkels, Theo (Hrsg.), Montessori-Pädagogik - konkret: Praxisorientierte Aspekte und schulische Konzeptionen (S. 42-61). Bad Heilbrunn: Klinkhardt.

Flade, Antje (1994). Kindgerechtes Wohnen. Zum Zusammenhang zwischen Wohnbedingungen und den Lebensbedürfnissen von Kindern und Familien. Bildung und Erziehung, 1, 57-71.

Flade, Antje (2008). Architektur psychologisch betrachtet. Bern: Verlag Hans Huber.

Franz, Margit & Henneberg, Rosy (2005). Aufsicht oder Draufsicht? Evangelische Fachzeitschrift für die Arbeit mit Kindern: Theorie und Praxis der Sonderpädagogik, 1, 19-21.

Franz, Margit (2005). Lebensraum Kindertagesstätte - Welche Qualitäten brauchen Räume? Evangelische Fachzeitschrift für die Arbeit mit Kindern: Theorie und Praxis der Sonderpädagogik, 1, 14-18.

Franz, Margit & Vollmert, Margit (2005). Raumgestaltung in der Kita. München: Don Bosco Verlag.

Freinet, Célestin (1980). Pädagogische Texte. Mit Beispielen aus der praktischen Arbeit nach Freinet. Reinbeck: Rowohlt Verlag.

Frey, Andreas; Gehrlein, Birgit & Wosnitza, Marold (2006). Friedrich Fröbel und seine Pädagogik. Landau: Verlag empirische Pädagogik.

Fröbel, Friedrich (1926). Menschenerziehung. Leipzig: Verlag Quelle & Meyer.

Gathercole, S. E. & Baddeley A. D. (1993). Working Memory and Language. Hillsdale.

Gralle, Horst & Port, Christian (2002). Bauten für Kinder - Ein Leitfaden zur Kindergartenplanung. Stuttgart: Verlag W. Kohlhammer.

Groeben, Annemarie von der (1997). Nischen, Ecken, geheime Stellen. Heimliche Orte im Kinderleben. In: Becker, Gerhard; Bilstein, Johannes & Liebau, Eckhart (Hrsg.), Räume bilden - Studien zur pädagogischen Topologie und Topographie (S. 161-175). Seelze-Verlber: Kallmeyersche Verlagsbuchhandlung.

Gründler, Elisabeth C. (2000). Naturnahe Spiel- und Erlebnisräume: planen, bauen, gestalten. Neuwied, Berlin: Luchterhand.

Göhlich, Michael (1997). Reggiopädagogik. Geschichte und Konzeption. In: Göhlich, Michael (Hrsg.), Offener Unterricht, Community Education, Alternativschulpädagogik, Reggiopädagogik: Die neuen Reformpädagogiken. Geschichte, Konzeption, Praxis (S. 184-197). Weinheim und Basel: Beltz.

Goswami, Usha (2001). So denken Kinder - Einführung in die Psychologie der kognitiven Entwicklung. Bern; Göttingen; Toronto; Seattle: Verlag Hans Huber.

Hall, J. W. & Grose, J. H. (1991). Notch-noise measurements of frequency selectivity in adults an children using fixed-masker-level and fixed-signal-level presentation. Journal of Speech and Hearing Research, 34, 651-660.

Hausladen, Gerhard; Liedl, Petra; Nowak, Wolfgang & Saldanha, Michael de (2003). Einführung in die Bauklimatik - Klima- und Energiekonzepte für Gebäude. Berlin: Ernst & Sohn.

Hedderich, Ingeborg (2005). Einführung in die Montessori-Pädagogik (2. Aufl.). München: Reinhardt.

Hedderich, Ingeborg; Sahlmann, Eileen; Ulisch, Frederike & Voigtländer, Susanne (2005). Materialisierte Abstraktion - Ausgewählte Montessori-Materialien. In: Hedderich, Ingeborg. Einführung in die Montessori-Pädagogik (S. 50-102) (2. Aufl.). München: Reinhardt.

Heeg, Michaela (2006). Leben mit alten Möbeln. In: Evangelische Fachzeitschrift für die Arbeit mit Kindern: Theorie und Praxis der Sonderpädagogik, 1, 43-45.

Heiland, Helmut (1989). Die Pädagogik Friedrich Fröbels. Hildesheim: Olms.

Hellbrück, Jürgen; Kuwano, Sonoko & Namba, Seiichiro (1996). Irrelevant background speech and human performance: Is there long-term habituation? Journal of the Acoustical Society of Japan, 17, 239-247.

Hellbrück, Jürgen & Fischer, Manfred (1999). Umweltpsychologie - Ein Lehrbuch. Göttingen u.a.: Hogrefe.

Hellpach, Willy (1924). Psychologie der Umwelt. In: Abderhalden, Emil. (Hrsg.), Handbuch der biologischen Arbeitsmethoden. Abt. VI: Methoden der experimentellen Psychologie, C, 3. Berlin: Urban & Schwarzenberg.

Hentschel, Hans-Jürgen (Hrsg.) (2002). Licht und Beleuchtung - Grundlagen und Anwendung der Lichttechnik (5. Aufl.). Heidelberg: Hüthig.

Hopf, Christel (2005). Frühe Bindungen und Sozialisation: Eine Einführung. Weinheim und München: Juventa.

Huppertz, Norbert (1998). Wir erstellen eine Konzeption: Anleitung und Beispiele aus der Kindergartenpraxis (2. Aufl.). München: Don Bosco Verlag.

Jaffke, Freya (1979). Erziehung in den altersgemischten Gruppen. In: Kügelgen, Helmut (Hrsg.), Plan und Praxis des Waldorfkindergartens (S. 34-38) (6. Aufl.). Stuttgart: Verlag Freies Geistesleben.

Jaffke, Freya (1983). Spielzeuge von Eltern selbst gemacht - Arbeitsmaterialien aus den Waldorfkindergärten (Heft 1) (13. Aufl.). Stuttgart: Verlag Freies Geistesleben.

Jones, D. M. & Macken, W. J. (1993). Irrelevant tones produce an irrelevant speech effect: Implications for phonological coding in working memory. Journal of Experimental Psychology: Learning, Memory and Cognition, 19, 369-381.

Kanhai, Prachi (2002). Encyclopaedia of Child Development - Child Psychology. New Dehli: Commonwealth.

Kantrowitz, E. J. & Evans, G. W. (2004). The relation between the ratio of children per activity area and off-task behavior and type of play in day care centers. Environment and Behavior, 36, 541-557.

Kazemi-Veisari, Erika (1996) Reggio-Pädagogik - Pädagogische Handlungskonzepte. Kindergarten heute, 3, 3-11.

Kindertagesstätte Regenbogen in Marienrachdorf: < http://www.kindergarten-marienrachdorf.de/F_Tageseinrichtung.htm>; Abruf: 03.08.2010, 12.24 Uhr.

Klicpera, C. & Gasteiger-Klicpera, B. (1995). Psychologie der Lese- und Schreibschwierigkeiten. Entwicklung, Ursachen, Förderung. Weinheim: Beltz.

Klatte, Maria & Hellbrück, Jürgen (1993). Der „Irrelevant Speech Effect": Wirkung von Hintergrundschall auf das Arbeitsgedächtnis. Zeitschrift für Lärmbekämpfung, 40, 91-98.

Klatte, Maria; Kilcher, H. & Hellbrück, Jürgen (1995). Wirkungen der zeitlichen Struktur von Hintergrundschall auf das Arbeitsgedächtnis und ihre theoretischen und praktischen Implikationen. Zeitschrift für Experimentelle Psychologie, 42, 517-544.

Klatte, Maria; Meis, Markus & Schick, August (1999). Die Lärmbelastung von Lehrern und Schülern - ein Forschungsstandsbericht. Zeitschrift für Lärmbekämpfung, 3, 77-87.

Klatte, Maria; Meis, Markus & Schick, August (2002). Lärm in Schulen - Auswirkungen auf kognitive Leistungen von Kindern. In: Huber, Ludwika, Kahlert, Joachim & Klatte, Maria (Hrsg.), Die akustisch gestaltete Schule: Auf der Suche nach dem guten Ton (S. 19-43). Göttingen: Vandenhoeck & Ruprecht.

Klatte, Maria; Meis, Markus; Nocke, Christian & Schick, August (2004). Lernumwelt = Lärmumwelt!?! Akustische Bedingungen in Schulen und ihre Auswirkungen auf das Lernen. Grundschule, 2, 38-40.

Klein, Lothar (1996). Célestin Freinet auf der Spur. Kindergarten heute, 5, 3-13.

Korte, Charles & Grant, Rosalyn (1980). Traffic noise, environmental awareness, and pedestrian behaviour. Environment and Behavior, 12, 408-420.

Krämer, Stefan (2006). Bauen für Kinder im Überblick. In: Wüstenrot Stiftung (Hrsg.), Bauen für Kinder (S. 60-80). Stuttgart und Zürich: Karl Krämer Verlag.

Kranich, Ernst Michael (1979). Vorschulerziehung aus den Anforderungen des Kindes. In: Kügelgen, Helmut (Hrsg.), Plan und Praxis des Waldorfkindergartens (S. 7-19) (6. Aufl.). Stuttgart: Verlag Freies Geistesleben.

Krieg, Elsbeth (Hrsg.) (1997). Zum Transfer des reggianischen Ansatzes in deutsche Kindertagesstätten und Grundschulen. In: Göhlich, M. (Hrsg.), Offener Unterricht, Community Education, Alternativschulpädagogik, Reggioschulpädagogik (S. 209-219). Weinheim: Beltz.

Krüger, Monika (2003). Temperaturwirkung von Farben: Exemplarisch dargestellt am Warm-Kalt-Kontrast und dessen Einsatz in der bildenden Kunst. Dissertation. TU Dresden, Philosophische Fakultät.

Krupat, Edward (1983). A place for place identity. Journal of Environmental Psychology, 3, 343-344.

Kügelgen, Helmut von (1979). Plan und Praxis des Waldorfkindergartens. Stuttgart.

Küller, Rikard (1996). Licht, Farbe und menschliches Verhalten. In: Lenis Kruse, Carl-Friedrich Graumann & Ernst-Dieter Lantermann (Hrsg.), Ökologische Psychologie. Ein Handbuch in Schlüsselbegriffen (2. Aufl.). München: Psychologie Verlags Union.

Kwallek, Nancy & Lewis, C. M. (1990). Effects of environmental colour on males and females: A red or white or blue office. Applied Ergonomics, 21, 275-278.

Lange, Udo & Stadelmann, Thomas (1999). Das Paradies ist nicht möbliert. Berlin; Neuwied: Luchterhand Verlag GmbH.

Laris, Michael (2005). Designing for play. In: Dudek, Mark. Children's Spaces (S. 14-30). Oxford: Architectural Press.

Leising, Daniel (2002). Die Macht der Räume. Psychologie Heute, 1, 34-37.

Lindgren, Astrid (1977). Das entschwundene Land. Hamburg: Oetinger.

Lynch, K. (1976). Managing a sense of region. Boston: Massachusetts Institute of Technology Press.

Mahlke, Wolfgang & Schwarte, Norbert (1997). Raum für Kinder. Weinheim; Basel: Beltz Verlag.

Mahlke, Wolfgang (2003). Mehr Lebensqualität durch sorgsame Raumgestaltung (1). Evangelische Fachzeitschrift für die Arbeit mit Kindern: Theorie und Praxis der Sonderpädagogik, 7, 44-47.

Malaguzzi, Loris (1984). Zum besseren Verständnis der Ausstellung: 16 Thesen zum pädagogischen Konzept. Berlin.

Martin, S. H. (2002). The classroom environment and its effects on the practice of teachers. Journal of Environmental Psychology, 22, 139-156.

Mehling, Franz N. (Hrsg.) (1999). Das Wissen unserer Zeit auf dem neusten Stand. Augsburg: Weltbild Verlag.

Ministerium für Bildung, Frauen und Jugend Rheinland-Pfalz (Hrsg.) (2004). Bildungs- und Erziehungsempfehlungen für Kindertagesstätten in Rheinland-Pfalz. Weinheim und Basel: Beltz Verlag.

Ministerium für Bildung, Frauen und Jugend Rheinland-Pfalz (Hrsg.) (2005). Kindertagesstättengesetz. Mainz.

Ministerium für Kultur, Jugend, Familie und Frauen Rheinland-Pfalz (Hrsg.) (1998). Anregungen zur kindgerechten und naturnahen Gestaltung des Außengeländes von Kindertagesstätten. Mainz.

Nickel, Horst & Schmidt-Denter, Ulrich (1988). Vom Kleinkind zum Schulkind. Eine entwicklungspsychologische Einführung für Erzieher, Lehrer und Eltern (3. neu gestaltete und erweiterte Aufl.). München/Basel: Ernst Reinhardt.

Nilsson, P. (1998). Noise-included hearing loss and tinnitus in kindergarten teachers. In: Carter, N. & Job, S. (Hrsg.), Noise Effects 98. 7th International Congress on Noise as a Public Health Problem, Volume 1, 47-50. Sydney.

Nüchterlein, Petra & Richter, Peter G. (2008). Raum und Farbe. In: Richter, Peter (Hrsg.), Architekturpsychologie - Eine Einführung (3. überarbeitete und erweiterte Aufl.) (S. 209-231). Lengerich: Pabst Science Publishers.

Olds, Anita Rui (2000). Child Care Design Guide. New York: McGraw-Hill.

Oppermann, Winfried; Wieseler, Heiner & Wriedt, Petra (2005). Landesbauordnung Rheinland-Pfalz - Fassung 2005 mit Erläuterungen. Stuttgart: Kohlhammer.

Osterloh, Jürgen (2002). Identität der Erziehungswissenschaft und pädagogische Verantwortung - Ein Beitrag zur Strukturdiskussion gegenwärtiger Erziehungswissenschaft in Auseinandersetzung mit Wilhelm Flitner. Bad Heilbrunn/OBB.: Julius Klinkhardt.

Österreicher, Herbert (2005). Draußen - natürliche Lernräume: Im Freien gibt es andere Erfahrungs- und vielfältige Gestaltungsmöglichkeiten. Evangelische Fachzeitschrift für die Arbeit mit Kindern: Theorie und Praxis der Sonderpädagogik, 1, 30-33.

Österreicher, Herbert & Prokop, Edeltraut (2006). Kinder wollen draußen sein - Natur entdecken, erleben und erforschen. Seelze: Kallmeyer.

Ott, J. N. (1973). Health and Light. New York: Simon & Schuster.

Pappler, Manfred & Witt, Reinhard (2001). Natur Erlebnis Räume - Neue Wege für Schulhöfe, Kindergärten und Spielplätze. Seelze: Kallmeyer.

Petmecky, Andrea (2006). Von Bob und anderen Baumeistern: Psychologische Überlegungen zum Bauen für Kinder. In: Wüstenrot Stiftung (Hrsg.), Bauen für Kinder (S. 79-99). Stuttgart und Zürich: Karl Krämer Verlag.

Pocock, Douglas C. D. (1989). Humankind-environment: Musings on the role of the hyphen. In: Frederick Wilgar Boal & David N. Livingston (Hrsg.), The behavioural environment (pp. 82-90). London: Routledge.

Proshansky, Harold M.; Fabian, Abbe K. & Kaminoff, Robert (1983). Place-identity: Physical world socialization of the self. Journal of Evironmental Psychology, 3, 57-83.

Protestantischer Kindergarten Betzenberg in Kaiserslautern: <http://kita.bildung-rp.de/file admin/downloads/Betzenberg_Darstellung_Kita.-Server.pdf>, Abruf: 21.03.2010 16.22 Uhr.

Retter, Hein (1978). Typen pädagogischer und didaktischer Ansätze im Elementarbereich. In: Dollase, Rainer (Hrsg.), Handbuch der Früh- und Vorschulpädagogik Band 2 (S. 135-150). Düsseldorf: Schwann.

Relph, Edward (1989). A curiously unbalanced condition of the powers of the mind: Realism and the ecology of environmental experience. In: Frederick Wilgar Boal & David N. Livingston (Hrsg.), The behavioural environment: Essays in reflection, application, and re-evaluation (S. 277-288). London: Routledge.

Richter, Peter G. (2008). Mensch-Umwelt-Einheit(en) als Gegenstand der Architekturpsychologie. In: Richter, Peter (Hrsg.), Architekturpsychologie - Eine Einführung (3. überarbeitete und erweiterte Aufl.) (S. 21-30). Lengerich: Pabst Science Publishers.

Rodeck, Bettina; Mahnke, Frank H. & Meerwein, Gerhard (2002). Mensch - Farbe - Raum: Grundlagen der Farbgestaltung in Architektur, Innenarchitektur, Design und Planung (3. Aufl.). Leinfelder Echterdingen: Verlagsanstalt Alexander Koch.

Roux, Susanne (2003). Vorschulkonzeptionen im Wandel - Was war, was ist, was kommt? In: Roux, Susanne (Hrsg.), PISA und die Folgen - Bildung im Kindergarten (S. 28-42). Landau: Empirische Pädagogik e.V.

Rudow, Bernd (2004). Belastungen und der Arbeits- und Gesundheitsschutz bei Erzieherinnen: <http://www.gew-bw.de/Arbeits-_und_Gesundheitsschutz.html#Section9321>, Abruf: 03.08.2010, 12.30 Uhr.

Rump, Roswitha & Richter, Peter G. (2008). Aneignung von Raum: Die Bewegung im Raum und dessen Aneignung. In: Richter, Peter (Hrsg.), Architekturpsychologie - Eine Einführung (3. überarbeitete und erweiterte Aufl.) (S. 293-317). Lengerich: Pabst Science Publishers.

Sala, E.; Airo, E.; Lain, A.; Olkinuora, P.; Pentti, J.; Suonpää, J. (1998). Vocal loading and prevalence of voice disorders of day care center personnel. In: Carter, N & Job, S. (Hrsg.), Noise Effects 98. 7th International Congress on Noise as a Public Health Problem, Volume 1, 47-50. Sydney.

Salisch, Maria von & Kunzmann, Ute (2005). Emotionale Entwicklung über die Lebensspanne. In: Jens B. Asendorpf (Hrsg.), Enzyklopädie der Psychologie: Soziale, emotionale und Persönlichkeitsentwicklung (S. 22-34). Göttingen, Bern, Toronto, Seattle: Hogrefe-Verlag.

Schäfer, Gerd E. (Hrsg.) (2005). Bildung beginnt mit der Geburt (2. Aufl.). Weinheim und Basel: Beltz Verlag.

Schäfer, Gerd E. (2005). Der Raum als erster Erzieher. Evangelische Fachzeitschrift für die Arbeit mit Kindern. Theorie und Praxis der Sonderpädagogik, 1, 6-9.

Schaffer, Rudoph H. (2004). Child Psychology. Malden: Blackwell Publishing.

Schiller, Friedrich (1979). Wallensteins Tod. Stuttgart: Reclam.

Schönborn, Stefan & Schumann, Frank (2008). Dichte und Enge. In: Richter, Peter G. (Hrsg.), Architekturpsychologie - Eine Einführung. (3. überarbeitete und erweiterte Aufl.) (S. 261-291). Lengerich: Pabst Science Publishers.

Schönrade, Silke (2000). „Kinderräume - KinderTräume?“ Sinnvolle Raumgestaltung im Kindergarten. In: Beins, Hans Jürgen & Lensing-Conrady, Rudolf & Pütz, Günter & Schönrade, Silke. (Hrsg.), „Adler steigen keine Treppen…“ - Kindesentwicklung auf individuellen Wegen (95–112). Dortmund: borgmann publishing.

Schultz-Gambard, Jürgen (1985). Crowding: Sozialpsychologische Erklärungen der Wirkung von Dichte und Enge. In: Frey, Dieter & Irle, Martin (Hrsg.), Theorien der Sozialpsychologie, Bd. 3, Motivations- und Informationsverarbeitungstheorien (S. 175-208). Bern: Huber.

Schulze, H. (1989). Dysfluency-Syndrome. In: Kittel, G. (Hrsg.), Phoniatrie und Pädaudiologie (S. 103-118). Köln.

Schütz, Astrid (2000). Psychologie des Selbstwertgefühls - Von Selbstakzeptanz bis Arroganz. Stuttgart: Verlag W. Kohlhammer.

Seamon, David (1990). Awareness and reunion: A phenomenology of the person-environment relationship as portrayed in the New York photographs of André Kertész. In: Zonn, Leo (Ed.), Place images in the media (pp. 87-107). Totowa, New Jersey: Roman and Littlefield.

Seamon, David (2000). A Way of Seeing People and Place: Phenomenology in Environment- Behavior Research. In: Demick, Jack; Minami, Hirofumi; Yamamoto, Takiji & Wapner, Seymour (Eds.), Theoretical Perspectives in Environment-Behavior Research: Underlying Assumptions, Research Problems, and Methodologies (pp. 157-179). New York: Kluwer Academic/ Plenum Publisher.

Seidler, T.L. (1995). Effects of different coloured test environments on selected physiological and psychological responses during maximal graded treadmill tests. Perceptual and Motor Skills, 80, 225-226.

Senckel, Barbara (2004). Wie Kinder sich die Welt erschließen - Persönlichkeitsentwicklung und Bildung im Kindergartenalter. München: Verlag C.H. Beck.

Simon, Heidi (2001). Netzwerk Familie „Unser Kindergarten ist keine Insel!": Zusammenarbeit von Familie und Einrichtung, In: Konrad Adenauer Stiftung (Hrsg.), Kinder in besten Händen? Bildung von Anfang an! (S. 72-77). Sankt Augustin.

Simonis, Christoph (2001). Mut zur Wildnis - Naturnahe Gestaltung von Außenflächen an Kindergärten von öffentlichen Spielflächen und Schulhöfen. Neuwied, Kriftel, Berlin: Hermann Luchterhand Verlag GmbH.

Solso, Robert L. (2005). Kognitive Psychologie. Heidelberg: Springer Medizin Verlag.

Spreng, Manfred (2002). Die Wirkung von Lärm auf die Sprachentwicklung. In: Huber, Ludwika; Kahlert, Joachim & Klatte, Maria (Hrsg.), Die akustisch gestaltete Schule: Auf der Suche nach dem guten Ton (S. 43-61). Göttingen: Vandenhoeck & Ruprecht.

Spangler, Gottfried (1999). Frühkindliche Bindungserfahrungen und Emotionsregulation. In: Friedlmeier, Wolfgang & Holodynski, Manfred (Hrsg.), Emotionale Entwicklung - Funktion, Regulation und soziokultureller Kontext von Emotionen (S. 176-197). Heidelberg, Berlin: Spektrum Akademischer Verlag.

Spieß, Katharina C. & Wrohlich, Katharina (2005). Wie viele Kinderbetreuungsplätze fehlen in Deutschland? Neue Bedarfsermittlung für Kinder unter drei Jahren auf der Basis von Mikrodaten. Deutsches Institut für Wissensforschung Wochenbericht, 14, 223-227.

Sroufe, L. Alan (1997). Emotional Development - The organization of emotional life in the early years. New York: Cambridge University Press.

Statistisches Bundesamt (Hrsg.) (2004). Kindertagesbetreuung in Deutschland. Einrichtungen, Plätze, Personal und Kosten 1990-2002. Wiesbaden.

Steinbruchs-Berufgenossenschaft: <http://www.stbg.de/sich_ges/laerm/db_hz1.htm>, Abruf: 03.08.2010, 12.26 Uhr.

Steinbruchs-Berufgenossenschaft: <http://www.stbg.de/sich_ges/laerm/laerm01.htm>, Abruf: 03.08.2010, 12.30 Uhr.

Steiner, Rudolf (1985). Die gesunde Entwicklung des Menschenwesens (3. Aufl.). Dornbach: Rudolf Steiner Verlag.

Steiner, Rudolf (1955). Theosophie. Stuttgart: Verlag Freies Geistesleben.

Stinner, Barbara (2000). Reggio-Pädagogik. In: Huppertz, Norbert (Hrsg.), Konzepte des Kindergartens (2.Aufl.) (S. 17-57). Oberried: PAIS-Verlag.

Takahashi, Takashi (2000). Sympathetic Methods in Environment Design and Education. In: Demick, Jack; Minami, Hirofumi; Yamamoto, Takiji & Wapner, Seymour (Eds.), Theoretical Perspectives in Environment-Behavior Research: Underlying Assumptions, Research Problems, and Methodologies (pp. 229- 237). New York: Kluwer Academic / Plenum Publisher.

Teigeler, Peter (1992). Freinet-Pädagogik, psychologische Lernmotivations-Theorie und Viktor E. Frankls „Wille zum Sinn". In: Hellmich, Achim & Teigeler, Peter (Hrsg.), Montessori-, Freinet-, Waldorfpädagogik. Konzeption und aktuelle Praxis (S. 114-141). Weinheim und Basel: Beltz.

Tilmann, Heribert (2000). Montessori-Pädagogik - Was ist das? Ein nicht unpraktischer Text für eine Kurzinformation. In: Winkels, Theo (Hrsg.), Montessori-Pädagogik - konkret: Praxisorientierte Aspekte und schulische Konzeptionen (S. 11-21). Bad Heilbrunn: Klinkhardt.

Tolksdorf, Uwe (2000). Situationsansatz - Was heißt das wirklich und welche Vorteile bietet er? In: Huppertz, Norbert (Hrsg.), Konzepte des Kindergartens (2. Aufl.) (S. 110-151). Oberried: PAIS-Verlag.

Vollmert, Margit (2005). Weit offene Augen... zeigen uns Anmutungsqualität: Wie Räume wirken (können). Evangelische Fachzeitschrift für die Arbeit mit Kindern: Theorie und Praxis der Sonderpädagogik, 1, 10-13.

Voermanek, Katrin (2006). Bauen für Kinder - aktuelle Beispiele und Entwicklungen. Wüstenrot Stiftung. (Hrsg.), Bauen für Kinder (S. 46-59). Stuttgart und Zürich: Karl Krämer Verlag.

Vogelsberger, Manfred (2002). Kindertagesbetreuung. Paderborn: Ferdinand Schöningh.

Walden, Rotraut (1993). Lebendiges Wohnen: Entwicklung psychologischer Leitlinien zur Wohnqualität. Aneignungshandlungen in Wohnumwelten aus der Sicht von Architekten, Bewohnerinnen und Bewohnern. Frankfurt: Peter Lang.

Walden, Rotraut (1998). Aneignung. In: Dieckmann, Friedrich; Flade, Antje; Schuemer, Rudolf; Ströhlein, Gerhard & Walden, Rotraut, Psychologie und gebaute Umwelt. Konzepte, Methoden, Anwendungsbeispiele (S. 63-66). Darmstadt: Institut Wohnen und Umwelt.

Walden, Rotraut (1998). Umweltkontrolle. In: Dieckmann, Friedrich; Flade, Antje; Schuemer, Rudolf; Ströhlein, Gerhard & Walden, Rotraut, Psychologie und gebaute Umwelt. Konzepte, Methoden, Anwendungsbeispiele (66-68). Darmstadt: Institut Wohnen und Umwelt.

Walden, Rotraut & Borrelbach, Simone (2010). Schulen der Zukunft – Gestaltungsvorschläge der Architekturpsychologie (6. unver. Aufl.; 1. Aufl. 2002). Heidelberg, Kröning: Asanger Verlag.

Walden, Rotraut & Schmitz, Inka (1999). KinderRäume - Kindertagesstätten aus architekturpsychologischer Sicht. Freiburg: Lambertus.

Walter, J. (1996). Förderung bei Lese- und Rechtsschreibschwäche. Göttingen.

Werner, C. M.; Altman, I. & Oxley, D. (1985). Temporal aspects of home: A transactional perspective. In: Altman, I. & Werner, C. M. (Eds.), Home environments. Human behaviour and environment (8. ed.) (pp. 1-32). New York: Plenum.

Widmayer, S. M.; Peterson, L.M., Larner, M. & Carnaham, S. (1990). Predictors of Haitian-American infant development at twelve months. Child Development, 61, 410-415.

Wirth, G. (1990). Verzögerte Sprachentwicklung. In: Wirth, G. (Hrsg.), Sprachstörungen, Sprechstörungen, kindliche Hörstörungen (3. Aufl., S. 162-306). Köln: Deutscher Ärzte-Verlag GmbH.

Wormuth, Rüdiger & Schneider, Klaus-Jürgen (Hrsg.) (2000). Erläuterungen wichtiger Begriffe des Bauwesens mit vielen Abbildungen - Baulexikon. Berlin: Bauwerk Werner.

Wüst, Ruth (1998). Impulse aus Italien. Kleinkindpädagogik in Reggio Emilia und was wir davon lernen können. Kindergarten heute, 7-8.

Zimmer, Renate (1996). Motorik und Persönlichkeitsentwicklung bei Kindern (2. Aufl.). Schorndorf: Verlag Hofmann.

Zwimpfer, Moritz (1985). Licht, Sehen, Empfinden. Eine elementare Farbenlehre in Bildern. Bern: Paul Haupt.

Anhang

15. Ergänzende Tabellen

15.1 Motorische Fähigkeiten des Vorschulkindes

Tab. 8: Motorische Fähigkeiten des Vorschulkindes (drei bis sechs Jahre) (vgl. Charlesworth, 2003, S. 160).

	Grobmotorik	**Feinmotorik**
Zeitspanne zwischen 37. und 48. Monat	- einen Ball hinterrücks werfen - Dreirad fahren - Fangen eines großen Balls - Purzelbaum vorwärts schlagen - von 30 cm Höhe auf den Boden springen - mit beiden Füßen 3 Sprünge tätigen - Gehen auf einem Muster aus Fußabdrücken - einen gestoßenen Ball fangen	- sich der Linie eines Kreises nähern - Papier schneiden - zum Ankleben den Zeigefinger benutzen - Brücken aus 3 Klötzen bauen - Türme aus 8 Klötzen bauen - 0 und + zeichnen - Puppen an- und ausziehen - aus einem Krug ausschenken, ohne zu Vergießen
Zeitspanne zwischen 49. und 60. Monat	- einen Ball stoßen und fangen - 30 cm rennen und anhalten - einen Wagen/Puppenwagen anschieben/ziehen - einen Ball über 25 cm zu einem Ziel schießen - einen 6 kg schweren Gegenstand tragen - einen Ball kontrolliert stoßen - 4 Sprünge auf einem Bein tätigen	- Schuhe binden - an einer Linie entlang schneiden - zehn Perlen aufschnüren - die Form eines X nachzeichnen - mit einer Hand eine Wäscheklammer öffnen und schließen - eine Brücke aus fünf Klötzen bauen - aus verschiedenen Gefäßen ausgießen - den Vornamen drucken

Tab. 8: Fortsetzung

	Grobmotorik	Feinmotorik
Zeitspanne zwischen 61. und 72. Monat	- einen Ball werfen - einen 8 kg schweren Gegenstand tragen - an einen rollenden Ball schießen - Hüpfen im Wechselschritt - Rollschuhe fahren - Seil hüpfen - einen Ball rollen, um einen Gegenstand zu treffen - Fahrradfahren mit Stützrädern	- ein Blatt Papier halbieren und vierteln - die Form der Hand nachfahren - Rechtecke, Kreise, Vierecke und Dreiecke zeichnen - Innenbereiche aus Papier ausschneiden - Buntstifte adäquat einsetzen - aus zwei Tonteilen einen Gegenstand herstellen - Buchstaben nachzeichnen - zwei kurze Wörter nachschreiben

15.2 Besonders empfohlene heimische Gehölze für die Gestaltung kindgerechter und naturnaher Außenbereiche

Tab. 9: Besonders empfohlene heimische Gehölze für die Gestaltung kindgerechter und naturnaher Außenbereiche (vgl. Ministerium für Kultur, Jugend, Familie und Frauen, 1998, S. 16f.).

	Botanischer Name	**Deutscher Name**	**Besondere Aspekte**
Bäume	Carpinus betulus	Hainbuche	Kleiner Baum, schöne Fruchtstände, Klettern
	Juglans regia	Walnuss	Großer Baum, Früchte essbar, Geschichte
	Quercus robur	Stieleiche	Großer Baum, Früchte
Sträucher für dichte Hecken, Abschirmung und Raumbildung	Amelanchier lamarckil	Kupfer-Felsenbirne	Früchte wohlschmeckend, schöne Blüte, schöne Herbstfärbung
	Cornus mas	Kornelkirsche	Blüte, Früchte
	Cornus sanguines	Hartriegel	Robust, schnell wachsend
	Salix purpurea	Korbweide	Robust, Kätzchen, Zweige zum Basteln
	Salix viminalis	Flechtweide	Robust und widerstandfähig
	Sambucus nigra	Schwarzer Holunder	Großstrauch und Früchte

16. Auszüge aus der Befragung der kindlichen Nutzer der Kindertagesstätte „Regenbogen“ in Marienrachdorf

16.1 Aussagen der dreijährigen Nutzer zu ihrer Einrichtung (Tab. 10)

Positiv		**Negativ**	
Spielecken - Puppenecke - Bauecke	2 1 1	**Musikinstrumente** - Schlagzeug	1 1
Experimentiersachen - Wasseruhr/Sanduhr - Waage	2 1 1		

16.2 Zukunftswünsche der dreijährigen Nutzer an ihre Einrichtung (Abb. 5)

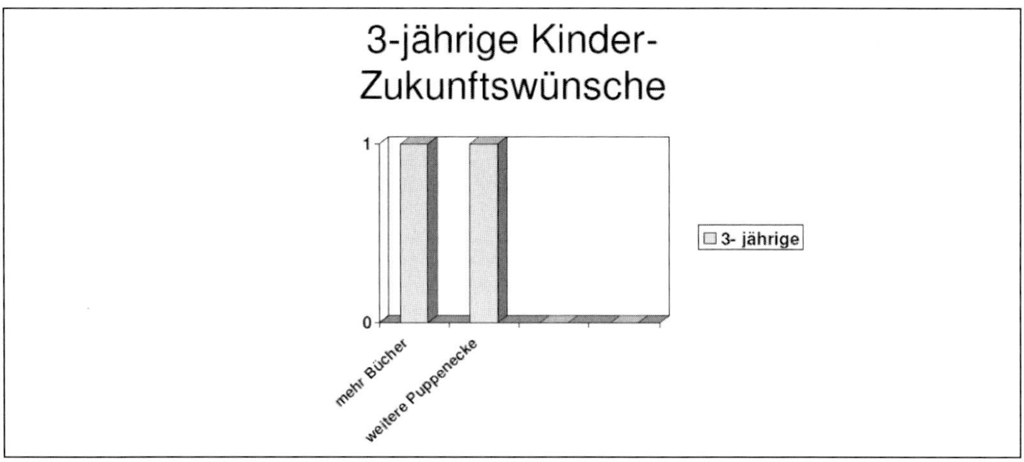

16.3 Aussagen der vierjährigen Nutzer zu ihrer Einrichtung (Tab. 11)

Positiv		**Negativ**	
Orte	12	**Orte**	2
- Bewegungsbaustelle	2	- kleines Zimmer (Wasser)	1
- ganzer Kindergarten	1	- Wirbelwindgruppe (Bauecke nicht schön)	1
- eigenes Schild/Schublade	1		
- Traumpalast	1		
- eigene Gruppen	2		
- Miniclub	1		
- Spielplatz	3		
- Laube	1		
Spielecken	6	**Essen**	1
- Kuschelhaus	3	- Käse	1
- Puppenecke	2		
- Bauecke	1		
Aktivitäten	2	**Aktivitäten**	3
- Nikolaus kommt in den Kindergarten	1	- wenn Pfiffikus ist	1
		- Kinder, die Spielzeug wegnehmen	1
- malen	1	- wenn es regnet	1
Materialien	1		
- Kleber	1		
Angebote	7	**Materialien**	1
- Arche Noah Spiel	1	- Telefon (ist nicht echt)	1
- Memory	1		
- Bilderbücher	2		
- Instrumente	1		
- Autos	1		
- Tiere	1		
Personen	1	**Personen**	1
- A.	1	- S. (wenn er ärgert)	1

16.4 Zukunftswünsche der vierjährigen Nutzer an ihre Einrichtung (Abb. 6)

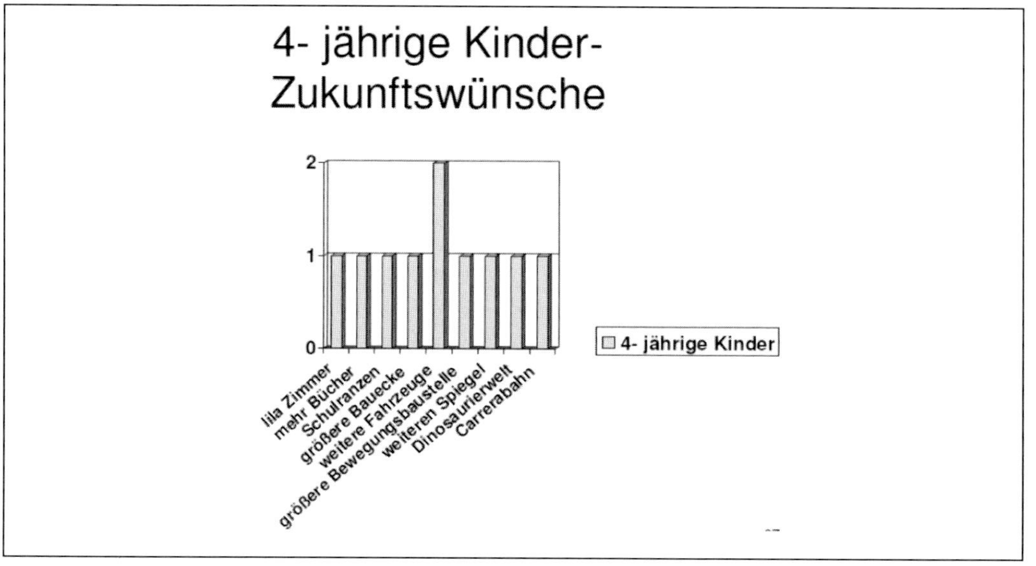

16.5 Aussagen der fünfjährigen Nutzer zu ihrer Einrichtung (Tab. 12)

Positiv		Negativ	
Orte	**10**	**Orte**	**2**
- kleines Zimmer	1	- enge Garderoben	1
- eigene Gruppen	1	- Bauwagen (im Winter kalt)	1
- Spielplatz	5		
- Bauwagen	1		
- Bewegungsbaustelle	2		
Spielecken	**23**	**Spielecken**	**1**
- Puppenecke	10	- Kuschelhaus	1
- Kuschelhaus	3		
- Kuschelecke	3		
- Bauecke	4		
- Kaufladen	3		
Aktivitäten	**27**	**Aktivitäten**	**18**
- kreative Aktivitäten	8	- Kinder, die ärgern	13
- Aktivitäten draußen	7	- Kinder, die nicht spielen wollen	2
- körperliche Aktivitäten	1	- draußen klettern (gefährlich)	1
- legen/bauen	7	- Englisch lernen	1
- persönliche Aktivitäten	4	- wenn es regnet	1
Materialien	**1**	**Materialien**	**1**
- Pinsel	1	- Kleber (klebt in der Hand)	1
Gestaltung	**6**	**Sonstiges**	**6**
- neue Tapete	1	- Kaktus	1
- Adventskalender	2	- nichts	1
- Adventskranz	1	- Bauchschmerzen/Kopfschmerzen	1
- Weihnachtsbaum	2	- ganz Lautes	2
		- Eichhörnchen ist nicht mehr da	1
Angebote	**20**	**Angebote**	**1**
- Klatschmemory	4	- Memory	1
- Tiere	2		
- Gesellschaftsspiele	6		
- Spielmenschen	2		
- Edelsteine	1		
- Barbiehaus	1		
- Instrumente	1		
- Zirkus (im kleinen Zimmer)	1		
- Arche Noah Schiff	1		
- Sandkastenspielsachen	1		
Personen	**1**	**Personen**	**3**
- Gruppe	1	- A. (wenn sie haut)	1
		- K. (wenn sie mich nicht bei Bello aussucht)	1
		- S. (wenn sie nicht ihre Birne ist)	1

16.6 Zukunftswünsche der fünfjährigen Nutzer an ihre Einrichtung (Abb. 7)

17. Fotos von sechs Kindertagesstätten

17.1 „Blandine-Merten-Haus" in Bad Neuenahr-Ahrweiler

Anzahl der Kinder:	24 Ganztagsplätze und 76 Regelplätze für drei- bis sechsjährige Kinder
Mitarbeiter:	4 Gruppenleiterinnen 4 Erzieherinnen(Teilzeit) 2 Erzieherinnen für Sonderförderung (Teilzeit) 1 Anerkennungspraktikantin
Pädagogisches Konzept:	Die Kinder haben die Möglichkeit, durch den Aufenthalt in diesem Haus „Fähigkeiten zu erlernen, die für ihr ganzes Leben von Bedeutung sind" (http://www.blandine-merten-haus.city-map.de/).
Träger:	Katholische Kirchengemeinde St. Marien und St. Willibrord
Öffnungszeiten:	<u>Montag bis Donnerstag:</u> *Regelkindergartenplätze:* 07:30 – 12:30 Uhr und 14:00 – 16:00 Uhr *nach Absprache:* 12:30 – 13:30 Uhr *Ganztagsplätze im Kindergarten:* 07:15 – 16:00 Uhr <u>Freitag:</u> *Regelkindergarten:* 07:30 – 12:30 Uhr *Kindertagesstätte:* 07:15 – 14:00 Uhr
Architekt:	Georg A. Schütz
Einzug in das Gebäude/Fertigstellung:	1988
Grundstücksgröße:	4 570 m^2
Umbauter Raum:	5 283 m^3 (Nebengebäude 96 m^3)
Nutzfläche:	592 m^2 (Nebengebäude 30 m^2)
Nebennutzfläche:	279 m^2
Funktionsfläche:	19 m^2
Verkehrfläche:	243 m^2
Kosten:	3 150 000 DM

Eingangstür der Einrichtung

Blick auf den Garderobenbereich

Eingangsbereich

Kinderbücherei im Eingangsbereich

Gruppenraum mit zweiter Ebene

Sitzkreis im Gruppenraum

WC-Raum im kindlichen Maßstab und Oberlichtern

Bewegungsraum

Spielpodest aus Holz in der Außenanlage

Sandkasten mit Wasserzulauf

17.2 Protestantischer Kindergarten „Betzenberg“ in Kaiserslautern

Anzahl der Kinder:	100 angemeldete Kinder in vier Gruppen im Alter von zwei Jahren bis Schuleintritt
Mitarbeiter:	14 Erzieherinnen
Pädagogisches Konzept:	„Die pädagogische Ausrichtung der Einrichtung umfasst den Situationsansatz, das offene Arbeiten nach den Bildungs- und Erziehungsempfehlungen des Landes Rheinland-Pfalz.s“ (http://kita.bildung-rp.de/fileadmin/downloads/Betzenberg_Darstellung_Kita.-Server.pdf).
Träger:	Prot. Gesamtkirchengemeinde
Öffnungszeiten:	*Teilzeit:* 7:30 - 12:00 Uhr 14:00 - 16:00 Uhr *Durchgehende Teilzeit:* 7:00 – 14:00 Uhr *Vollzeit:* 7:00 – 17:00 Uhr
Architekt:	Dipl.-Ing. Miguel Martinez
Einzug in das Gebäude/Fertigstellung:	30.09.2001
Grundfläche:	6 690 m² (Grundstücksfläche) 448 m² (Nutzfläche)
Umbauter Raum:	2 580 ³
Kosten:	733 413,77 €

Blick vom Garderoben- in den Restaurantbereich

Flur mit Restaurantbereich

Spielzone mit Hochebene im Gruppenraum

Bauecke

Bücherei im Meditationsraum

Bewegungsraum

Kreativraum mit großer Fensterfront

Erleben von Farbe im Kreativraum

Blick auf das Backhaus in der Außenanlage

Einheimische Zierpflanzen am Bachlauf

Pumpe zur Gewinnung von Wasser

Großflächige Treppenstufen laden zum Verweilen ein

17.3 „Das Entdeckerhaus“ in Bremen

Alter und Belegung:	betreut seit Oktober 2003 Kinder im Alter von 6 Monaten bis 6 Jahre Betreuung für 2 Kindergartengruppen sowie 4 Krippengruppen in denen parallel bis zu 80 Kinder betreut werden können.
Mitarbeiter:	pädagogische Leitung: Birgit Weber-Witt
Verwaltung:	Carola Eden
Webmaster:	Maria Eden
Facherzieherin/ Reittherapeutin:	Heidi Feldhäuser(Australierin)
Anzahl:	22 Mitarbeiter/Mitarbeiterinnen
Pädagogisches Konzept:	„Das pädagogische Konzept beruht neben dem Grundsatz eines betriebsnahen flexiblen Betreuungszeitmodells für Kinder in den Krippen und im Kindergarten auf drei Säulen: – dem Entdeckerprinzip – der Entwicklungsbegleitung – Bildung von Anfang an (http://www.entdeckerhaus-bremen.de/).
Träger des Baus:	Technologiepark Bremen e. V.
Öffnungszeiten:	Montag – Freitag: 7:30 - 17:00 Uhr
Architekten:	Olaf Hübner, Christian Remes und Prof. Peter Hübner, plus+bauplanung GmbH
Einzug in das Gebäude/Fertigstellung:	Oktober 2003
Grundfläche:	940 m^2 (GF),
Grundstück (Räume+Größe):	3 280 m^2
Umbauter Raum:	4 280 m^3 (BRI)
Kosten:	ca. 1,7 Mio. € (Brutto)

Gartenansicht mit Türmen

je Gruppe eine überdachte Terrasse

Eingangshalle mit individuellen Gruppenräumen

Gruppenräume als eigenständige Häuser

Gruppe als differenzierte Erlebniswelt

Gruppenraum mit Galerie

Differenzierte Möblierung

Leseecke

zwei Treppengeländer

Aufstieg in den Turm

Sitzplatz im Fenster

Ausblick aus dem Turm

Stiefelwaschregale

Stiefelwaschanlage

Sandspielzone

Klabauterschiff und Schaukel

17.4 Protestantische Kindertagesstätte "Kleine Strolche" in Wolfstein

Anzahl der Kinder:	100 Kinder (davon 40 GZ Kinder, 60 TZ Kinder)
Mitarbeiter:	11 Erzieherinnen (davon 1 Leiterin, 1 Stellvertretung), 2 Erziehungshelferinnen, 1 Hauswirtschaftskraft, 3 Reinigungskräfte, 1 Hausmeister
Pädagogisches Konzept:	Die Prot. Kindertagesstätte „Kleine Strolche" in Wolfstein ist eine viergruppige Einrichtung. Im März 2009 wurde eine Gruppe als Nestgruppe für die Kinder unter drei Jahren (bis ca. vier Jahre) eingerichtet. Die „Zwerge" rücken dann dem Alter entsprechend in eine der drei weiteren Gruppen nach. Die „Kleinen Strolche" werden in fest zugeteilten Gruppenräumen und den entsprechenden Erzieherinnen betreut. Gruppenübergreifend finden musikalische Förderung, Zahlenland, zusätzliche Turnangebote, Sprachförderung und verschiedenste Angebote für die zukünftigen Schulanfänger statt.
Träger:	Prot. Kirchengemeinde Wolfstein, Pfarrer Harry Albrecht
Öffnungszeiten:	täglich von 7:00 – 17:00 Uhr
Architekt:	WSW & Partner
Einzug in das Gebäude/Fertigstellung:	26.9.2001
Grundfläche:	718 m²
Umbauter Raum:	3 815 m³
Kosten:	ca. 1,53 Mio. €

Gruppenraum

Blick von oben auf die Zonierung des Gruppenraums und die große Fensterfront

Experimentieren mit Windrädern im Gruppenraum, im Hintergrund variable Trennwand

Schallschutzdecke im Gruppenraum

Die Podesttreppe wird vielseitig genutzt

Die behindertengerechte Zufahrtsrampe dient auch als Fahrbahn für Kinderfahrzeuge

Wasserlauf

Wasserspiele

Mehrfachrutsche

Die Nestschaukel kann von vielen Kindern gleichzeitig genutzt werden

Bewegungsbaustelle

Reifen bieten vielfache Einsatzmöglichkeiten

Reifen und Bretter werden kreativ eingesetzt

Weidenhaus, Riesenbaumstamm und Trampolin

Im Weidenhaus kann man sich gut verstecken

17.5 Kindertagesstätte „Regenbogen“ in Marienrachdorf

Alter und Belegung:	Alter zwischen 2 und 6 Jahren es gibt 90 Plätze, davon zurzeit: 13 Kinder unter 3 Jahren und 57 Kinder zwischen 3 und 6 Jahren
Mitarbeiter:	12 pädagogische Fachkräfte, 3 Reinigungskräfte, zeitweise 1 bis 2 Aushilfen für Hausmeistertätigkeiten
Pädagogisches Konzept:	– „Das Kind steht im Mittelpunkt – Unser Kindergarten - ein Übungsfeld – Ein Ort des Wohlfühlens – Freude am Tun – Elternarbeit ist uns wichtig“ (http://www.kindergarten-marienrachdorf.de/F_Tageseinrichtung.htm).
Träger:	Kindergartenzweckverband Marienrachdorf
Verbandsvorsteher:	Manfred Holl
Öffnungszeiten:	*Regelöffnungszeiten:* <u>Montag - Donnertag:</u> 7:15 – 16:00 Uhr <u>Freitag:</u> 7:15 – 14:00 Uhr
Architekt:	Walter Herz, Selters (Altbau) Walter Herz, Selters & Andreas Gass, Marienrachdorf (Anbau)
Einzug in das Gebäude/Fertigstellung:	im August 1991 Altbau bezogen im Sommer 2002 Anbau bezogen Fertigstellung des Anbaus voraussichtlich Ende 2010 Geplanter Einzug Anfang 2011
Grundfläche:	653 m^2 (Altbau), 90 m^2 (neuer Anbau)
Umbauter Raum:	3 178 m^3 (Altbau), 320 m^3 (neuer Anbau)
Dachform:	Pultform Massivbau
Kosten:	230,000 € (Brutto) (Anbau)

Eingangsbereich

Foyer mit Spielhaus und Sitzmöglichkeiten für Elternaktionen u.a.

Foyer mit Spielhaus und diversen Sitzmöglichkeiten

Spiellandschaft über zwei Ebenen mit variierenden Fenstern und vielen Spielmöglichkeiten

Spielecke mit Alltagsmaterialien

Bauecke im Gruppenraum

Spielpodest mit Rückzugsmöglichkeiten in der Gruppe der Sternschnuppen

Treppe zur zweiten Ebene versehen mit Zahlen, unterstützt das Zahlenlernen

Blick von oben auf die Zonierung des Gruppenraumes

Kugelbad im Bewegungsraum

Traumpalast mit Wasser- und Lichtspielen

Wasch - und WC-Räume der Kinder

Spielschiff mit Aussichtsturm

Kletterwand

Kippvorrichtung und Auffangbecken für Wasserspiele

Windspiel

Weidentipi

Weidengang

Farbig gestalteter Bauwagen lädt zum Werken ein

17.6 Waldorfkindergarten „Blumenwiese“ in Mainz

Anzahl der Kinder:	75 Kinder (zwei Gruppen mit je 25 Kindern, eine Gruppe mit 15 und eine Krippegruppe mit 10 Kindern bis zu 2 Jahren (nicht im Haupthaus)
Mitarbeiter:	20 päd. Mitarbeiter 3 Verwaltungskräfte 1 Putzfrau 3 Köche
Pädagogisches Konzept:	Waldorf-Pädagogik
Träger:	Waldorfkindergarten Mainz e.V.
Öffnungszeiten:	*Teilzeit:* 7:30 - 13.30 Uhr *Vollzeit:* 7:30 - 16.00 Uhr
Architekt:	Dipl. Des. Martin Riker
Einzug in das Gebäude:	September 2009
Grundfläche:	769,70 m^2
Umbauter Raum:	3 200 m^3 (Hauptgebäude) 980 m^3 (Krippenhaus mit Küche)
Kosten:	ca. 1,4 Mio. € (insgesamt) 700 000 € (Kauf des Gebäudes) 680 000 € (Umbau des Gebäudes) 420 000 € + 19% MWST (reine Baukosten netto, ohne Einrichtung 420 000 € + 19% MWST)

Außenansicht der Einrichtung

Eingangsbereich mit Garderobe

Zonierung des Gruppenraums durch verschiedene Ebenen und variierende Deckenhöhen

Gruppenraum auf zwei Ebenen

Die zweite Ebene kann über eine Treppe erreicht werden und über eine kleine Rutsche verlassen werden

Räumlich geschickt abgetrennte Spielecken

Essbereich mit viel Tageslicht

Integrierte Küche im Gruppenraum, wird durch die abgesenkte Decke leicht abgegrenzt

Gemütliche Ruhezone mit abgesenkter Decke

Schlafraum mit Etagenbetten, Baldachinen über den Bettchen

Untergliederte Fenster mit gemütlichen Sitzflächen

Personenregister

R

S

T

U

V

W

Z

Sachregister

M

N

O

P

Q

R

S

W

Z

Danksagung

An dieser Stelle möchte ich mich bei verschiedenen Personen bedanken, die mich während des Entstehungsprozesses des Buches wesentlich unterstützt haben. Ein großer Dank gilt meinen Eltern, Hans und Renate Kosica, Rüdiger Gintz, der mir stets in allen Computerfragen mit Rat und Tat zur Seite gestanden hat, Danielle Puhl und ihrem Vater Klaus Puhl, die stets konstruktive Gesprächspartner und mir besonders in der Korrekturphase eine große Hilfe waren. Mein herzlicher Dank richtet sich auch an alle anderen Korrekturleser sowie meine Freundinnen und meinen Freund, die mir stets Gehör und Geduld schenkten.
Besonders dankbar bin ich Rotraut Walden, die das Erscheinen des Buches überhaupt erst ermöglicht hat.

Folgenden Fotografinnen und Fotografen sei gedankt:
Gerd Eden (Entdeckerhaus/Bremen), Natalie Kastius (Entdeckerhaus/Bremen), Prof. Peter, Hübner (Entdeckerhaus/Bremen), Martin Riker (Waldorfkindergarten Mainz – teilweise Kita Betzenberg), Lorenz Schlösser (Kita Regenbogen/Marienrachdorf), Cornelia Suhan (Kita Entdeckerhaus/Bremen), Liane Syré (Entdeckerhaus/Bremen und Regenbogen/Marienrachdorf), dem Team des „Blandine Merten Hauses“ (Bad Neuenahr-Ahrweiler), dem Team der Protestantischen Kindertagesstätte Betzenberg (Kaiserslautern), dem Team der Protestantischen Kindertagesstätte „Kleine Strolche“/Wolfstein (stellvertretend Sabine Knapp).
Den Architekten Dipl.-Ing. Miguel Martinez und Dipl.-Des. Martin Riker; Georg Schütz; Olaf Hübner, Christian Remes und Prof. Peter Hübner; WSW & Partner, Udo Holzmann; Walter Herz und Andreas Gass sei besonders für ihre inspirierenden Werke gedankt. Manfred Holl, dem Team, insbesondere Bernadette Rüdig von der Kita Regenbogen/Marienrachdorf; dem Team der Kita Entdeckerhaus/Bremen; sowie Hannsjörg Pohlmeyer und Jana Seinsch vom Cluster Holzbau RLP herzlichen Dank für ihre Förderung einer Exkursion mit Studierenden nach Bremen zum Entdeckerhaus und nach Marienrachdorf. Ulrike Lohr vom Landesamt für Soziales, Jugend und Versorgung – Referat Kindertagesstätten – leitete uns die Adressen der Fachleute der Landesjugendämter in RLP weiter. Dem Personal der Landesjugendämter Trier: Helga Schneider-Gräfer, Koblenz: Karl Herzig-Horbach, Mainz: Alois Kirschner ganz herzlichen Dank für die Übermittlung der Adressen der besten Kitas seiner Region.
Redaktionell und persönlich unterstützten uns insbesondere Janine Jäger, Dr. Manfred Zindel und Dr. Hans-Jürgen Hutter. Nicola Romanazzi inspiriert mich seit ihrer Geburt

über Kindertagesstätten nachzudenken und zu schreiben. Inka Schmitz und Karén Steinhauer leisteten wunderbare Vorarbeiten an dem Buch „KinderRäume" (1999). Der Verleger Wolfgang Pabst regte an, das jetzige Buch überhaupt zu schreiben, und Claudia Döring übernahm die professionelle Gestaltung durch die EDV und Kommunikationstechnik.
Simone Kosica nahm den hauptsächlichen Anteil an der Umsetzung dieser Buchidee in ihre fachkundigen Hände. Ihnen sei besonders gedankt!

Die Autorinnen

Rotraut Walden, PD Dr. phil.

Wissenschaftliche Mitarbeiterin und Dozentin an der Universität Koblenz-Landau, Campus Koblenz. Für ihre Arbeit sind Erkenntnisse aus der Architektur-, Arbeits-, Organisations-, Sozial- und Pädagogischen Psychologie zentral. Ihre Forschungsschwerpunkte liegen im Bereich der International Building Performance Evaluation, User-Needs Analysis, des Facettenansatzes, der Entwicklung von Schemata und Erhebungsinstrumenten zur Beurteilung von Büros, Wohnungen, Kindergärten, Schulen, Universitäten und Krankenhäusern der Zukunft.
Dieses Werk ist ihre achte Buchpublikation entweder als Autorin, Ko-Autorin oder Herausgeberin nach beispielsweise Glück und Unglück (2003), Architekturpsychologie: Schule, Hochschule und Bürogebäude der Zukunft (2008) und zusammen mit anderen Autoren zu Schools for the Future (2009), KinderRäume (1999), Psychologie und gebaute Umwelt (1998).

PD Dr. phil. Rotraut Walden
Universität in Koblenz
Universitätsstr. 1
56070 Koblenz
walden@uni-koblenz.de

Simone Kosica

arbeitet als Grundschullehrerin in Saarbrücken. Sie befasst sich seit 2006 mit dem Thema "Architekturpsychologie in Kindertagesstätten". Dabei hatte sie mehrfach die Gelegenheit, die besondere architektonische Gestaltung verschiedener Einrichtungen in verschiedenen Regionen von Deutschland kennen zu lernen.

Simone Kosica
Johannesstr. 5
66111 Saarbrücken
simonekosica@gmx.de

Rotraut Walden

Architekturpsychologie:
Schule, Hochschule und Bürogebäude der Zukunft

Menschen wünschen sich im Allgemeinen "Kontrolle" über ihre Umweltbedingungen. Dieses Bedürfnis kommt in Form von Selbstgestaltungen von Architektur und Selbstregulierungen von Stressoren zum Ausdruck. Aus diesem Grund wird das Konzept der Umweltkontrolle als zentrales Kriterium für gebaute Umwelten in allen drei Fall-Studien zu Schule (Waldorfschule Köln), Hochschule (Universität Koblenz) und Bürogebäude (Post Tower Bonn) angewendet. Im deutschen Sprachraum werden damit erstmalig in einer Monographie psychologische Untersuchungen von innovativen Gebäuden in Anlehnung an die International Building Performance Evaluation (Gebäudeleistungsevaluation) beschrieben. Der "Koblenzer Architekturfragebogen" wird als Instrument zur Beurteilung von gebauten Umwelten in drei Varianten vorgestellt.

Bis zu 21 psychologische Kriterien für den Erfolg von Organisationen werden pro Studie angewandt. Ziel aller drei Studien ist unter anderem, Empfehlungen für Verbesserungen von Um- und Neubauten benennen zu können. Zwei zentrale Fragestellungen lauten daher: Unterscheidet sich in einer User-Needs Analysis eine Einschätzung des Gebäudes "zur Zeit" von der Beurteilung der "Wichtigkeit in Zukunft"? Haben Merkmale der Architektur Auswirkungen auf die Performance-Kriterien?

Zu den Studien wurden drei Abbildungssätze nach dem Facettenansatz und zwei Schemata zur Beurteilung der Qualität von Schul- und Bürogebäuden entwickelt. Die in den drei Studien ermittelten Zusammenhänge der zentralen Performance-Kriterien lassen begründet annehmen, dass durch gezielte Verbesserungen wichtiger Umweltaspekte, insbesondere solcher, die Umweltkontrolle ermöglichen, das Wohlbefinden und somit die Leistung von Nutzern positiv beeinflusst werden können.

PABST SCIENCE PUBLISHERS
Eichengrund 28
D-49525 Lengerich,
Tel. ++ 49 (0) 5484-308,
Fax ++ 49 (0) 5484-550,
pabst.publishers@t-online.de
www.pabst-publishers.de

532 Seiten, ISBN 978-3-89967-426-2
Preis: 50,- Euro